# ホモ・ルーデンス

文化のもつ遊びの要素についてのある定義づけの試み

ヨハン・ホイジンガ
里見元一郎 訳



講談社学術文庫

HOMO LUDENS:

Proeve eener bepaling van het spel-element der cultuur

door

Johan Huizinga

# まえがき——導入

我々人類は理性をかたく信じた楽天的世紀の思ったほど、そんなに理性的ではない。このことが明らかになった時、人々は我ら種属の名称として、ホモ・サピエンスと並べて、ホモ・ファベル、すなわち作る人という呼び名をそえることにした。この術語ははじめのよりさらに適切でなかった。なぜなら、多くの動物もまた作るからだ。作る場合に当てはまることは、遊ぶ場合にも言える。つまり多くの動物が遊ぶのだ。しかし、私の考えではホモ・ルーデンス、つまり遊ぶ人は、ものを作ることと同じ程度に本質的機能を言い当てているし、ホモ・ファベルと並んで一つの地位を占めるに値すると思われる。

我々の認識のぎりぎりの根底まで考えつめてみると、すべて人間の行為はただの遊びにすぎないようだ、という古くからの考え方に行きつくことが誰でもよくある。この形而上学的結論で満足だという人は、この本を読む必要がない。このことは遊びをこの世に存在するすべてのものの中の固有の一要因として抽出することを放棄させる理由にはならないと私には思われる。前から私は次のような確信、すなわち、人間の文化は遊びにおいて、遊びとして、成立し、発展した、という信念にしだいに強く傾いていった。一九〇三年以来この見解の歩みのあとは私の書いたものの中に見いだされる。一九三三年、私はライデン大学学長就任演説を「文化における遊びと真面目の限界について」と題して行ない、そこでこの主題を論じた。私はこの後この講演に二回ほど手を加え、はじめチューリッヒ、およびウィーン（一九三四年）での講義のために、次いでロンドン（一九三七年）で講義のために役立てたが、その時、私はこの題を「文化のもつ遊びの要素」(Das Spielelement der Kultur, The Play Element of Culture) とした。ところが両回とも主催者は「文化における」(in der Kultur, in Culture) と直そうとした。私は二度とも前置詞を消し、第二格（所有格）を据え直した。遊びが他の文化現象に比べてどのような地位を占めるかということを私は問題にしたのではなかった。むしろ、私は文化そのものがどれほど遊びの性格をもつか、を問題としたのだ。私が意図したのは——念を入れたこの研究でもそうだが——（いうなれば）遊びという概念を文化概念の中に組み入れることだ。

遊びはここでは文化現象としてとらえられ、決して——あるいは第一義的には決して——生物学的機能としてはとらえられない。それはここでは文化科学的思考の手段として扱われる。誰でもすぐ気づくように、私は遊びの心理的解釈には、いかにそれが重大でも、できうるかぎり立ち入らないし、また、民族学的概念や解明は、民族学的事実に言及する場合でさえ、きわめて限られた範囲でのみ応用した。だから、たとえば「呪術的」(magisch) という言葉は一回しか出てこないし、またマナ (mana)〔ポリネシア人に信じられている超自然力〕とかそれに類したものは全く見られないだろう。もし私の議論を二、三の命題にまとめるとすれば、その一つは次のようになるだろう。民族学およびそれに関連する諸科学は遊びの概念にあまりにも少ししか重点を置かない、と。少なくとも私は遊びに関する普通の用語法には不満だった。私は常に「遊び、あるいは遊びに関すること」という意味を簡単に表現するような、遊びの形容詞を求めてきた。スペルス（speelsch　遊び好きな）は役に立たない。それはあまりにも特別な意味のニュアンスをもちすぎる。そこで、ルディーク（ludiek）という言葉を取り上げることを許してもらいたい。たとい基になっているラテン語の基本形がよくは知られていないとしても、フランスではこの言葉はリュディク（ludique）として心理学的論文に散見される。

私の仕事を公けの批判にさらすにあたって私には次のような恐れが浮かんできた。おおかたの人は、この中に含まれているすべての労力にもかかわらず、これを不完全な史料を基にした即興的なものと思うかもしれぬ、と。しかし、自分が十分知りつくしていない分野にもあえて、しばしば立ち入らねばならぬのは、文化問題を扱うものの宿命である。知識の間隙のすべてを事前に満たすことは私には到底できないことだった。そして、これを引用文献に細目の責任をとってもらうことにより私はあっさりすますことにした。結局、私にとって、書くか書かないか、どちらかとなった。私の心の中にしきりに動く何かに誘われて。とうとう私は書いた。

ライデン　　一九三八年六月十五日　　J・ホイジンガ

# 目次

# ホモ・ルーデンス

## 文化のもつ遊びの要素についてのある定義づけの試み

愛する妻に

— Uxori carissimae —

# 第一章　文化現象としての遊びの性格と意味

遊びは文化より古い。なぜなら、文化の概念はどんなに不十分に規定されたにしても、常にそれは人間の共同生活を前提としている。それに動物は人間から遊びを教えてもらうまで待っていたわけではない。そうだ。どうころんでもまちがいなく言えるのだが、人類の文明は遊びの一般的概念になんら本質的特性をつけ加えなかった。動物は人間と全く同じように遊ぶ。遊びのあらゆる基本的性格はすでに動物の遊びの中に体現されている。ちょっと小犬のじゃれて遊ぶのを見れば、その喜び勇んだつかみ合いの中に、すべての遊びの特徴がまさしく認められる。彼らは互いに儀式的な態度や身振りのようなことをして遊びに誘い合う。仲間の耳を本気で嚙むべからずという規則もちゃんと心得ている。彼らはまるで恐ろしく怒っているかのようにふるまって見せる。そして、なにはさしおいても、彼らはこれによって明らかに無上の喜び、あるいは感激を味わっている。ただ、こうしたじゃれ合う小犬の遊びは動物の遊びの最も素朴な形の一つにすぎない。さらに高度に発達した内容のものがある。観客を前にしての本当の勝負や、美しいショーなどがそれだ。

ここでいちはやく一つの非常に重要な問題点に注目しておかなければならない。遊びはすでにその最も単純な形においてすら、また動物の生活においてすら、純生理的現象以上のもの、もしくは純生理的に規定された心理的反射作用を越えた何ものかである。このようなものとしての遊びは純生物的、あるいは単なる身体的活動の限界を越えている。遊びは一つの意味深長な機能なのだ。遊びの中には生活維持への直接的な欲求を越え、しかも、生の営みの中に一つの意味をつけ加える何ものかが、ともに「遊んで」いる。それぞれの遊びがなんらかの意味をもっている。遊びの本質をなすべき積極的原理を精神と名づければ、いささか言いすぎになり、これを本能と名づければ、何も言わないに等しい。それを何と見たてようと、遊びのこのような「意味」とともに、遊びの本質自体の中に、非物質的要素がはっきりと現われてくる。

## これまでの遊びの定義の不完全性

心理学および生理学は動物、子供、大人の遊びを観察し、記述し、そして解明しようと努力している。それは遊びの性格と意味をはっきりさせようと努め、人生という見取り図の中で遊びの地位を明らかにしようとする。そこでは遊びがかなり重要な地位を占めること、また、その中である必要性を帯びていて、少なくとも役に立つ機能を果たしていることがあらゆる科学的探究と思索の出発点として、一般的に異論なく認められている。この遊びの生物学的機能を定義づける幾多の試みは実にさまざまに行なわれている。ある人は遊びの起源と基盤を、ありあまった生命力の余剰分の放出として定義づけられると考えた。他の人によると、常に遊びを伴う生の本質は生まれながらの模倣意欲に属している。あるいはそれはリラックスの必要を満たすものであり、あるいは、やがて人生が求めるであろう真摯な活動への下準備をなし、またあるいは、遊びは自己統制の訓練として役立っている。もっと別な人は、何かをやり遂げたり、あるいは何かをでっち上げたいとの生来の欲求に、またあるいは、支配したり、もしくはそのことで競い合ってみたいとの願望に遊びの原理を求めている。かと思えばまたある人は罪深い欲望の無害な厄払いとして、あるいはあまりにも一方にかたよった活動の必然的揺りもどしとか、あるいは現実では満たされない望みを仮の世界で満足させ、それとともに個人としての感情を自ら確保することとして遊びを眺めている(1)。

これらの説明がそれぞれ同じように、遊びとはある種の生物学的適合性に役立つ何か別のことのために行なわれる、という前提の下に立っていた。いったいどうして、何のために、遊ぶのか、と彼らは問いかける。それらに与えられる解答は互いに相手を締め出してしまえるほどのものではない。だから、そこで数え上げられた説明は次から次へと受け入れられるし、そうしたところでなんら概念のいまわしい混乱を引き起こすことはない。このことから、これらは部分的説明にすぎないことがわかる。もしその内の一つが結論的なものであるならば、それは他のいっさいを排除するか、あるいは、それらをより高度の統一に綜合するか、包括すべきはずだ。これらの説明の試みの多くは要するに、遊び自体は何であり、どんなものか、それは遊んでいる本人にとって何を意味するか、という問題については、ただ二次的に関連させせて取り扱うだけだ。彼らは遊びの深い美的特性にまずもって注意を注ぐことをせずに経験科学的判定規準をもって直接遊びに立ち向かっている。実際には遊びの根本的特性は一般になんら明確に示されたことがない。これまでに与えられた個々の説明に対して、次のような質問が発せられてしかるべきだ。よろしい、それではいったい、遊びの「おもしろさ」とは何なのか。なぜ赤ん坊は嬉しがって声をたてて笑うのだろう。どうして遊ぶ人はその情熱に取りつかれて我を忘れるのか。どうして競技が数千の頑固な大衆を狂気にまでかり立てるのか。この遊びの迫力は生物学的分析をもってしては決して解明されない。ところが実はこの迫力の中に、狂気にかり立てる力の中に、遊びの本質が、つまり遊びを遊びたらしめるものが、潜んでいる。論理的知性に言わしめれば、次のようになるだろう。自然はその子たるもろびとに、過剰エネルギーの放出、緊張のあとの緩和、生活の要求についての下稽古、満たされない望みの穴埋めといったすべての有用な機能を実にうまく、しかも単なる機械的訓練あるいは反応の形で与えることができた、と。ところがそうではない。自然は我々に遊びを、その緊張感と喜びと「おもしろさ」と一緒に与えてくれたのだ。

　この最後の要素、「おもしろさ」はどんな分析も論理的解釈も寄せつけない。この「おもしろさ《アールデイヒヘイト》」(aardigheid) という言葉はそれなりにはなはだ意味深長だ。この言葉が「本性《アールト》」(aard) から転義して生まれたということの中に、問題はこれ以上さかのぼりえないという告白が真相を伝えるごとく語られている。このさかのぼりえないことを最も適切に表現しているのは、我々の近代的語感にとっては英語の fun《ファン》 をおいてほかにない。この言葉が慣用の意味で使われるのはかなり新しいことだ。我々にとっては grap《グラプ》（冗談、おかしみ）とaardigheid（おもしろさ、すばらしさ）が全然別系統でありながらある程度、照応し合う。ドイツ語のSpass（冗談、おもしろさ）とWitz（とんち、滑稽）が互いに照応する。フランス語には驚いたことにこうした概念にあたる同義の言葉がない。ともあれ、まさしくこの要素こそ遊びの本質を明示するものだ。遊びで我々が取り扱わねばならないのは、誰からもじかに認められ、絶対的に根本なるものと目される生の範疇であり、もしその名に値するなら一つの綜合体といってもよいものだ。その全体的統一性の中で我々はそれを理解し、価値づけるよう努力しなくてはならない。

現実の遊びそのものは誰の眼にも明らかなように、動物界、人間界の両方にまたがって広がっている。それはどんな合理的関連性に根ざすものでもない。なぜなら、理性に基づいた存在であれば、遊びは人間世界に限られるだろう。遊びの成立はある文化段階やある世界観の形式に結びつけられるものでは決してない。ホモ・サピエンスなら誰でも、たとえその人の使う言葉に遊びの一般概念の持ち合わせがなくても、現実の遊びや遊ぶ行為をすぐさま自明で独自のある姿として思い浮かべることができる。遊びは否定されえない。ほとんどすべての抽象的なもの、たとえば正義、美、真実、善、精神、神などは、しようと思えば否定されうる。真面目だって否定されうる。遊びは違う。

しかし、人は欲しようと欲しまいと、遊びに精神を認めている。なぜなら、遊びはその本質が何であれ、ともかく決して物質的素材にとどまるものではない。すでに動物世界において、遊びは物理的存在の限界を打ち破っている。純粋な力の作用が絶対的と考えられる世界の観点から見れば、遊びは言葉の完全な意味において、余りすぎたもの（superabundans）、余計なものである。絶対的決定論を乗り越えた精神の発露によってはじめて、遊びの存在は可能なもの、考えられるもの、理解されるものとなる。遊びの存在は常に、しかも最高の意義において、この宇宙に住む我々の立場が超論理的性格をもつことを証明している。動物は遊ぶことができる。だから、彼らはすでにその点で単なる機械仕掛け以上のものである。我々は遊び、かつ、遊ぶことを知っている。だから、我々は単なる理性的存在より以上のものである。なぜなら、遊びは非理性的なものであるから。

## 文化要素としての遊び

動物の生活や子供の生活の中ではなく、文化の中での遊びの機能に探究の眼を向ける人は、生物学と心理学が問題にしないところで遊びの概念をとらえてよいと思われる。そうした人は文化の中の遊びが実は文化自体より古く、しかも、そのはじめから彼自身が生きて眺める文化の現段階に至るまでずっと付き添って、その中を貫き通してきた、ある一定の大いなる実体だ、と見てとるのだ。いたるところで、「日常」生活とは区別された、ある特定の内容をもった行為として遊びが発見される。科学的分析をもってすればいったいどのくらい、この質的なものが量的要素に還元されうるかどうかは、彼の関知しなくてよいことだ。彼にとってたいせつなのは遊びと呼ばれる生活形式に認められる独特の資質そのものだ。行動形式としての遊び、意味をもった形式としての遊び、社会的機能としての遊びが彼の求めるものだ。彼はもはや普遍的に遊びを規定する自然の本能など求めはしない。彼は遊びを多様な具体的諸形式そのものの中で、社会的構造として観察する。彼は、あたかも遊んでいる人自身が感じとるような第一義的意味で遊びを理解しようと努める。もし、遊びはある特定のイメージの操作、もしくは頭の中である種の現実を想像することによって成り立っていると知ったならば、彼がまず第一に理解しようと求めるものはイメージ、あるいは想像することそれ自体の価値と意味である。彼はこれらの働きを遊び自体の中で観察し、さらにこれと並んで、文化生活の要素としての遊びを理解しようと企てるだろう。

人間社会に固有で偉大な活動にはすべてはじめから遊びが織り込まれている。言葉を取り上げてみよう。言葉は通知したり、教えたり、命令したりすることのできるよう人間自身が作り出した最初にして最高の道具である。言葉こそ、人間が判別し、規定し、確認し、簡単に言えば名ざすのに使うもので、言いかえれば物事を精神の領域に高めるのだ。言葉を創造する精神はまさに遊びながら次々と素材的なものから思考されたものへと飛躍する。抽象的表現の背後に必ず象徴的言葉があり、象徴的言葉の中に言葉の遊びがあるのだ。かくて人間は物事を表現するたびに、自然界と並んだ第二の仮構の世界を創造する。あるいは神話をとってみてもよい。これも同じように実在するものの想像力による形象化だ。ただし一個の言葉よりずっと手がこんでいる。すなわち、神話をとおして昔の人はこの世のできごとを説き明かそうとした。そして神に属することに基づいて人間界のことを秩序づけた。神話がこの世のことを飾るのに用いた気まぐれな想像のイメージの中で創作の才能を持つ精神は冗談と真面目の境目で遊んでいる。最後に祭礼儀式を取り上げてみよう。昔の共同体は世界救済の保証に役立つような聖なる行事、つまり、潔め、犠牲、秘儀などを、言葉の最も直接的な意味において純粋な遊びの中で行なった。神話や祭礼儀式の中に文化生活の偉大な活動、たとえば、法と秩序、商業と利益、技術と芸術、詩、知識と学問などの真の起源がある。しかも、これらすべてはまた同時に遊びの世界に根を張っている。

この研究の目的は、もし文化を遊びの相の下に(sub specie ludi)《スブ・スペキエー・ルーディ》眺めうると考えたなら、それは単なる修辞学的比較よりはるかにましなものになることを明らかにすることにある。この考えは全く新しいものではない。それはかつて広く流布したことがあった。一七世紀初頭のことだった。偉大な世界的演劇の舞台が開幕した。シェイクスピアからカルデロン〔一六〇〇～八一。スペインの劇作家〕さらにラシーヌと続く輝かしい系譜の中で、演劇はこの時代の詩的芸術を制覇した。詩人たちはそれぞれに世界を、各人が己れの役を演戯《プレイ》する舞台に引き比べた。ここに文化生活がもつ遊びの性格が端的に露呈されていると思われる。しかし、人生と舞台演戯の手なれた比較をよく見ると、それはプラトン主義の基礎の上に構想され、ほとんどすべて道徳的なものに終わる傾向をもっている。これは太古以来の「この世の空しさ《ヴァーニタース》」の主題の一変型、つまり、「この世のことすべては空し」という長嘆息以外の何ものでもない。遊びと文化は事実上、織りまぜられていることがここでは認められていないか、表現されていないかの、いずれかだ。これに反し、この研究で為されるべきは、真の純粋な遊びを文化の基礎であり、かつまた一要素であると指摘することだ。

## 独立独歩の範疇としての遊び

遊びは我々の意識にとっては真面目さに対立する。この対立は一応遊びの概念それ自体と同じく、他の概念に置きかえられないものと考えられる。しかし、より仔細に見るならば、遊びと真面目の対置はまだまだ本当に釣り合ったものでも確定したものでもないことは明らかだ。遊びは真面目でないもの、と言うことはできる。しかし、この言い方は遊びの積極的資質について何も語っていないし、その上にまたおそろしくあやふやだ。遊びは真面目でないもの、と言うかわりに、遊びは真剣でないとでも言おうものなら、たちまちこの対置は我々を窮地に陥れる。なぜなら、遊びははなはだしばしば真剣であるからだ。それに、真面目でないという概念に入れられても、遊びとは似ても似つかぬ幾多の基本的な生活範疇がたちどころに登場する。笑いは確かに真面目に対立するが、しかし、これは決して無条件に遊びと結びつくものではない。子供たち、サッカーの選手たち、チェスの棋士たちはそれこそとことんまで真面目に遊ぶ。そして笑う気配などいささかも見られない。遊びの意味深長な機能については人間も動物も共通なのに、一方、笑いの純生理学的機能が決定的に人間だけのものであることは注目に値する。アリストテレス風に言えば、「笑う動物《アニマル・リーデーンス》」（animal ridens）が「理性ある人間《ホモー・サピエーンス》」（homo sapiens）よりいっそう明白に動物と対立する人間を特徴づけてくれる。

笑いについて言えることはまた同様に滑稽についても言える。滑稽は真面目でないものの中に入るし、またある程度、笑いと結びついている。しかし、滑稽は笑いを誘うとしても、その関係は付随的なものにすぎない。遊びは本来的には遊ぶ本人にとっても観衆にとっても滑稽ではない。動物の仔や幼い子供の遊ぶのは時おり滑稽ではある。しかし、一人前に成長した犬が互いに尻を追いまわしている図はもはや決して、もしくはほとんど、滑稽とは言えない。我々が茶番劇や喜劇を滑稽だと言ったとしても、それは演戯の行為そのもののせいではなく、内容をなす思想によるのだ。滑稽で笑いを誘う道化役者の物まね無言劇はただより広い意味で遊びと名づけられる。

滑稽はあほらしさと密接に結びついている。しかし、遊びはあほらしくはない。遊びは賢明さとあほらしさの対比の埒外《らちがい》にある。しかし、にもかかわらず、あほらしさの概念は大きく分裂する。生活情緒の差違を表現するのに役立ってきたはずである。中世末期に使われたきまり文句に「あほうと思慮分別（folie et sens）」という対句があるが、これは我々の遊びと真面目の区分にかなりよく似かよっている。

遊び、笑い、ユーモア、冗談、滑稽、そしてあほらしさをひっくるめて漠然と関連し合う概念グループの単語のすべてが、遊びに認めざるをえなかったような、これ以上さかのぼりえない性質を分有している。それらのよって立つ理由（ratio）は我々の精神的本質の特別奥深い層の中に横たわっている。

ところで、我々が遊びの形式を他の外見的に似かよった生活の諸形式と区別しようとすればするほど、ますます遊びのきわだった独立性が明らかになってくる。そして、二つの大きな範疇を対比させる世界から遊びを除外することによって我々はさらに先へ進むことができる。遊びが賢明とあほうの対立の埒外に立つとすれば、同じように真と偽との対立の埒外にも立つことになる。また善と悪の対立をもこえている。遊びが精神的活動であることは確かだが、遊びそのものの中には道徳的機能も、徳も罪も存在しない。

もし、遊びが直ちに真実や善に結びつかないとすると、それはひょっとすると美的領域の中に入るのだろうか。ここで我々の判断は動揺する。美しいという属性は本来遊びには備わっていないが、しかし、遊びはあらゆる美的要素を自分に結びつける傾向をもっている。遊びのより原始的な形式にははじめから楽しさとえもいえぬ魅力とがまとわりついている。動いている人間の肢体の美しさは遊びの中にその最高の表現を見いだす。より高度に発達した形式においては、遊びは人間に授けられた美的真実探究能力の最高の贈り物ともいうべき、リズムと調和をもって飾り立てられ仕上げられている。遊びと美のきずなは堅く重層的だ。

## 遊びの形式的特徴

そのうえ、我々は相変わらず生物学的にも論理的にもまた倫理的にも完全には定義しえないような、生き物のもつ一つの機能を問題としなければならない。注目すべきことに遊びの概念は我々が精神生活や共同生活の構造を表現するときに今も使う思想形式とは全く関係がない。それゆえ、我々はさしあたり遊びの主要な特徴を描くことに限定しなければならない。

　我々にとってありがたいのは、遊びと文化の関係という我々のテーマが、遊びのありとあらゆる形式のすべてを検討しなくてもすむようにしてくれることだ。我々は主として遊びを社会的性質のものに限ってさしつかえない。それはもし呼びたければ遊びのより高級な形式と銘打つこともできる。それを描くことは乳飲児や動物の仔たちのより簡素な遊びよりもやさしい。そのわけは、形がより拡大され、明確になり、内容は繰り返され、よく眼にとまるような特徴をもっているからだ。ところが一方、簡素で幼稚な遊びの本質を定義づけることになるともはや我々の分析を受けつけないと思われるような、遊びのこれ以上さかのぼって説明のつけようがない性質がたちまち目の前に立ちふさがってしまう。我々が語りうるものは競技に競走、見せ物に出し物、踊りに歌、仮装の集いに馬上の槍試合《トーナメント》にしぼられるだろう。我々が数え上げるに値すると思う特徴の中で、あるものは一般的な遊びに関係するが、その他のものは特に社会的遊びに当てはまる。

　遊びはすべて、なによりもまず第一に自由な行為だ。命令された遊びは、もはや遊びではありえない。せいぜいそれは遊びの義務的焼き直しにすぎない。自由というこの性格によってはじめて、遊びは自然の営みの過程を乗り越えたものになる。遊びは自らそこへ余分につけ加わったものであり、衣裳のようにその上にまとえるものだ。自由はここではもちろん広い意味で理解されるべきであり、それによって決定論の難問には手を触れずにすまされる。人は次のように言うかもしれない。幼い動物や子供にはこの自由がない。彼らは本能が命ずるから、また、遊びが肉体的能力と取捨選択の能力の開発に役立つから、遊ばないではいられないのだ、と。しかし、本能という概念をもち込む人はある未知数（$x$）の陰にていよく身をかくしてしまう。また、あらかじめ仮定された遊びの効用を前提とすることにより、その人は一種の「未解決の問題を前提として立論する誤謬」（petitio principii《ペティーティオー・プリーンキピイー》）に陥ることになるだろう。子供も動物もそれが楽しいから遊ぶのだ。そして、そこに自由がある。

それはそれとして、成年に達し、責任能力をもった大人にとって、遊びはしなければそれですむであろうといった程度の一つの機能である。遊びは余計なものなのだ。ただ遊びからどんな楽しみが引き出されるかによって、それへの要求の激しさが決まる。遊びはいつなんどきでも延期できるし、中止もできる。それは肉体的要請によって課されるものではなく、なおさら道徳的義務によって課されるものでもない。遊びは仕事ではない。それは「自由時間」に行なわれる。ただ遊びが文化的機能となった時はじめて第二義的に、当為とか、任務とか、義務といった概念との結びつきに縛られるようになる。

かくてここに、遊びの第一の主要特徴がとらえられる。それは自由なものであり、自由そのものである。そこから直ちに第二の特徴が続く。

遊びは「ありきたりの」生活でもなく、「本来の」生活でもない。そこから一歩踏み出して独自の性格をもった活動の仮構の世界に入るのが遊びだ。小さな子供でも、彼は「ただそのようにふるまっているだけ」で、それは「ただふざけて」いることだと完全に知っている。この気持ちが子供ごころの中にいかに複雑微妙にしみこんでいるかは、かつてある父親が私に話してくれた次の実例によってきわめて適切に説明されるのではなかろうか。彼がふと見ると、四つになる彼の息子が椅子を並べてその先端に座り、汽車ごっこをしていた。彼は子供を抱き上げた。すると子供は「お父さん、機関車に口づけしてほしくないよ。でないと客車たちが本物じゃないなと思っちゃうよ」と言った。遊びのこの「だがしかし本物ではない」(……しているだけのこと)ということの中には劣等感の意識つまり、最優先的と目される「厳粛さ」に対する「あほらしさ」の意識が横たわっている。しかしながら、すでに指摘したように、「だがしかし遊びたい」という思いは決して完全に閉め出されはしないし、この「ただの遊び」がしかし、「ただ何々」にすぎないという性格を一時完全に棚上げして、大真面目に、つまり陶酔を覚えるほどの打ち込みようで行なわれることもありうるのだ。遊びは何であれ遊ぶ人すべてを時を選ばずにとりこにしてしまうことができる。遊びと真面目の対立は常に流動的だ。遊びの劣等感は真面目の優越感の中に食いこんでその境界線を引いている。遊びは真面目に変わり、真面目は遊びに変わる。遊びは真面目をしりめにかけるほど気高い美しさや崇高さの極致をも窮めうる。これらの難問題は、我々が遊びと聖なる行為の関係をより詳しくこの眼で確かめる時になって、たちまち論議のまととなるだろう。

ここでは一応遊びと呼ばれる活動に固有の形式的特徴を取り上げておかねばならない。遊びについてはすべての研究者がその利害を度外視した性格を強調する。「ありきたりの」生活から遊離した遊びは必要や欲求の直接的満足を求める生活過程の圏外に立つものであり、しかも、その過程を一時差しとめてしまう。遊びはそれ自体だけで完結する一時的行為としてその生活過程の中に割って入り、行為すること自体に含まれた充足感のゆえに行なわれる。少なくとも遊びが遊びそのものとしてまず最初に我々の前に現われる姿は、いわば日常生活の中の間奏曲であり、休息である。ところがすでに規則正しく繰り返す変化の特色をもっていたので、それは生活一般の伴奏となり、補充となり、その一部分になる。それは生活を飾り、充実させ、その効果によって欠くべからざるものとなる。個人に対しては生物学的機能として欠くべからざるものであり、共同体に対しては遊びの中に含まれた意義、その重要性、それの表現としての価値、それが生み出す精神的社会的きずな、つまり簡単に言えば文化機能のおかげで欠くべからざるものとなる。それは表現することと共同生活することとの二つの理想を満足させる。それは食物摂取、繁殖、保育といったような純生物学的過程の領域を越えたより高い世界に属している。こういう言い方は一見すると、動物界での遊びが繁殖期にははなはだ重要な役割を演ずるという事実に対立するように思われるかもしれない。しかし、鳥たちが歌い、踊り、胸毛をふくらますことは人間の遊びと同じように純生物学的世界を越えた立場を示すものだと認めてやるのは不合理なことだろうか。それはそれとして、ともかく人間の遊びはより高級な形式に属しており、そこでは遊びは何か意味をもつもの、もしくはなにかしら高められたものであり、祝祭と式典の領域つまり聖なる領域の中にその場を見つけるのである。

ところで、遊びが欠くべからざるものであり、文化に役立ち、しかも遊び自身が文化になるという事実が明らかになると利益度外視の特徴は消えてしまうのではなかろうか。否、そうではない。なぜなら遊びが役立とうとしている目的はその場で役立つ物質的利益や個人的な生活上の必要を満足させるような領域を越えているからだ。神に捧げられた行為としての遊びは集団の福祉に役立つが、その時は生活要求の直接的達成とは違う別の方法と別の手段によっている。

遊びはありきたりの生活から場所と継続期間によって区別される。この閉ざされた性格、つまり場所的、時間的限定性に遊びの第三の特徴がある。それはある定められた時間と場所の範囲内で「遊びに切りをつける」のだ。遊びは遊び自体の中にそれなりの筋道とそれなりの意味をもっている。

こうしてここに遊びの新しい、積極的特徴が生まれる。遊びは開始され、ある決まった瞬間に「終わる」。「遊びを切り上げる」のだ。遊びが続いている間は、そこに動きがあり、行ったり、来たり、交代したり、元へもどったり、結びついたり、離れたりする。このしばらくの時間を限る時間限定性と直接に関連して、もう一つ別の注目すべき特徴がある。遊びはそのまますぐに文化形式として定着する。一度遊びが行なわれるとそれは精神的創造物として、あるいはそれより後の追憶の宝として生きのこり、絶えず繰り返される。それは子供の遊び、西洋すごろく、競走のようにすぐ間をおかずに行なわれるものだろうと、長い中止のあとで行なわれるものであろうと同じことだ。この繰り返されるということが遊びの本質的特徴の一つだ。それは全体としての遊びについて言えるばかりでなく、また遊びの内的構造についても言える。ほとんどすべてのより高度に発達した遊びの形式において、まるで経糸《たていと》と緯糸《よこいと》のごとく縦横に、繰り返し、反復、順ぐり交代の要素がある。

時間的限定より目立つのは場所的限定である。遊びはすべてその遊び場の中で行なわれる。それは実際に作られるか、あるいは観念的に想定されるか、そのいずれにせよ、意図的にかもしくは自明のこととして、前もって作り上げられる。形式上では聖なる行為と遊びとの区別はたてにくい。つまり、神聖な行為は遊びと同じ形式で行なわれる。たとえば聖なる場所も遊び場と区別しがたい。試合場、カルタ台、魔法の円陣、神殿、舞台、映写幕、法廷などすべて遊び場に準じた形と機能をもっている。それは清められた土地であり、隔離され、垣根をもって囲まれた神聖な領域だ。その中では特殊で固有の規律が当てはめられる。それはありきたりの生活の中で、あるまとまった行為を遂行するための、一時的な仮の世界である。

遊び場の中では独自の、絶対的秩序が支配する。ここに遊びについての新しい、より積極的な特徴が見られる。つまり、遊びは秩序を創造する。遊びイコール秩序である。不完全な世界と雑然とした生活の中で遊びは一時的で条件つきの完全さを実現する。遊びが課す秩序は絶対的だ。ほんのちょっとした違反が遊びをだめにしてしまい。その特質を消し去り、つまらないものにしてしまう。この遊びと秩序の概念の内的結合こそ、我々がすでにことのついでに見たように、遊びがその大半を美的領域の中にとどめていると目される理由であることは疑いない。遊びは言うなれば、美しくあろうとする傾向を秘めている。遊びがどんな形のものであれ、それを貫いて流れる、秩序立った形式を創造しようとする衝動はおそらく美的要素と同じものである。我々が遊びの諸要素を言い表わすのに使う言葉はその大部分が美的領域に属している。それはまた我々が美の効果を表現しようとする時にも使う言葉であり、たとえば、緊張、平衡、釣合、交代、対比、変化、結合、分解、解体などだ。遊びは呪縛し、そして、解放する。それは人をとらえてはなさず、魔法にかけ、魅了してしまう。そこには人間が森羅万象の中に認めえて、しかも自分で表現しうる最も崇高な特性の二つが豊かに備わっている。それはリズムと調和だ。

遊びにぴったりした修飾語の一つとして我々はすでに緊張を数え上げた。この緊張の要素こそ遊びの中で特に重要な役割を果たすのである。緊張とはすなわち不確定なこと、チャンスである。そこには緊張を解こうとする努力がある。ある程度の努力をもって何かを「成功」させねばならない。たとえば乳飲児が小さな手でつかもうとする時、猫が糸玉をころがして遊ぶ時、少女がまり遊びをする時、すでにこの特徴が現われる。個人の器用さ、問題解決能力をためす遊び、たとえばパズル、はめ絵、モザイク遊び、一人トランプ、射的などにもこの特徴が支配している。そして遊びが競争的要素を多くもつか少なくもつかによってその意味も変わる。さいころ遊びやスポーツ競技になるとこの傾向が最高度に強くなる。この緊張の要素は本来善悪の対立の彼岸にあるはずの遊びの行為にある種の倫理的内容をつけ加える。この緊張の中で遊ぶ人の能力、たとえば、彼の体力、耐久力、臨機応変の才、勇気、根気などがためされ、同時に、彼自身遊びに勝とうと熱望しつつ、しかも、あらかじめ定められた遊びの規則を守りとおすように余儀なくされる点において、彼の精神力もためされるのだ。遊びに特有な秩序と緊張の特質は我々を遊びの規則の省察へと導いてゆく。

## 遊びの規則

すべての遊びがそれぞれの規則をもっている。それは遊びの作り上げる仮の世界で通用すべきものとして定められている。遊びの規則は絶対的強制力をもち、疑いをさしはさむ余地はない。ポール・ヴァレリーはかつて何気なくこのことについて述べたことがあるが、実はそれは思ったよりはるかに広汎な通用性をもつ思想なのだ。つまり、遊びの規則に関してはいかなる懐疑主義も許されない。取り決められた基盤はまさに磐石不動のものとして与えられている。規則が犯されるや否や遊びの世界は崩壊する。もはや遊びは存在しない。審判の笛が呪縛を解き、一瞬にして、ありきたりの世界が活動を復活する。

遊んでいて規則に反対したり、守らなかったりする人は、「遊びの協定破り」（遊びの破壊者）である。遊びの維持には公明正大《フェアー》という概念が密接不可分に結びついている。人は「誇らかに」遊ばねばならない。遊びの協定破りはいんちきをやる遊び手とは別物だ。いかさまペテン師は遊んでいるようなふりをしており、その点で見かけは遊びの呪縛圏を認めている。遊びの共同体はこうした連中の罪を遊びの協定破りより軽くみて許してやる。なぜなら、後者は遊びの世界そのものまで破壊するからだ。彼は遊びの世界から抜け出すことによって、一時的に彼が皆と一緒に閉じこもっていた遊びの世界の相対性と脆弱性を曝露する。彼は遊びから幻想を取り払う。幻想はラテン語の inlusio《インルウーシオー》、つまり文字どおり「遊びにふけること」からきた、実に含蓄豊かな言葉だ。ところで、彼は遊びの共同体の存立そのものを脅やかすゆえに、彼こそ抹殺されなければならない。この遊びの協定破りの姿は子供の遊びの中で最も明確に示される。子供の共同体は遊びの協定破りが遊ぼうとしないから背教者なのか、あるいは遊ぶことができないから背教者になるのか、などと問題を考えるわけではない。むしろ彼らはそれが決してしてはならないことだと知っており、しかも、それは許すべからざることだと考えているのだ。服従と良心の問題は彼らにとって一般的に罰への恐れより以上のものとは受け取られていない。遊びの協定破りは呪縛の世界を打ちこわす。それで彼は味気ない奴として追放されるのだ。より高度の真面目な世界でも、いかさま遊びのやり手や偽善者、詐欺師は例の遊びの協定破り、つまり背教者、異端者、新革新宗派、良心的正義派などより常に軽く扱われている。

ところが逆にこの後者の群れが自分たちだけでたちまち新しい独特の遊びの規則をもった新しい共同体を作ることがよくある。公権喪失のお尋ね者、革命家、秘密結社団員、異端者などは並はずれて強い結社組織力をもち、また同時に著しい遊びの性格を常に兼ね備えている。

遊びの共同体は遊びが終わった後までも持続するものになろうとする傾向を一般にもっている。すべてのおはじき遊びやブリッジの組がクラブを結成するなどと言うのではない。しかし、一緒に特別の関係でつき合い、一緒に重要事項を処理し、一緒にその他一般から区別され、普遍的規範から離脱していたという感情が個々の遊びの持続よりさらに長く例の呪縛力を発揮せしめる。クラブと遊びが組むのは、まさに帽子が頭と共存するのに等しい。民族学で兄弟団《フラトリア》、老人組、男子団体などと称するものを一概に遊びの共同体と説明するのは、いくらなんでも安易にすぎよう。がしかし、次のことは今後とも常に認めざるをえなくなるだろう。最高の重要性をもち、荘重にして神聖でさえもある目標設定をした永続的な社会的規範、なかでも特に原始古代文化のそれを遊びの領域からきっぱりと分離するのは、なんとむずかしいことだろうかと。

## 遊びのもつ特別な世界

遊びの例外性と特異性を最も鮮やかな形式で示すのは、遊びが好んでその周りに張り巡らす秘密主義だ。小さな子供ですらそこに「小さな秘密」を作り出して遊びの魅力を高めている。それは我々の秘密であって、他人に対するものではない。他人が外の世界で何をしようと、一時的に我々には無関係だ。遊びの領域においてはありきたりの生活の法や慣習はなんの効用ももたない。我々は「違った」ものに「なっており」、「違った」行為を「している」。このように「ありきたりの世界」を一時的に脱却することは子供の世界で完全に実現しているし、また未開民族の祭礼に発した偉大な遊びの中にも同じようにはっきりと現われる。若者が成人組に加えられる際の盛大な成年入会式において、平常の法と日頃の習慣から解放されるのはただ成人になった当人ばかりではない。全種族が反目確執をやめる。すべての報復行為は中止される。大がかりな聖なる遊びの季節が続く間、ありきたりの社会生活を一時的に中止することは進歩発展した文化の中にもなお幾多の痕跡をとどめている。サトゥルヌスにちなんだ収穫祭、あるいは謝肉祭《カーニバル》の風習に類することはすべてこれに属する。我々の母国（オランダ）でもたくましい個人道徳、きわだった身分的特権、そして優雅なお巡りさんが幅をきかせていたその昔には、「学生のいたずら」の名の下に名門の子弟にサトゥルヌス風のどんちゃん騒ぎが認められていた。イギリスの大学ではこうしたことが「ストーム《ラッギング》」として、そのまま形式化された。これはオクスフォード英語辞典によると、「権威や風紀を無視して行なわれる、騒々しい無秩序な行為の大げさな誇示」であると説明されている。

遊びの別人化の特徴と秘密主義は、仮装舞踏会において共に最も明確に示される。この場合、遊びの超日常性的性格は完璧だ。仮装した人は別な人間を演じて遊んでいる。彼はまさしく別なものになって「いる」。童心に帰った驚き、いっさいを放擲した喜び、聖なる儀礼、神秘的空想は仮装舞踏会の世界の至る所に分かちがたく入り混じっている。

形式について考察したところをまとめて述べてみれば、遊びは自由な行為であり、「ほんとのことではない」としてありきたりの生活の埒外にあると考えられる。にもかかわらず、それは遊ぶ人を完全にとりこにするが、だからといって何か物質的利益と結びつくわけでは全くなく、また他面、何かの効用を織り込まれているのでもない。それは自ら進んで限定した時間と空間の中で遂行され、一定の法則に従って秩序正しく進行し、しかも共同体的規範を作り出す。それは自らを好んで秘密で取り囲み、あるいは仮装をもってありきたりの世界とは別のものであることを強調する。

## 戦いと演技としての遊び

ここで扱うはずのより高級な遊びのもつ機能はその大部分が遊びを遊びたらしめる二つの基本的態度に還元される。遊びは何かのための戦いである。さもなければ遊びは何かの演技である。この二つの機能はうまく結びつくこともできる。たとえば、遊びが何かのための戦いを「演じて」みせるか、あるいは、誰が一番よくそれを再現してみせるかの競争をする場合がそれだ。

「みせびらかす、演じてみせる」(vertoonen《フエルトーネン》)とは語源に従えば眼の前にもち出すことを意味している。要するに、なんでも自然に与えられた姿を観衆に眺めさせることだと言える。孔雀や七面鳥のたぐいはその羽毛の華麗さを雌の前でみせびらかしてみせる。しかしこのみせびらかしの中にすでに異常なもの、極度に特異なものを示して驚かそうという素振りが潜んでいる。鳥がそこで舞踏の足どりで歩いてみせれば、それはもう一つの演技であり、ありきたりの現実からの脱却、現実より一段と高級な秩序への転出である。我々はその際動物たちが何を思っているか知るすべもない。子供の生活においてはこのみせびらかしのジェスチャーはすでに随分早くから空想的観念でいっぱいにされている。一般に人は日常のありふれた自分とは何か違ったものを空想する。ありきたりの姿より何かもっと美しいもの、もっと崇高なもの、あるいはもっと危険なものを頭の中に思い浮かべる。人は王子になったり父親になったり、悪い魔女になったかと思えば虎にもなるのである。そんなとき、子供はまるで夢中になってしまい、ありきたりの現実の意識が全然なくなるわけではないのだが、とにかく、自分で想像したものになりきったと思い込んでしまう。彼のジェスチャーは本当らしく見せること、イメージを焼きつけることであり、いわばイメージの中で演じたり、あるいは表現したりしているのだ。

さて子供の遊びから古代文化の祭礼儀式に見られる神聖な所作事に眼を転ずると、そこには子供の遊びに比較して、より多くの精神的要素が「この遊びの中に」存在していることがわかる。ただこのことを正確に確証するのは非常にむずかしい。聖なるしぐさは、単に見せかけの現実を作り出すより以上のことであり、また象徴的現実を作り出すより以上のことで、いわばそれは神秘の現実化だ。この所作においては眼で見られないもの、表現されえないものが美しく、本質的で、聖なる形式をまとって現われる。式典への参加者はこの行為が確実な救済を実現し、日頃経験しているものよりいっそう高度な万物の秩序に血を通わせるのだと確信している。にもかかわらず、この所作事による現実化工作はあらゆる点からみて遊びごとの形式的特徴を残している。それは実際に仕切られた遊び場（式場）の中でお祭りとして、つまり、歓喜と自由にひたって執り行なわれる。この独特な、仮構の価値をもった世界は一面においてはそこだけの閉じられた世界だ。しかし遊びが終わっても、その作用は消えることなく、その輝きをありきたりの世界の上に外から降り注ぎ、そして祭りを祝った人間集団の安全と秩序と幸福を、次の聖なる季節が新たにまたやってくるまで、つかさどっている。

実例なら世界のどこからでも集められる。古代中国の教えによると舞踏と音楽は世界を正しい軌道に保持し、自然を人間のために統制するという目的をもっている。季節の祭りに際しては競技が行なわれるが、これにその年の繁栄がかかっている。この集会が行なわれないと収穫が思わしくないといわれている。(2)

聖なる行為は一種の「ドローメノン」(dromenon)、すなわち、成し遂げられることである。演じられることは一種の「ドラーマ」(drama)、すなわち行為であり、それが劇の上演の形をとろうと、競技の形をとろうとかかわりはない。その行為は宇宙の現象を演じてみせる。しかし、それは単なる代理行為としてではなく同一そのものの行為として行なわれる。つまり、それはかの宇宙のできごとを繰り返して行なうのだ。この所作の中で象徴されている効果を完成して成就させるのが祭礼儀式だ。その機能はただ模倣することではなく、ある役割を分担するか、あるいは役を担って参加することだ。(3)それは「手を貸して行為を完成させること」[4]（helping the action out）なのだ。

文化科学にとっては、心理学がこうした現象の中に現われた精神過程をどのように考えるかは、あまり問題にならない。心理学はおそらく、このような演技を行なわせるに至った必要性を「代償的同一化」（identification compensatrice）とみなしたり、あるいは現実ではこの目的を目ざした行為を実現することが不可能なのでその代理的行為だとみなすだろう。[5]文化科学にとってたいせつなことは、つまり、いったいこの想像力の作用はそれを生み出し、維持した民族の精神の中で何を意味するのかを理解することだ。

我々はここで宗教学の基礎、すなわち祭礼、儀式、密儀などの本質に関する問題を扱うことになる。『ヴェーダ』に見られる古代インドの供犠の儀式は次のような考え方に基づいている。彼らが奉納する祭礼行為はたとえそれが競技であれ、所作事であれ、その儀式の中である種の望ましい宇宙現象を演じたり、再現したり、比喩的に表わすことにより、神々をしてこの現象を実際に起こさしめるよう強制する、というのだ。この関係が古典古代に関して適切に述べられているのは、クレタ島のクウレーテスたちの武装踊りから説き起こした、J・E・ハリソン女史の著書『テミス――ギリシア宗教の社会的起源の研究』だ。我々はこのテーマが提示する宗教史的問題にはいっさい触れずに、ここでは原始古代的祭礼行為の遊びの性格をとらえて、さらにより詳しく眺めてみよう。

## 遊びと祭礼

祭礼はつまり演技であり、劇的表現であり、イメージの具体的展示であり、代理行為による願望の実現である。季節ごとに巡ってくる聖なる祭りになると、共同体は自然の営みの偉大な現象を神聖な所作事に仕組んで祝うのである。それは季節の移り変わりを現わし、また星座の上り下り、作物の生長と実り、人間や動物の誕生、生と死などの観念を形象化して演ずるものであった。レオ・フロベニウス〔一八七三～一九三八。ドイツの民族学者。アフリカを調査し、文化形態学を説いた〕が述べているように[6]、人間は自然の秩序を彼らの意識にとらえられたそのままの姿で、演じて遊んでいる。はるかな昔においては、フロベニウスによれば、人間はまず植物界や動物界の現象に心をひかれたことだろう。それから、時間と空間の秩序に対する意味を、月と季節に対する意味を、さらに太陽の運行に関する意味を会得したのだ。そして今や彼らは存在するものすべてをおおう秩序を聖なる遊びの中で演戯する。この遊びの中で、およびその遊びを通して、彼らは演じられた諸現象を新たに現実に実現し、世界の秩序が正常どおり保たれるよう助けている。そうだ、やがてこの遊びからもっと多くのことが派生する。なぜなら、祭式演戯の形式の中から彼らの共同体そのものの秩序、彼らの原始的国家形成の萌芽が生まれてくるからだ。王は太陽であり、王権は太陽運行の象徴的イメージである。彼は全生涯を通じ、王すなわち太陽を演戯し、そして最後には太陽の運命として沈まねばならない。つまり、彼自身の支配していた民が彼を儀式的形式の中で殺すのだ。

この儀式ばった王侯殺害の説明とその奥にあるすべての理解の仕方をどの程度まで証明されたものとして妥当とみなすかどうかという問題は他の人にまかせておこう。我々の関心を引く問題は、いかにして人は原始の初歩的な自然観からこのように観念化したものを想像せずにはいられなかったか、という点だ。いったい宇宙的事象の表現不可能な経験から始まってこの事象の遊び的表現に至る発展の精神過程はどんなふうにたどれるのだろうか。

フロベニウスがあまりにも安易な意見、すなわち、生得の本能としての遊びの本能の概念をもち込めばことたりるという意見に与しなかったのは当然である。[7]「本能とは現実の意味の始末に匙《さじ》を投げての捏造物だ」、とフロベニウスは言う。同じように力を込めて、またさらに明確な理由から、彼はすべての文化遺産を、「何の目的か」とか「何のために」とか「どんな理由から」といったような説明を求める過去の時代の傾向に反対した。つまり人々はそういうことをなんでも文化を生み出す社会のせいにしてしまうのだ。フロベニウスはこのような見方を「最も悪しき因果律的専制」と呼び、時代遅れの実用主義本位の考え方だとしている。[8]

とにかくここまで成長発展してきたはずの精神的過程についてフロベニウスが抱く独自の考え方はおよそ次のようである。古代人の間では自然や生活についての経験はまだ表現されえず、ただ「感動にうたれた状態」としてのみ現われる。「形を作り上げる能力はどんな民族でも、子供でも、創造的人間でもみな同じように、感動にうたれた状態から芽をふくのだ[9]」。人間は「運命の啓示に接して感動にうたれる」。……「生成と死滅の自然のリズムの現実は彼らの心をとらえ、彼らを強制的で反射的ともいえる行動に導く[10]」。だから彼によれば、問題とされるべきは必然的に起こる精神の置換翻訳過程である。「感動にうたれること」(Ergriffenheit)――オランダ語の感動を表わす言葉、bewogenheid（掻きたてられること）、getroffenheid（打たれること）、ontroering（動かされること）よりドイツ語のErgriffenheit（とらえられること）の方がより多くのことを語っている――によって自然感情は反射的に詩的想念や芸術形式へと凝集する。これはおそらく創造的な観念形成の過程を言葉で表現した場合の中で最も真実に近いものだろう。しかし、それで説明がついたとはとうてい言えない。宇宙的秩序を美的にか神秘的にかいずれにせよ、非論理的に把握することから聖なる祭礼遊びに至る道は相変わらず闇につつまれている。

このいまはなき偉大な研究者の考察の中ではかの神聖な題材は遊びとして理解はされていたが、その理解されたものについての厳密な定義は下されていない。フロベニウスは遊びという言葉を祭式上演の活動について繰り返し用いているが、しかしその時、遊びが何を意味するかについては詳しく追求していない。それに、かつて彼が反対していたはずの、しかも遊びを定義するには全然ふさわしくない目的概念がいつのまにか入りこんでいるのではないかと、疑いたくなる。遊びとはフロベニウスがよく言いかえて描写しているように、宇宙の現象を表現し、演じてみせてそのあとをたどり、そして現実化するために役立つものだ。当然そこには、準合理性的要素が容赦なく出しゃばってきているといえる。遊び、つまり想像力の演技はフロベニウスにとって何か別のもの、たとえばある種の宇宙的感動などを表現することの中にその存在理由をもつにすぎない。この想像力の演技が実は遊ばれているという事実は、彼にとって第二義的意味をもつにすぎなかったように思われる。理論的にはこのことは別の方法でも言い表わされることだろう。しかし、我々の眼から見ると問題になるのはまさしく遊びの事実だ。この遊びはその本質からいって、子供の遊び、あるいは動物の遊びと根本的には同じ価値をもつが、ただいささか高級な形式を帯びたものにほかならない。この後者の二つの遊びの形式においてはその起源を宇宙的感動だとか、表現を模索する宇宙秩序を認識すること、だとするのは、はなはだ無理なことだ。このような説明はまるで説得的意味をもってはいない。子供の遊びは本来そうしたものとしての遊びの特質をもっており、しかも、その最も純粋な姿を保っている。

「生活と自然を通しての感動に身をまかせること」から神聖な遊びの中でこの感情を表現するまでに至る過程を、フロベニウスがしたのとは別な言葉で描くことが我々に可能のように思われる。もっとも、それだからといって我々は事実上探究不可能なことを解明しようと考えているわけではない。ただ単に、事実の経過について理解を深めるだけだ。原始古代の社会はちょうど子供が遊び、動物が遊ぶように遊んでいた。このような遊びははじめから遊びの本来の要素、すなわち秩序、緊張、動き、楽しさ、無我夢中でいっぱいだった。社会生活の後期の段階においてはじめて、この遊びに、この遊びの中で何かを表現しようとする観念がしみ込んできた。それは生きることとの観念だ。かつて言葉のない遊びだったものが詩的形式をとるようになった。この宇宙内でとらわれの身となった人間としての感情は、本来、自主独立のものである遊びの形式と機能の中に、その最初にして最高の、しかも最も神聖な表現を見いだすようになる。しだいに神聖な行為の意味が遊びの中にあふれてくる。祭礼は遊びに継ぎ木されたのだ。しかし、遊び自体が最初の基本的行為であった。

## 遊びの中の聖なる真面目さ

我々はいま、心理学の認識手段をもってしても、また我々自身の認識能力の理論をもってしてもほとんど窮めつくしがたい領域をさまよっている。ここで起こる問題は我々の意識の最も奥深い基盤にふれるものだ。祭礼儀式は最高の、しかも最も神聖な真面目さを備えている。にもかかわらず、どうしてそれが同時に遊びでありうるのか。まず第一に確かに言えるのは、すべての遊びが、子供の場合も大人の場合も、完全な真面目さで行なわれうる、ということだ。しかし、秘蹟的行為の聖なる感動には遊びの性質が必ず結びついていなくてはいけない、とまで言うことができるだろうか。我々の結論は多かれ少なかれ形式化した概念の堅苦しさによって被害をうけている。我々は遊びと真面目の対立を絶対的なものと考えることになれている。しかしおそらくは、それは最も深い基盤にまで踏み込んでいない。

そこでちょっと、次のようなゆっくりと順を追った連鎖関係を考えてみてほしい。子供は完全に真面目に、しかもこう言ってよい十分な理由があると思うのだが、つまり、聖なる真面目さで遊ぶ。しかし遊んでいても、それが遊びであることを知っている。スポーツマンは献身的な真面目さと無我夢中の闘志で遊ぶ（プレイする）。彼も遊んでいて、自分が遊んでいる（ゲームをしている）ことを知っている。俳優は彼の遊び（演技）に没頭する。にもかかわらず、彼は遊んでおり、しかも遊んでいる（所作をしている）ことを自覚している。ヴァイオリニストは最も神聖な感動におののき、日常的世界の外に出て、それを越える体験を味わいながら、それでも彼の行為は遊び（演奏）であり続ける。こうした遊びの性格は最も崇高な行為に固有のものとしてとどまりうるのだ。そこでこの系譜を祭礼行為にまで延長し、儀式を執り行なっている供物奉献神官もまた一種の遊びを遊んで（演じて）いるのだ、と証明できないだろうか。このことを一つの宗教に認める人は、これをすべての宗教について認めることになる。そうなれば儀式、呪術、祈禱式、秘蹟、密儀などの概念はすべて遊びの概念の適用範囲内に含まれてくるだろう。そこで人は必ずやこの遊びという概念がもつ連関性をあまり拡げすぎないよう、警戒するに違いない。もし遊びの概念を拡大しすぎると、それこそ言葉の遊びになってしまうだろう。だが私は、聖なる行為を遊びとみなしてもそのようなことには陥らないと思う。形式の上からいって、それはあらゆる点で遊びだし、本質的にも、それが参加者を日常の世界から別世界へと連れ去るかぎり、遊びといえる。プラトンにとっては、この遊びと聖なる行為の同一性は無条件で認められていたことだ。彼はなんの躊躇もなく聖なる事物を遊びの範疇の下で理解している。彼に言わせれば次のようだ。[11] 人は真面目なことを真面目に考えなければいけない。最も崇高な真面目に値するのは神だ。一方、人間は神の遊び道具として作られている。それはまさしく人間にとって最上のことだ。だから人間は男も女もすべてこの考え方にのっとって美しく遊びながら人生を生きてゆくべきだ。そして今までとは全く別な気持ちで生きるべきだ。——さらに言葉をついで、——人々は戦争を真面目なことと考えている。「だが、戦争の中には遊び（パイディア）もないが、最も真面目なものとみなされる教養（パイデイア）のたぐいもない[12]。各人は平和な生活をこそできるだけ立派にやり遂げねばならない。しからば、その正しい方法は何であるか。遊びながら生活がされてゆくのでなければならない。なにかのゲームをやったり、犠牲の捧げ物をしたり、歌ったり、踊ったりすれば、神々のおぼしめしにあずかり、敵を防ぎ、戦いに勝つことができるようになる[13]」。

このプラトン風の遊びと神聖さの同一視は聖なる行為を遊びと呼ぶことによってそれを卑俗化するものでは決してない。むしろ、遊びという概念を精神の最高領域にこそふさわしいものとすることによって、遊びを高めている。はじめに言ったように、遊びはあらゆる文化に先行して存在している。またある意味では、遊びはあらゆる文化を越えて漂うものであり、少なくとも文化から離れた立場にある。人は子供のように楽しみと休息を求め、真面目な生活の水準以下で遊ぶ。しかし同時に、彼はこの水準以上のところで、美と神聖の遊びを遊ぶこともできるのだ。

この観点からすれば、祭礼儀式と遊びとの内的結びつきは何か、もう少し詳しく定義づけられる。それとともに、儀式形式と遊びの形式との間の幅広い類似性はいっそう明確な光の下に押し出され、さらに、どの程度まで神聖な行為は遊びの領域の内に入り込んでいるかという問題も議論の対象として残ることになる。

遊びの形式的特徴の中では、この行為がありきたりの生活の場から袂を分かった場所で行なわれることがまず筆頭にあげられる。ある閉ざされた空間が事実上じかにか理念的にかいずれにせよ、日頃の環境から仕切られ、分離される。その内部で遊びが行なわれ、その中で遊びの規則が適用される。またある神聖な区域を仕切ることは、すべての聖なる行為にとってもその第一の特徴である。この分離の要求は呪術と律法行為を含む祭典儀式においてはただ単なる時間的空間的性質よりもはるかに多くの何かを含んでいる。ほとんどすべての叙任式や清めの儀式での習慣は、式の執行者や新たに清めを受けるもののために人工的に分離もしくは隔離された状態をつくりだすことまであえてする。騎士団や兄弟団への入団の誓願やその他の宣誓、秘密盟約に関していつも話題に上るのは方法はいろいろあるが、その行為にふさわしい場所を仕切ることだ。呪術者、易者、供犠者は常に自分の清められた空間をはっきり定めることから始める。秘蹟と密儀は聖なる場所を前提とする。

形式の上から言えば、囲い込みの機能は清めの目的のためであろうと純粋に遊びのためであろうと、いずれにせよ、完全に同じである。競技場、テニスコート、石けり遊び場、チェス盤は機能的に神殿や魔法の円陣と少しも異ならない。全世界的に見られる清めの行事に共通の著しい同質性は、こうした習慣が人間精神の根源的で基本的実相に根ざしていることを示している。この文化形式の一般的同一性をよく人は論理的に理由づけようとする。どんなふうにかと言えば、囲い込みや隔離の要求は清められた人が神聖化される状態で特に危険を冒したり、危険に曝されたりするので、障害になりやすい外部からの影響を彼からシャットアウトしようという心遣いである、と説明される。かくして、今取り扱っている文化過程の冒頭の部分へ理性的思惑と有用な目的が設定される。これは、かのフロベニウスが警告した実用主義的説明である。といっても、この説を唱える人が、宗教を作ったのは狡猾な神官たちだという考え方を最後の拠り所にしているわけではないが、しかし、なにかしら理性的動機づけをすればその中にそういったような考え方がどうしても入ってくる。これに対して、遊びと儀式が本質的、根源的に同一であると認めると、直ちに清められた場所は結局遊び場と同じだと認めるようになる。すると、何のためとかなぜとかいう見当違いの質問はもはや決して出てこない。

もし清めの行為が遊びと形式上ではほとんど差別できないことが明らかになれば、次は、祭礼儀式と遊びとの間の類似性は純粋に形式的なものにとどまらずもっと深く広く適用されるのではあるまいか、という疑問が生まれる。遊びの形式にうまく合う清めの行為は、同時にいったいどのくらいまで遊びの態度と情緒の中でやってゆけるのかどうか、このことを宗教学も民族学も何ら問題として取り上げていないのは驚くべきことだ。フロベニウスも私の見るかぎりではこの問題を議論の対象にはしていない。私がこの問題についてここで言えることは、ただおりおりの報告記事から総括した観察報告程度のものに過ぎない。

共同体が神聖な宗教儀式を体験したり、挙行したりする時の精神状態はまず第一に崇高で神聖な真面目さそのものであることは明らかである。しかし今一度繰り返しておくのだが、真正の、自発的な遊びもまたきわめて真面目なものでありうるのだ。遊んでいる人は己れの全存在をあげて遊びに熱中しうる。「ただの遊びごと」という意識は完全に背後に押しやられてしまうこともありうる。遊びと離れがたく結びついている喜びは緊張に変わるだけでなく、感激にも変わる。遊びの情緒は一方ではめをはずしたきままな気分、他方では我を忘れた恍惚境を両極端にもっている。この二つの言葉が「出る」「こえる」〔uitgelatenheid の uit も exaltatie の ex も「出る」の意〕という状態からきているのは決して偶然ではない。おそらく常に遊びの情緒が底流をなしているとは言えよう。しかしこのことは、我々が避けようとしている心理学的問題に我々を引きずりこんでしまう。

遊びの情緒はその本性上はなはだうつろいやすい。いついかなる瞬間であれ遊びを妨げる外部からの干渉があったり、規則違反があったり、あるいは内部から遊びの意識が崩れたり、興ざめしたり、幻滅におちたりすれば、たちまち「ありきたりの生活」が自己の権利を復活してくる。

## 祭りの本質

ではいったい、聖なる祝祭の態度や情緒とはどんなものか。祭る（vieren）という言葉がほとんどすべてを語ってくれる〔オランダ語の vieren には祝う、式をあげる、約束を守る、規則に従うなどの意味がある〕。つまり聖なる祭事は遵奉されて祝われるのだ。それは祭りの枠構造の中に入り込むのだ。聖地に向かって旅立ち集まった民衆は共通の一大デモンストレーションを展開する。清め、供犠、聖なる踊り、奉納試合、上演、密儀などはすべて祭りの枠の中で行なわれる。儀式で血が流され、成年式の試練が残酷で、仮面がぞっとするようなものであっても、全体は祭りとして行なわれる。「ありきたりの生活」は中止となる。会食、酒宴、ありとあらゆるはめをはずしたきままな行動が、その祭りの間じゅう絶え間なく続く。ギリシア古代の祭りや現代アフリカの祭礼の例を考えてみても、どうも一般的な祭りの情緒と中心的な密儀の聖なる感動との間には厳密な一線を画することはほとんど不可能だ。

祭りの本質については、この本がはじめて世に問われたのとほとんど時を同じくしてハンガリーの学者、カール・ケレーニが我々の主題に密接に関連する研究論文を発表した[14]。ケレーニは、さきに我々がこの本で遊びの概念の前提として数え上げた最優先的な自主独立性と同じ性格を祭礼の場合にもまた認めている。彼に言わせると、「魂の実在性を信じて、祭りを祝うということは『それ自体のためのもの』で、この世のどんな他のものとも取り替えることのできないものだ[15]」。ちょうど我々が遊びについて考えているのと同じように、彼はまた祝祭という現象が文化科学から軽視されていたと考える。「祝祭的な現象は人類学者たちによって全く見落とされているようだ」[16]。祝祭というものの実在性については、「誰もがそんなものは存在しないかのごとく、学問的には知らん顔で通り過ぎてしまう」[17]。我々は遊びについても全く同様につけ加えたいところだ。祭りと遊びの間には今や事物の本性上、密接な関係が成立する。日常的世界からの隔離、いつも必ずとは言い切れないが、だいたい目だつ楽しげな行事の雰囲気（もちろん、祝祭は真面目でありうる）。時間的場所的限定性、厳しい規則と真の自由の統一、これらこそ遊びと祝祭の最も主要な共通の特徴である。踊りの中にはこの二つの概念が最も深い内的結合を遂げているように思われる。メキシコの太平洋沿岸に住む先住民コラ族はまだかよわいトウモロコシの軸の祭りとトウモロコシあぶりの聖なる祭りを彼らの最高神の「遊び」と呼んでいる[18]。

文化概念としての祝祭に関してケレーニの描き出した思想像は一応本書のよって立つ基盤を強化し、拡大してくれる。がしかし、聖なる祭りの情緒と遊びのそれとの密接な関連性が明確にされても、すべてがそれで言いつくされてしまうわけではない。真の遊びにはその形式的特徴やその楽しい情緒のほかに、もっと本質的なある特性が離れがたく結びついている。つまりそれは「しかしただそうしているだけ」という意識であり、それはたといどんなに背後に押しやられたにしてもなくなることはない。そこで問題として残るのは、この気持ちがひたすら己れを無にして行なわれる聖なる行為とどれほどまで結びつきうるかという点だ。

## 信仰と遊び

もし原始古代文化の宗教儀式に問題を限るならそれが執り行なわれる際の真面目さの程度について、おおよそのところを描き出すことは決して不可能ではない。民族学者たちは、私の知るかぎりでは、一つの意見にまとまっている。すなわち、未開人が盛大な宗教祭典を祝い、拝み見る時の精神状態は完全な没我の恍惚境でもなく、完全な幻想でもない。そこには「ほんとのことではない」という背後の意識が消えることなく残っている、というのだ。このような精神的態度についてのイメージはAd・E・イエンゼンの著書『原始民族における割礼と成年式』[19]の中に生き生きと描かれている。祭りの最中に人魂がうろつき、しかも祭りの最高潮に達した時にはそれが全員の前に姿を現わすのに、男たちは誰も少しも驚いたふうをみせない。そしてそれにはなんの不思議もない。人魂と見えるものこそ実はこの儀式いっさいの舞台監督をする男たちだからだ。彼らは仮面を作って、それをかぶり、使ったあとでは女たちから隠してしまう。彼らは人魂の出現を告げる物音をたて、彼らの足跡を砂の上にしるし、祖先の声を表わす笛を吹き、うなり木を振りまわす。つまり、簡単に言えば彼らの役割はまさしくサンタクロースを演ずる両親に似ている、とイエンゼンはいう[20]。男たちは垣をめぐらして清められた藪の中で起こった架空の話を女たちに尾ひれをつけて話して聞かせる[21]。許されてはじめてここに参加した新入りは気もそぞろで恍惚とした感動といつわりの狂気、不安なおののきと子供じみた虚勢や見栄っぱりの間をゆれ動く。[22] 結局のところ女たちはどうかと言えば、彼女たちだとて全部が全部だまされているわけではない。どの仮面の下に誰が隠れているかを見抜いている。にもかかわらず、仮面の男たちが彼女たちの方へ脅かしの身ぶりで近寄ってくると、彼女らは恐怖の発作に襲われ、悲鳴をあげながら逃げまわる。イエンゼンに言わせると、この恐れの表現は半ば自然発生的で真正なものであり、半ばは単なる伝統的義務である。それがここではうまく調和している。女たちはいわばこの劇の端役だ、そして彼女たちは遊びの協定破りには決してなってはならないということを心得ている。[23]

にもかかわらず、聖なる真面目さがかげを潜めて「ふざけごっこ」に落ちこむ限界線はどこにも引くことができない。我々の間でも、なにかしら子供心が抜けきらない父親はサンタクロースの務めを果たしているところを子供に見破られると真剣になって怒るのではないかと思われる。カナダのブリティッシュ・コロンビア州のクワキウトル族のある父親は彼がある儀式のための彫刻をしている最中に驚かした娘を殺した。[24] ロアンゴ・ネグロ族の間での宗教的意識の浮動性はペシュ・レッシュによってちょうどイエンゼンの使ったのと同じ言葉で描き出されている。聖なる観念や行事によせる彼らの信仰はいわばなまはんかなものであり、軽蔑と無関心の抱き合わさったものだ。大切にされているのは情緒である、と彼は結論する。[25] R・R・マレットは自己の著作『宗教意識の発端』の中の「原始的軽信性」という章で、いかに原始的信仰の中にある種の「偽装」(make-believe)の要素が常にはたらいているかを説いている。呪術師も、呪術をかけられる人も共に本当のことを知っていながら、だまされるのだ。しかも、彼らはだまされていたいのだ[26]。「野蛮人はちょうど子供のように、割り当てられた役割にひたり切ってしまう立派な役者であるが、また同時に、良い見物人であり、この点でもやはり、〈偽物の〉ライオンだと知りながら、その人の咆哮に死ぬほど驚いて見せることのできる子供に似ている[27]」。マリノフスキに言わせれば、土着の人々は自分ではっきり信仰をまとめてのべることより、もっとそれをより多く感じたり、恐れたりしている[28]。未開民族の共同体において超自然的能力ありとみなされる人間のふるまいは、しばしば「その役割になりきって演《プレイ》じていること」として最もよく表現される[29]。

呪術的で超自然的関係が「本物でない」ことはこのように部分的に知られている。にもかかわらずこれら研究者たちが強調することは、このことをもって信仰や行事の全体系を無信仰のグループの人々が他の信仰あつい人々を支配するために考え出した全くの欺瞞だと結論を下してはならないという点だ。それにしても、こういう考え方は多くの旅行者のみならず、また先住民自身の伝承などにもあちこちに現われる。しかしながら、これは正しい考えではありえない。「神聖な宗教行事の起源はただすべての人の信心に根ざしている。ある特定のグループの権力を守るための欺瞞的方策の保持という形は歴史的発展の最後の産物にすぎない[30]」。

今まで述べてきたことから私の見るところで明らかなのは、もし未開民族の聖なる行為について語るなら、遊びの概念から一瞬たりとも目をはなしてはならないということだ。この現象描写の場合常に遊びの概念によって理解すべきはもちろんだが、それにとどまらず、この遊びの概念の中にこそ信仰と不信仰の表裏一体性、聖なる真面目さと「みせかけ」や「冗談ごと」との結びつきなどが最もよく理解される。イエンゼンは子供の世界と未開人の世界の類似性を認めたが、しかし基本的には子供の態度と未開人のそれとの間にはある差別をつけようとしている。彼の意見によれば、子供はサンタクローズといえば、「うまく作り上げられた仮の現象」として扱い、そこでは彼にそなわった固有の能力で直接につじつまのあった行動をとる。「これと全く異なるのが、今ここで取り上げている儀式の成立に関係して問題となった人々（未開人）の生産的諸関係の場合だ。つまり、彼らはできあいの現象ではなく、彼らを取り巻く自然に対して自ら問いかけ、それと対決した。彼らは荒々しい魔神《デーモン》をとらえ、表現しようと努力する(31)」。ここで先に述べたイエンゼンの先生であるフロベニウスの見解が現われているのは明らかだ。しかしここで二つのことが問題として考えられる。まず第一にイエンゼンは子供の魂とはじめての儀式の創始者の魂とを比べてただその精神過程に「全く異なる」ものがあると区別する。がしかし、我々はこの儀式創始者なるものをまるで知らない。我々の扱う祭祀共同体はちょうど子供と同じように祭礼の概念を「うまく作り上げられた」ものとして、つまり伝統的素材として受け取り、また子供と同じように反応する。しかしこのことはそれだけで放っておいてもかまわない。こまるのは自然経験の「対決」から祭礼のイメージを「理解」し「表現」するように導かれていく過程が我々の認識から抜け落ちてしまっている点だ。フロベニウスもイエンゼンもただ空想的比喩をもってこの問題に近づいているにすぎない。イメージを作り出す過程でよく活躍する機能については、一般にそれが詩的機能であるとでも言うよりほかにこれといった言いようがない。そこで、これを遊びの機能と名づけることにすれば一層適切な表現が得られる。

こうした考察は我々を根本的な宗教概念の本質論に深く引き込んでゆく。周知のごとく、宗教学を研究する誰もが必ず学ばなければならない最も重要な観念の一つは次のようなことだ。もし、ある宗教形式が違った秩序に属する二つのもの、たとえば人間と動物の間にその本質の聖なる同一性を認めた場合には、その関係は象徴的きずなというような我々の観念ではとうてい明晰かつ効果的に表現されえない。この二つの本質の統一はある実体とその象徴的イメージの結合よりははるかに本質的なものだ。それは神秘的同一性だ。一つが他のものになりきってしまう。未開人は呪術の踊りではカンガルーで「ある」。しかし、人間の認識能力の欠陥と不均衡について常に注意が払われなければならない。未開人の精神状態を描き出すために我々はこの状態を我々の専門用語で再現するよう強制される。好むと好まざるとにかかわらず我々は未開人の信仰を我々の厳密な論理的規定におきかえるのだ。このようにして我々は未開人と彼の動物との関係を表現するが、たとえば我々には「遊んでいる――演技している」と思われるものが、未開人にはただ「……である」と思われるのだ。彼はカンガルーの本質を受け継いでいる。我々に言わせれば、彼はカンガルーを演じている。しかし、未開人は「である」と「演ずる＝遊ぶ」との概念的相違については何も知らないし、また同一性とかイメージもしくはシンボルなどをも全く知らない。したがって聖なる行為に際しての未開人の精神状態は遊びという基本的概念を後生大事に振りまわすことによっていったい最上の評価がなされうるかどうかが次に問題として残る。我々の考え方によると、遊びは信じている状態と佯《いつわ》りつくっている状態との区別を解消する。この遊びの概念はごく自然に清めや神聖さと結びつく。バッハの前奏曲であれ悲劇の詩句であれ、そのどれをとっても、このことは証明される。いわゆる未開文化の全領域を遊びの領域として観察し続けてゆくことによりどんなに鋭く洗練された心理学的社会学的分析によるよりも、その本性についてははるかに直接的でより一般的な理解の可能性が開かれる。

聖なる遊び、それは共同体の繁栄のためになくてはならぬものであり、宇宙的洞察と社会の発展を内に秘めていながら、しかし、常に遊びであり、プラトンが見たように、必要と真面目の味気ない世界の外で、それをこえて成し遂げられる行為だ。

この聖なる遊びの世界は子供と詩人が未開人と一緒に住み込んでいるところだ。美的感受性が近代人をなにかしらこの世界のより近くへと引きよせる。仮面を一個の芸術品として楽しむ今日の流行を考えてみればよい。現代の異国趣味は、多少気どっている点もあるが、それでも一八世紀のトルコ人、北米先住民、中国人がもてはやされた流行に比べると、はるかに深い精神内容と文化価値をもっている。近代人は疑いもなく、遠くはるかなもの、未知のものを理解する強烈な受容能力を身につけている。その際、仮面や仮装などすべてに対する感受性ほどこの理解に役にたつものはほかにない。民族学はそこに大きな社会的意義を認めているが、一方、教養ある素人愛好家はそこに美しさ、恐怖のわななき、秘密めかしさなどの混ざり合った直接的な美的感動を経験する。押しも押されもせぬ教養人にとってもまた、仮面はなにか神秘的なものを感じさせる。我々も仮装した人を見ると、その知覚は純粋に美的なもので、なんらはっきりした信仰観念とは結びついていないのに、直接、「ありきたりの生活」から引き出され、別世界、明るい太陽とは違ったものが支配する世界へ引きこまれる。それは未開人の世界であり、子供と詩人の世界であり、遊びの世界である。

## 遊びと密儀

未開人の祭礼行為の意味と特性について考えた我々のイメージを、これ以上さかのぼって理由づけできない遊びという概念に絞ることが、一応許されたとしても、なおたいへんな難問が残っている。いったい、我々はより低い宗教形式からより高級なものへ登っていった時にどうするのか。アフリカやオーストラリア、そしてアメリカの原始未開民族による荒々しく気まぐれな聖なる儀式から我々は眼を転じて、すべてウパニシャッドの知恵に根ざした『ヴェーダ』の供犠儀式やエジプト宗教の深く神秘的な万物、同質一体主義、あるいはオルフィク教的、もしくはエレウシス的密儀へと移っていく。それらの形式と実際は、奇怪で血なまぐさい細部に至るまで、いわゆる未開段階のものに非常によく似ている。しかし、我々はそこに優越感をもって見ることを許されるほどの知恵と真実の内容を認識したり、あるいは感じとったりする。そもそもはじめから、いわゆる未開文化に関して優越感を抱くのがまちがっている。そこで問題となるのは、形式的類似性があれば、より高級な形式を完成させている信仰、つまり聖なる意識、を遊びの内容規定と結びつけてよいかどうかという点だ。前にあげておいたプラトンの遊びについての解釈を受け入れる人にとっては、このことは少しもむずかしいことではない。神に捧げられた遊び、人間がこの世で己れの情熱を捧げうる最高の目標、これがプラトンの解釈だ。しかしそのような解釈をしても、論理的にとらえがたいものの最高に可能な表現としての神聖な密儀の価値づけは決して放棄されはしない。神に捧げられる行為はその側面的ないくつかの特徴によって常に遊びの範疇の中に包括され続けるが、しかし、遊びに属したからといっても神聖さの認識が失われることにはならないはずだ。

# 第二章　言語における遊びの概念の構想とその表現

我々は遊びをなにか一応わかっていることとして話し、そしてこの言葉によって表わされた概念を分析し、あるいは少なくともそれに近づいてみようと試みる。しかし、その際、我々にとってこの概念は我々の共通の言葉によって規定されている、と思い込み続けている。ところが言葉と概念を一緒に生み出したのは研究的学問ではなく、創造的言語である。その言語たるやまさに無数の種類が語られている。それぞれの言語が手や足にはそれぞれ別々な言葉をもつように、それらがすべて完全に同じやり方で寸分たがわぬ同一概念としての遊びをただ一つの言葉で呼ぶとは、誰も期待しないだろう。この場合はそんなに簡単ではない。

我々はここで遊び（spel）という概念から出発しなければならない。というのもこれが「西欧人」になじみがあるから、つまり、言い換えれば、この概念が二、三の異同はあるが、多くの近代ヨーロッパ語においてこれは対応する言葉と重複しているからだ。我々はこの言葉を次のように定義づけうると考えた。遊びは自発的な行為もしくは業務であって、それはあるきちんと決まった時間と場所の限界の中で、自ら進んで受け入れ、かつ絶対的に義務づけられた規則に従って遂行され、そのこと自体に目的をもち、緊張と歓喜の感情に満たされ、しかも「ありきたりの生活」とは「違うものである」という意識を伴っている。このように定義すれば、この概念は動物であろうと、子供であろうと大人であろうと、そのすべての遊び、つまり技くらべ、力くらべ、知恵くらべ、運だめし、演技に演奏などを包括するに適切だと思われる。この遊びの範疇は人生の最も基本的な精神要素の一つと見てよいだろう。

もちろん、言語はこのような一般的範疇をおよそはじめから終始かわらぬ明確さで識別することは決してなかったし、またそれを一つの言葉で把握することもなかったのは明らかである。すべての民族が遊ぶし、その遊びは驚くほど似ている。しかし、にもかかわらず、すべての言語が遊びの意味を近代ヨーロッパ語のごとく確実にしかも同時に広い内容をもって一つの言葉で把握しているわけではない。もちろん、そこで一般的概念の妥当性に対して唯名論的疑問も投げかけられよう。つまりどんな人間集団にとっても、遊びの概念は彼らがそれぞれに用いる言葉の意味するより以上のものを含んでいるわけではない。その言葉は、いくつかの言葉でありうるのだ、と。それにしてもある言語が異なった現象形態を一つの言葉で統一的に表わす点で、他の言語より優れていることは起こりうることだ。実際にこのことがこの場合に直ちに明らかだ。ある文化においては遊びという一般概念の抽象化は他の文化におけるより、より早く、より完全に行なわれた。また一方では、遊びの違った形に全く別々の言葉を使い続けている高度に発達した言語も存在するという結果もまねいた。そのいくつかの術語の多様性が遊びのあらゆる形を一つの術語の下で統一することを妨げている。

この場合と遠く相隔てて比較される周知の事実は、いわゆる未開種族の言語が同じ属の中の異なった種についてはいろいろの言葉をつけるが、一般的な属にはなんの言葉ももたない、つまり、ウナギとか、カマスという言葉はあるが、魚という言葉は全くもっていないことだ。

二、三の文化における遊びの現象形態の抽象化は二義的なものにすぎず、遊びの機能こそ第一義的なものと呼ぶべきものであった、ということを証拠だてるさまざまな印がある。この点に関して私の知るいかなる神話も遊びを一個の神、もしくは鬼神の形象に擬人化しなかったこと、(1)また一方において、神々がしばしば遊んでいる姿で描き出されるのは意義深いことである。インド・ゲルマン語で遊びにあたる共通の言葉のないことは、この一般的な遊びの概念が後にできたことを証明している。ゲルマン語の中でさえ遊びの呼び名は違っており、それは三つの異なる言葉に分かれている。

いろいろな形で、常に高度な遊びの伝統を受け継いでいる、二、三の民族がその遊びの活動の表現にいろいろの言葉を区別して使い分けるのはおそらく決して偶然ではない。私はそれをギリシア語、サンスクリット語、中国語、英語から多少とも明確に主張しうると考える。

## ギリシア語における遊びの表わし方

ギリシアでは子供の遊びに「インダ」(inda) という語尾をつけるという変わった表現方法をとる。ほかならぬこの語尾がまさしく遊ぶことを意味するのだ。これは変化せず、言語学的にいっても、これ以上分析不可能な接尾語である。[2] ギリシアの子供は、鞠遊び《スパイリンダ》 (sphairinda)、綱引き遊び《ヘルキュスティンダ》 (helkustinda)、投げ合いごっこ《ストレプティンダ》 (streptinda)、王様ごっこ《バシリンダ》 (basilinda) をして遊ぶ。この語尾の完全な独立性は、いわば遊びの概念のこれ以上さかのぼりえないことを象徴的に表現しているようだ。このように子供の遊びの全く特殊な呼び方とは異なって、一般的な遊びの世界を示す言葉としてギリシア語は少なくとも三つの違った言葉を用いている。まずはじめに、「パイディアー」(*παιδιά*, paidiá) だが、これは遊びの三つの言葉のうちで最もよく知られている。この語源は明確だ。これは「子供らしさ《パイディア》」(*παιδία*, paidía) とはアクセントだけですぐに区別される。しかし、このパイディアーという言葉の用いられるのは、なにも遊びの分野に限られるわけではない。それは、その派生語「たわむれる《パイゼイン》」(*παίζειν*)、「子供の遊戯《パイグマ》」(*παῖγμα*, paigma)、「玩具《パイグニオン》」(*παίγνιον*, paignion) などとともに、すでに見たような最高至聖の境地に至るまでのすべての遊びの形式を意味することができる。これらの単語群には、うれしさ、たのしさ、のどけさ、といった意味のニュアンスがまとわりついている。このパイディアーに次いで遊び《アテューロー》 (*ἀθύρω*, athuro)、玩具《アテュルマ》(ἄθυρμα, athurma) という言葉があるが、これはあまり活躍しない。この意味するところは、つまらないこと、重要でないこと、といったニュアンスを帯びている。

さてしかし、このほかに、近代ヨーロッパの術語では遊びの世界に入るが、ギリシアではパイディアーでもアテュルマでも表現しえない、より広範な領域がまだ残っている。つまり、それは戦い、競技の世界だ。このギリシア人にとってははなはだ重要な領域のすべてを闘技《アゴーン》(ἀγών, agōn) という言葉が支配している。遊びの概念の本質的部分はこの単語の用いられる範囲内に秘められているようだ。真面目でないことが、遊びだという考え方はここでは概してあまり明確に表現されることはない。このことを理由として、また、ヘレニズム文化やギリシア人の日常生活で「闘技」の果たす意義の異常な大きさを根拠としてボルケステイン教授は私を非難して次のように言った。つまり、私の論文「文化における遊びと真面目の限界について」の中で、私はギリシア的な競技を上は祭礼儀式に根ざした偉大なものから、下は最もくだらないものまで、すべて遊びの概念で包括してしまっているというのだ[3]。彼に言わせれば、「我々がオリンピックの『遊び（競技）』について語る時、すでに無意識のうちにローマ的術語を引き継いでおり、そこに込められた意味の中には競争に対するローマ的価値判断が含まれている。それはしかしギリシア的なものとは全く異なっている」。彼はいかに競争への衝動がギリシアの生活を満たしていたか、を証拠だてるいくつかの闘技《アゴーン》の形式を数え上げたあとで、結論としてこう言った。「すべては遊びには関係がない。もし関係があるとすれば、全生活はギリシア人にとって一個の遊びであったと言いたくもなくなったであろう」。

ある意味ではこれこそ実は、これからこの本のたどる趣旨になるだろう。私はこのユトレヒトの歴史家がギリシア文化についての我々の見解を絶えず啓発してくれるその方法については驚嘆し、また、アゴーンと遊びとを言語学的に区別するのはただギリシア民族のみに限られないという事実は認めるが、しかし、にもかかわらず、私は彼の意見にはっきりと反対しなければならない。ボルケステインの意見に対する反対は、これから述べるこの本の至るところに示されている。それゆえに、ここでは一時的に一つの議論に限ることにする。アゴーン（闘技）はギリシア的生活においてであれ、あるいはどこの国においてであれ、遊びの形式的特徴を示し、機能の点を考慮すれば多分に祭礼の枠内、すなわち遊びの領域内に属している。文化機能としての競技は遊び＝祭り＝宗教儀式という結びつきと切り離しては考えられない。どうしてギリシア語では遊びと競技の概念が術語上異なっているのか、という問題への解答は、私見によれば、次のような考え方の中に求められるべきである。一般的で包括的な、しかも論理的に同質な遊びの概念は、すでに我々が見たように、後世になってできたものだ。ギリシア社会では、すでに早くから闘技的なものが非常に幅広い領域を占め、はなはだ真面目な価値を付与されていたので、人々はもはやその遊びの性格を意識しなくなった。ギリシア人にとって競技はすべての中で、どんな機会においてもすばらしく強烈な文化機能となったので、彼らは競技を「ありきたりの」、ちゃんとした立派なものと思いこそすれ、もはや遊びなどとは全く考えなくなっていた。

## サンスクリット語における遊びの表わし方

我々がこれからすぐ見るように、ギリシア語の場合の事例は決して孤立したものではない。古代インドの場合もいくぶん変化はあるがこのことが起こる。ここでも遊びの概念はさまざまな術語に分かれて表現される。サンスクリット語は少なくとも四つの語根を並行して用いている。最も一般的な遊びを表わす言葉は「クリーダティ」(krīdati) である。この言葉は子供、大人、そして動物の遊びを表わす。ちょうどゲルマン語の遊びという言葉と同じように、この言葉も風や波の戯れを表わすために使われる。それは特別に遊びの観念をもたないで、跳んだり、はねたり、踊ったりすることを意味することもできる。この最後の意味で「クリーダティ」は踊りと劇の上演の領域すべてにまたがる言葉「ヌリッー」(nṛt) にはなはだ接近する。「ディヴィヤティ」(divyati) という言葉は第一義的には賭けごとを意味するが、また一般的な遊び、冗談、ふざけること、茶化すことなどをも意味する。語源的には投げることを意味したが、それによって光の放射とも関係するようになった。[4]「ヴィラーサ」(vilāsa) の原型をなした語根「ラス」(las) は光を放つこと、突如として現われること、急に鳴り出すこと、たゆとう動き、遊び、一般的には「忙しいこと」、ドイツ語的に「何かにいそしむこと」(etwas treiben) などをひっくるめて表現する。名詞「リーラー」(līlā) (とその派生語「リーラヤティ」līlayati) は元の意味ではおそらくあちこち振れること、揺られることを表わすのだが、特に遊びの中の軽やかさ、明るさ、楽しさ、苦労のなさ、はかなさを表わしている。その上、「リーラー」は「あたかも何々のような」もの、見せかけ、模倣作を意味する。だからたとえば「ガジャリーラヤー」(gajalīlayā)は文字どおりには「象遊びをもって」だが、「象として」という意味である。また「ガージェンドラリーラ」(gājendralīla)は文字どおりには「象遊びをする人」だが、「象の役を演じて遊ぶ人」をさすのだ。この遊びの呼び名の中での語義的出発点はすばやい運動の表現であったらしく、このような結合関係は他の別の言語にもみられることだ。しかし、だからといって、この概念がはじめからそういう意味だけをもっていたとか、後になってやっと遊びを意味するようになったなどということにはもちろんならない。サンスクリット語の遊びという言葉は競争の概念を示すためには使われたことがない。それで、古代インド社会ではどれほどいろいろの種類の競技を知っていたにしても、それが全体をさす特別な呼び名で表現されることはほとんどない。

## 中国語による遊びの表わし方

中国語における遊びの機能の表わし方についてはドイフェンダク教授の好意に満ちたご教示に心から感謝を捧げたい。それによれば我々が遊びの概念の下で総括しうると考えるさまざまな活動は、一つの言葉で総括的に表わされているわけではない。そうした中でももっとも目だつ言葉は「玩《ワヌ》」(wan) であり、子供の遊びという意味を濃くもっている。そしてその含む意味の範囲は、何かに従事する、何かを楽しむ、もてあそぶ、ふざける、わいわい騒ぐ、からかうにまで及んでいる。またそれは、触り、調べ、嗅ぎ、指で骨董品をひねりまわし、さらに月の光を観賞することまで意味する。つまり語義的な出発点は何かを遊びの気分で扱うこと、あるいは、ごく軽い気持ちで何かにふけることをさすらしい。ただ、この言葉は技を競う遊び、競争、賭けごと、演技の意味には使われない。

この最後のもの、つまり筋のとおった劇の遊び、上演について中国語は「地位、状況、配置」の観念に属する単語を用いている。何でも競争に関係することについては「争《チオン》」(cheng) という言葉が当てられる。これはギリシアのアゴーン (闘技) と肩を並べるものだ。さらに賽《サイ》 (sai) という言葉は特定の賞金をかけた組織的な競技に使われる。

## 北米先住民語における遊びの表わし方

いわゆる未開種族文明、あるいは原始民族文明の言語における遊びの概念の言い表わし方の実例として、アルゴンキン語群の一つ、ブラックフット語に見られる実情をあげるが、これはひとえにウーレンベック教授の友情のおかげである。あらゆる子供の遊びに「コアニ」(koăni) という動詞の語幹が使われる。そしてこれは特定の遊びの名称には結びつかず、たわいない遊びにせよ、組織化された遊びにせよ、とにかく全体的に子供の遊びを示す。もし大人、あるいは半分大人になったものの遊びであれば、それが子供の遊びと全く同じものでも、もう「コアニ」とは言わない。ところがこれに対して、愛欲的《エロティック》な意味、ことに不義の関係を示す場合には再びこの「コアニ」が用いられる。明確に規則にしばられた遊びの行為を表現するためには「カハツィ」（kachtsi-）という一般的用語がある。この言葉は運だめしでも技くらべでも力くらべでも同じように使われる。この語義的要素は勝つこと、および張り合うことだ。「コアニ」と「カハツィ」との関係は、名詞から動詞に変わってはいるが、ギリシア語の「パイディアー」と「アゴーン」（「遊び」と「闘技」）の関係になにかしら似ている。ただ運だめしはギリシア語では「遊ぶ《パイゾー》」（παίζω）に含まれるが、ブラックフット語ではアゴーン的（闘技的）概念の中に入れられる。踊りや儀式のような、呪術的宗教的領域に属することすべてには「コアニ」も「カハツィ」もともに使われない。ブラックフット語は別に二つの異なった言葉が「勝つ」という意味に用いられる。その一つ「アモツ」（amots-）は競走、試合、もしくはゲームにも、また戦争にも用いられるが、後者の場合には特に「虐殺する」意味に使われる。他の一つは「スキツ」skits-（skets-）で、これは遊びとスポーツに限って使われる。全体としてみると、ここでは純粋な遊びの領域と闘技の領域が全くまざり合っているようだ。さらに、賭けを意味する特別の言葉「アプスカ」（apska-）がある。おもしろいのは、動詞に、字義どおりには「まさに、ただまさに」という意味の接頭語「キップ」（kip-）をつけると、「本当は思っていないが、冗談に」という派生的意味を付与することだ。たとえば、「彼は言う」（ániu-）が「彼は考えてもいないのにただ冗談に言う」（kípaniu-）になる。

総じてブラックフット語における遊びの概念の抽象化とその表現の可能性に関する発想はギリシア語の場合と同一ではないが、またそんなに遠く隔たっているものでもないようだ。

さて、ギリシア語でも古代インド語でも中国語でも、競技の概念は一般的には遊びの概念と区別されているという事実がわかり、ただブラックフット語ではこの限界線が少々異なるところで引かれていることが知られる。すると我々は、やっぱりボルケステインの説の方が正しくて、この遊びと競技の二つの語の差別はより深い社会的、心理的違いによっていると思うようになるかもしれない。しかし、この意見に対し、これから扱うはずの文化史的資料はすべて反対だし、それのみならず、すでにあげた言語に比べてさらに遠く離れて存在し合う一連の言語群は、共通して遊びの概念により広い意味を表現させるという点で反対の事実を示している。多くの近代ヨーロッパ諸言語のほかには、ラテン語、日本語、そして少なくともセム語族系の一つがこれに数えられる。

## 日本語における遊びの表わし方

日本語について私が二、三の所見を述べることができるのは、ラーデル教授の親切な助力のおかげである。日本語は中国語とは反対に、そして、近代西欧の諸言語とは同調して、一般的に遊びの機能に対して一つのきわめて明確な単語をもっており、そのうえ、これと対をなす真面目という反対語をもっている。名詞の「遊び」、動詞の「遊ぶ」は一般的な遊び、緊張をとくこと、娯楽、気ばらし、物見遊山、休養、遊蕩、賭博、無為、怠けること、仕事につかないこと、などを意味する。またそれは何かを演じたり、何かに扮したり、物真似したりするのにも使われる。注目すべきは回転体やその他の道具の限られた範囲内での自由な動きを「あそび」と呼ぶことだ。これは全くオランダ語のspeling、あるいは英語のplayの場合と同じだ[5]。またおもしろいことに、遊ぶは遊学の意味で「誰々の下に遊ぶ」、「どこどこに遊ぶ」と使われる点で、ラテン語のludus《ルードウス》が学校の意味もあったことを思い出させる。遊びはまた見せかけの戦い、つまり八百長試合をも意味する。しかし、その意味は競争そのものをさすのではない。そしてここでもまた、闘技と遊びとの間に別の一線が画される。最後に「遊ぶ」は中国の「玩」にも比せられるのだが、芸術鑑賞的な茶会に使われる。その場合、人々は陶器に驚きの目をみはり、それを褒め讃えながらそれを手送りで送る。ただすばやい動き、きらめく光沢、跳躍との関連性は欠けているように思われる。

遊びについての日本的理念をより詳しく規定するとなると、この場での、あるいは私にとっての可能な範囲を越えて、より深く日本文化の考察に踏み込まねばならないだろう。ここでは次のことで満足しなければならない。日本の生活理想のたぐいまれな真面目さは、実は、いっさいが遊びにすぎないという仮構を裏返しした仮面の姿である。ちょうどキリスト教中世の騎士道に似て、日本の武士道はまさしく遊びの世界の中に滑り込み、遊びの形式で行なわれる。日本語はこの発想を「遊ばせ言葉」、つまり身分の高い人に向かって使う雅びな敬語の中に残している。身分の高い人はやることなすことすべてを、まるで遊ぶように楽々とやってのけると考えられるのだ。「あなたは東京に着く」を敬語で言えば、文字どおりに「あなた様は東京にお着き遊ばされます」となる。また、「あなたのお父様が亡くなられたと聞きました」に対して敬語では、「あなた様のお父上がお亡くなり遊ばされたとうけたまわりました」となる。このような言い方は私の見るところではオランダ語の"U gelieve"（あなたは……したまう）[6]やドイツ語の"Seine Majestät haben geruht"（陛下は……したもうた）[7]という言い方に似ている。身分の高い人はただ自発的な楽しみによってのみ行動するほどの崇高さの窮みに生きていると思われているのだ。

　遊びの領域に高貴な生活が仮面をつけて表現されているのに対して、日本語では真面目つまり遊びでないことは、実に素直な概念をもっている。真面目という単語に含まれる意味は真摯、律義、品位、厳粛、そしてさらに、平静、正直、端正にまで及ぶ。それは有名な中国語の言いまわし、「面子を失う」の中の「面」とも関係がある。形容詞的な用法では、「散文的な、ありのままのこと」を意味する。さらに応用されて、「重大なことだ」とか「冗談ではなくて」とかに用いられ、「彼は冗談を真面目に受け取った」となる。

## セム語における遊びの表わし方

故ウェンシング教授の教えによれば、セム族の諸言語では「ラアブ」（la‘ab）という語根が、明らかに「ラアト」(la'at) という言葉と密接に関連をもって、遊びを意味する領域全体を支配している。しかしながら、その場合、この言葉それ自体の中に本来の意義での遊びの意味と並んで、笑いと嘲弄の意味が含まれている。アラビア語で「ライバ」(la'iba) は一般的な遊びと馬鹿にする、からかうという意味をも含んでいる。ユダヤ・アラム語で「ラアブ」(la'ab) は笑いと軽蔑を意味する。また、アラビア語とシリア語の語根は乳飲児がよだれをたらす意味をもつが、おそらくこれは小さな児が誰でもそうするように唾で泡を吹くことだと理解すれば、まあどうにか遊びとみなしうる。ヘブライ語の「サハク」(ṣaḥaq) でも笑いと遊びの意味が一緒に入っている。さらに注目されるのは、アラビア語の「ライバ」は楽器の演奏の意味をもっており、この点で二、三の西欧の言語と共通する。この遊びの概念の表わし方についての語義的出発点は、セム族の諸言語群と前述したこれまでの諸言語とでは全く異なる領域に属すると思われる。我々はあとでより詳細に、闘技と遊びの同一性に関してヘブライ語から与えられた非常に重要な問題を取り上げることになるだろう。

## ロマン語における遊びの表わし方

遊びの機能についてギリシア語が変化に富み、かつ異質的な表現を備えているのとは著しく対照的に、ラテン語は本来、ただ一つの言葉で遊びの全領域を表現している。遊び《ルードゥス》

(ludus)、遊《ルーデレ》ぶ(ludere)がそれであり、遊びを意味するlusus《ルースス》もこれからの派生語にすぎない。この他に、「イオクス」(iocus)「イオカーリー」(iocari)という言葉があるが、これは冗談や冗談を言うことを特別に意味している。この言葉は本来、古典的ラテン語では遊びを意味していない。遊《ルーデレ》ぶの語源的基盤は、たといこの言葉が魚の泳ぎまわったり、鳥の羽ばたいたり、水のはねたりすることに使われたとしても、他の多くの遊びという言葉のように、急速な運動の分野におかれるわけではなく、むしろ真面目でないこと、見せかけ、嘲笑の的などの領域にあるように思われる。「ルードゥス」、「ルーデレ」の含む意味は、子供の遊び、気ばらし、競技、儀式的で一般的には舞台で行なわれる演技、運だめしの勝負事にまで及ぶ。「遊ぶ家庭守護神《ラレース・ルーデーンテース》」(lares ludentes)という言い方では踊ることを意味している。「見かけをよそおう」意味が前面にはっきりと出ているとみてよい。合成語である、「あてこする《アルルードー》」(alludo)、「結託する《コルルードー》」(colludo)、「だます《イルルードー》」(illudo)などはすべて、本質的でないもの、偽りのもの、といった方向に向いている。「ルードゥス」はこのような語義的意味から離れ、ローマ人の生活に非常に大きな役割を果たした公開競技の意味になり、また学校の意味にもなった。一方は競争の意味から出たものだが、他方はおそらく練習の意味から出たものであろう。

　ここで注目されるのは、遊びの一般的な言葉としての「ルードゥス」や「ルーデレ」がロマン諸言語に伝わらなかっただけでなく、また、私の見るところでは、なんの痕跡をもとどめなかったことだ。ロマン諸言語では明らかにその初期の頃から既に特殊な単語であったラテン語の「イオクス」、および「イオカーリー」が遊びおよび遊ぶという意味にまで拡大し、「ルードゥス」や「ルーデレ」を完全に追い出した。形はそれぞれに、フランス語では jeu《ジュ》, jouer《ジュエ》、イタリア語では giuoco《ジュオーコ》, giocare《ジオカーレ》、スペイン語では juego《フエゴ》, jugar《フガール》、ポルトガル語では jogo《ジョーゴ》, jogar《ジョガール》、ルーマニア語では joc《ジョク》, juca《ジュカ》となる。[8] この「ルードゥス」消滅の原因について、それが音声的なものによるのか、語義的なものによるのかは、ここでは問わないでおく。

近代ヨーロッパの諸言語において一般的に遊びを意味する言葉はきわだって広い領域をふまえている。ゲルマン諸言語でもロマン諸言語でも、遊びという言葉は、より狭義の、公式的な遊びとは関係ない動作や行為についてのさまざまな諸概念にまで広く通用する。遊びという言葉の適用例として、たとえば、ある機械構造の下部機構における限られた可動性を遊びと称することは、フランス語、イタリア語、スペイン語、英語、ドイツ語、オランダ語、さらに我々がすでに見たように、日本語にまで共通している。遊びの概念はあたかも常により広い領域へとしだいに広がっていくように思われるし、実際、「パイゾー」(παίζω)や「ルーデレ」(ludere)の概念よりはるかに拡大されている。この場合、遊び特有の意味は概して軽快な動作もしくは行為の意味にほとんど溶け入ってしまった。このことはゲルマン系の諸言語に特に明らかに見られる。

## ゲルマン諸言語における遊びの表わし方

ゲルマン系の言語群は、さきに述べたように、遊びおよび遊ぶに関してなんら共通語というものをもたなかった。したがって遊びは原始ゲルマンと仮定されるべき時代にはまだ明らかに普遍的な概念としてはとらえられていなかった。しかし、ゲルマン系諸言語のそれぞれの分派が遊びおよび遊ぶについてある言葉を使いだすやいなや、これらの言葉は語義的には完全に同じ道に従って発展を始めた。あるいはもっと正確には、同じ広がりをもち、時には異質的にも見える諸概念グループが遊びという言葉の下で把握されたことは明らかである。

ゴート語の非常に限られた文献はわずかに新約聖書の一部とその他少々にすぎないが、その中に遊びにあたる言葉は見当たらない。しかし、マルコ伝第一〇章第三四節のギリシア語文 *καὶ*《カイ》 *ἐμπαίζουσιν*《エンパイクスーシン》 *αὐτῷ*《アウトー》（そして彼らは彼を嘲弄するだろう）に対するゴート語訳文 jah《ヤア》 bilaikand《ビライカンド》 ina《イナ》 からかなり確かに結論されることは、ゴート語では遊びを「ライカン」(laikan) と表現していたこと、また、この言葉はスカンジナヴィア諸言語では遊びを表わす一般的言葉を作り出したということ、さらに実際に、古代英語およびドイツ語の言語群でもこの意味で表現されているということだ。ゴート語自体においては「ライカン」はただ跳躍の意味で現われるだけだ。我々はさきに急激な運動こそ二、三の遊びという言葉の具体的な語源的意味であると述べてきた。[9] おそらくそれはもっとうまく言えば、生き生きした、リズミカルな運動だ。グリムのドイツ語辞典によれば、この語源的意味はやはり高地ドイツ語の名詞「歌謡《レイヒ》」(leich)から同じように割り出される。この言葉のもついろいろな意味は遊びの領域の内に含まれる。また一方、アングロサクソン語の「ラーカン」(lâcan)では具体的な意味として、波間に浮かぶ舟のように「揺れる、たゆたう」(to swing, wave about)という機能が明らかにされ、さらに、鳥のひらひら飛ぶさま、炎のゆらめきにも通じる。さらにlac《ラーク》, lacan《ラーカン》は古代スカンジナヴィア語のleikr《レイク》, leika《レイカ》と同じく各種さまざまな遊びと踊り、および肢体の運動に関して使われる。近代スカンジナヴィア語ではlege《レーゲ》, leka《レーカ》がほとんど遊びの意味に限定されている。[10]

ドイツ系の諸言語では「シュペル」(spel)という語根から実に豊富な派生語の生まれることがドイツ語辞典(全一〇巻、第一巻は一九〇五年)の中のM・ハイネその他の人々による詳細な執筆項目「遊びと遊ぶ」(Spiel, spielen)によって明らかにされた。この遊びという言葉の語義的関連性について、第一に大事な点は次のことだ。オランダ語では「遊びをする」(een spelletje doen)、ドイツ語では「遊びを行なう」(ein Spiel treiben)と言えば言えるが、本来そこにそなわった性質を示す動詞は、ずばりそのものの「遊ぶ」(spelen)である。つまり、人は「遊びを遊ぶ」のである。言いかえれば、動作の内容を示すために名詞に含まれている概念がその行為の動詞としてもはたらくために、二度繰り返されなければならない。これは結局、その行為がいかに特殊であり、独立したものであるかということ、また、それが普通の日常的行動からはいわば脱却していること、を意味している。つまり、遊びとはありきたりの意味で「行なう」ことではない。

　もう一つ重要な問題点はこうだ。遊ぶという観念は明らかに我々の精神の中で――たとえフランス語のjouer《ジュエ》でも、英語のplay《プレイ》でも、ドイツ語およびオランダ語のspielen《シピーレン》, spelen《スペレ》と同じように妥当するのだが――一般的なある種の動作の概念へとしだいに弱まってゆく傾向にある。そしてその動作は厳密な意味での遊びとはただ遊びのさまざまな特性の中の一つを共有するにすぎない。たとえば、軽快さ、適度の緊張と不確定性、交代制、自由選択制などがそれだ。遊びが常にある限定された運動の自由を意味するために使われることは、すでに述べたとおりである。グルデン貨の平価切り下げに際して、オランダ銀行頭取は、別に詩的なつもりでも、味なことを言うつもりでも全くなくて、「金本位制に残された余地がこんなに少なくなっては、金本位制も遊んではいられない」、と語った。「自由にふるまう」(vrij spel hebben, 独＝freies Spiel haben)、「何かを仕上げる」(iets klaar spelen, 独＝etwas fertig spielen)、「そこに何かが行なわれている」(er is iets in het spel, 独＝es ist etwas im Spiel)、といった言いまわしはすべて、遊びの概念が漠たるものになり色あせてきたことを実証している。これは、遊びの概念を本来の遊びの行為以外の別の観念に意識的に移しかえること、つまり詩的態度の問題というより、むしろ、その概念自らがあたかも無意識の反語《アイロニー》に化けてしまうという問題なのだ。中高ドイツ語の「遊び」(spil) およびその派生語が好んで神秘家に使われたのも決して偶然ではない。またカントがしばしば、「想像の遊び、理念の遊び、宇宙論的理念の全き弁証法的遊び」というようにこの言葉を使ったことも考慮に値する事実だ。

ゲルマン諸言語の中で遊びという意味を表わす三番目の語根(plega)を調べる前に注目すべきことは、古代英語(あるいはアングロサクソン語)も「ラク」(lâc)や「プレガ」(plega)と並んで「スペリアン」(spelian)という言葉を知っていたことだ。しかし、それは特に「他人を装う」、「代理する」、さらにラテン語の「……の代わりを演ず」(vicem gerere)といった特別の意味だけに限られる。たとえば、この言葉はイサクの代わりに犠牲に捧げられた牡羊について用いられる。この意味は我々の「遊ぶ」(spelen)にも確かにそなわっているが、しかしそれは第一義的なものではない。この古代英語のspelianとドイツ系の諸言語群の一般的な遊び(spelen)との純文法的関係についてはここでは触れずにおきたい[11]。

さて、英語の遊び(play, to play)は語義的観点から特に注目される。これはアングロサクソン語で主に遊び、遊ぶを意味するplega, pleganからきているが、この元の言葉は同時にまた、すばやい運動、身ぶり、手で摑むこと、手を叩くこと、楽器をつま弾くこと、そしてすべてのこのような身体の運動を広くさしている。後の英語もこうした広い意味をまだ多く内包している。たとえばシェイクスピアの『リチャード三世』第四幕第二場で次のように使われる。

「さあそこでバッキンガム公、わたしがたわむれに、試金石になってあなたが実際に純金であるかどうか、試してみよう」

(Ah, Buckingham, now do I play the touch, To try if thou be current gold indeed.)

この古代英語の「遊ぶ」(plegan) に形の上で完全に対応するのが古代ザクセン語のplegan、古高ドイツ語の pflëgan、古代フリジア語の plega である。これらの言葉こそ、そこからじかにオランダ語の plegen (行なう、犯す)、高地ドイツ語の pflegen (世話する、行なう) を導き出した語源なのだが、これらは意味の上から言うとすべて抽象的領域に属している。最も古くは「ある物に代わる、ある人、あることのために危険もしくは冒険を冒す」という意味であり、[12]ついでこの筋をたどって、「義務を負う」、「何かに心を留める」、「何かを心配する」、「看護する」という意味が続く。オランダ語の plegen は聖なる行事、托身、感謝、誓願、喪、労働、看護、霊験術、司法行為……さらに遊びまでを含めたもろもろのことをとり行なう意味がある。[13]したがってこの言葉は聖なる領域と司法の領域、さらに倫理的領域にまたがってその大部分に当てはめられる。これまでは意味が違うというので英語の play (遊び) とオランダ語の plegen、ドイツ語の pflegen (行なう) とはよく似ているが、異なった基本型から発したものと考えられていた。しかし、よく調べてみると、この二つの言葉は一方が具体的な、他方が抽象的な系譜をたどったにしても、ともに遊びと非常に近い意味領域から発展したものであることがはっきりわかる。それは儀式の領域とでも呼ばれうるだろう。祭りを「祝う」ことや財宝を「展示する」ことも、最も古い plegen の意味に含まれている。オランダ語の「儀式ばった《プレヒタハ》、いかめしい」(plechtig) という言葉もこれに由来する。オランダ語の「義務」plicht《プリヒト》 (ドイツ語の Pflicht) に対応するのは形の上からはアングロサクソン語の pliht《プリヒト》である。(14) これから英語の「誓い」(plight《プライト》)が生まれた。しかし、このアングロサクソン語の pliht は、まず第一に危険、次に不法、罪、非難、ついで「保証」(pledge)、「約束」(engagement)を意味する。動詞の plihtan は「危険に身をさらす」、「和解をはかる」、「義務を負う」を意味する。ゲルマン語の plegan を借用して初期中世ラテン語の plegium が生まれ、これはさらに古代フランス語の pleige になり、また英語の pledge《プレッジ》へと変わった。この pledge は最も古い意味として保証人、人質、質物をさし、後に「挑戦のしるし」(gage of battle)、つまり報酬、賭け金を意味し、ついには人が義務をになう時にする儀式、つまり酒盛り、それにつながる乾杯、約束、誓いなどを意味するようになった。(15)

いったい、遊びの概念には試合、挑戦、危険などの観念がつきまとうことを、誰が否定しえようか。遊びと冒険、いつかわからぬチャンス、離れわざなどすべてみな密接に関連し合っている。我々は次のように結論を下したいと思う。plegen(かかわる、する)という言葉とそれから出るいっさいの派生語は、spel(遊び)に関係するものであれ、plicht(責務)に関係するものであれ、一様に「遊びの上に成立する」領域に属していると。

## 遊びと戦い

このことは我々を再び遊びと試合、また遊びと一般的な戦いの関係に引きもどす。すべてのゲルマン諸言語において、またそれに限らず他の諸言語においても、遊びという言葉は一様に武器をたずさえた真剣な戦いに用いられる。一例をあげれば、アングロサクソン語の詩はこのことを表現する言いまわしを豊富にもっている。戦いは heaðo-lâc《ヘアゾラク》, beadu-lâc《ベアドゥラク》 つまり戦いの遊び、とか、âsc-plega《アシュプレガ》、つまり投槍遊びと呼ばれる。こうした複合語の場合、人々はためらうことなく、当然のこととして、遊びの概念を意識的に戦いの概念の上にうつしかえる詩的対比の問題だとする。このことが一応妥当するのは、少々明確さを欠くきらいはあるが、八八一年、西フランク王ルードヴィヒ三世のソクールにおけるノルマン人撃破を祝った歌、つまり古高ドイツ語の「ルードヴィヒの歌」の一節だ。そこでは「Spilodun ther Vrankon」「そこでフランク人は遊んだ」と歌われる〔この遊んだは戦ったの詩的比喩だとも言える〕。しかし、遊びという言葉を真剣な戦いに用いるのは、ただ詩的比喩としてだけだと考えるのは、早急に過ぎよう。ここでまず原始的な思惟世界に身を置いてみるべきだ。そこでは武器をもってする真剣な戦いは、ちょうど些細な遊戯から流血をも辞さぬ死にものぐるいの戦いに至るまでを広く意味する競技もしくは闘技と全く同様に、規則にのっとった相互的なチャンスの冒険という初歩的観念において本来的な遊びと関連づけて把握される。こう考えてみると、遊びという言葉を戦いに当てはめて使っても、そこに詩的比喩が秘められていたことはほとんどない。遊びはつまり戦いであり、戦いイコール遊びなのだ。この語義的関連性の理解のために、旧約聖書からの注目に値する実例を引用しよう。このことについては先にセム語の遊びの概念に関連して一言述べておいたが、『サムエル後書』二の一四によると、アブネルはヨアブに向かって言った。「さて若者を起こし、我々の眼前で遊ばしめよう（Surgant pueri et ludant coram nobis）」かくて双方から一二人ずつ登場し、全員互いに殺し合い、彼らの倒れた場所は英雄的響きをもつ名で呼ばれた〔ヘルカテハヅリム、つまり剣《つるぎ》の地〕。我々にとって大事なのは、この物語が地名を説明しうる語源的伝承なのか、あるいは、歴史的問題の鍵をその内に含んでいる話なのかどうか、ということではない。ここで問題なのは、この行為がここで遊びと呼ばれていることであり、そんなものは遊びではないとは一言も言われていないことだ。ludant（遊ばしめよう）という訳語に落ち度があるとは思えない。ヘブライ語はここでsaḥaqという形をとっているが、この言葉は第一に「笑う」次いで「ふざけて何かする」、さらに「踊る」を意味する。[16] ここでは詩的うつしかえは全くみられない。この種の戦いは遊びだった。まして我々がいたるところで出会う競技（それはギリシア文化だけがひとり扱っているわけでは決してない）[17] を遊びの概念領域から区別することは、なんら理由のないことだ。そしてさらに一つの結論が導き出される。もし、戦いと遊びの範疇が原始古代文明において切り離されえないものなら、狩りと遊びの同一視も、言語や文学のいたるところで明らかに取り扱われているように、より詳しい説明を必要とするまでもない。

　このplegenという言葉が理解させてくれるのは、遊びを表わす言葉は儀式の世界の中で生まれたともいえることだ。このことを特によく示してくれるのは中世オランダ語のhuweleec《ヒューヴエレーク》, huweleic《ヒューヴエレイク》、つまり今日のhuwelijk《フヴエレイク》（結婚、文字どおり結婚遊び）、また

feestelic《フェステリク》、つまり今日の feest（祝祭）、さらに vechtelic《ヴェヒテリク》、つまり今日の gevecht《ゲヴェヒト》（戦い）、古代フリジア語の fyuchtleek（戦い）などだ。これらの言葉はすべて、さきに述べた、スカンジナヴィア系諸言語の中の一般的な遊びを表わす言葉、「ライク」（leik）という語根に由来するのだ。この語根はアングロサクソン語では lâc《ラク》, lâcan《ラーカン》といい、遊びのほかに、跳躍や、リズミカルな動き、さらに、奉献、供物、一般的贈り物、恩恵のしるし、寛人さをも意味した。この意味の移り変わりの出発点はすでにグリムが示唆しているように、明らかに儀式的な奉納の踊りの概念の中にある。[18] 特にこのことを示すのは ecgalâc《エッジャラク》と sveorða-lâc《スヴェオルザラク》つまり剣の踊り、という言葉である。

## 音楽的意味をもった遊び

遊びという概念の言語学的考察を切り上げる前に、なお二、三、遊びという言葉の一般的言語への特殊な適用例が述べられてしかるべきだろう。まず第一に楽器の演奏にこの遊びという言葉が使われる。前に述べたように、アラビア語の「ライバ」（la'iba　遊ぶ）はこの意味をもつことでいくつかのヨーロッパ諸言語、特にゲルマン諸言語と共通する。このゲルマン諸言語はすでに最古の時代から楽器をあやつる手練のわざを遊びにあたる言葉で表わしている。[19] ロマン諸言語では、見たところ、わずかにフランス語の jeu《ジュ》と jouer《ジュエ》だけがこの意味をもっている。[20] このことはゲルマン語の影響がフランス語の遊びの中にあると示すにたると言えよう。ギリシア語、ラテン語はこうした用い方を知らない。これに反し、二、三のスラブ系諸言語では、おそらくドイツ語から流入したものと思われるが、この用い方が見られる。speelman《スペールマン》（文字どおりには遊ぶ人）が特に楽師を意味するようになることはspelの楽器演奏という意味で直接関係させる必要はない。いわゆる「楽師」（speelman）は直接にioculator（冗談を言う人、道化者）やjongleur（大道芸人・吟遊詩人）に対応するが、この「ジョングルール」は一般的意味で一方では詩人兼歌手、他方では楽師をさし、次いで剣や鞠の曲芸師に狭められたと思われる。

総じて、音楽を遊びの世界の中に引き入れようとする気持ちのはたらくのは当然のことだ。音楽を楽しむこと自体が遊びの形式的特徴をほとんどすべて備えている。決められた場所で終始し、繰り返しもできるし、秩序、リズム、交代があり、聴衆であれ演奏者であれ、すべての人をひとしく「ありきたり」の世界からよろこびの感情の中に連れ出し、悲しい音楽の時でも充足し高揚した気分を保たせる。このことはあらゆる音楽を遊びとしてとらえたなら、自ら判然と理解されるだろう。しかし、遊びイコール音楽の意味の遊び（spelen）という言葉が歌うことに用いられず、ただ二、三の言語においてのみその例が見られることを考えると、遊びと楽器演奏の巧みさを結びつけるきっかけは、素早く器用で、しかも規律正しく動く指の運動に求められることが、いよいよ確かになる。

## 愛欲的意味をもった遊び

さらにもう一つ、遊びという言葉の適用例を論じなければならない。それは遊びと戦いの同一視の場合と同じくらい広く一般に用いられ、はっきりしていることだが、つまり、愛欲的《エロティック》な意味での遊びの適用だ。ゲルマン諸言語においてはどれほどやすやすと遊びという言葉が愛欲的《エロティック》な意味に用いられるかをくどくどと実例をあげて説明する必要はほとんどない。婚外子はSpeelkind《シュペールキント》（遊びの子）、犬をかけ合わせるのはaanspelen《アンシュペレン》、愛のたわむれはminnespel《ミンネシュペル》、などというのは数多くの中のほんの二、三の例にすぎない。高地ドイツ語では魚の白子をlaich《ライヒ》、白子の放出はlaichen《ライヒェン》、スウェーデン語では鳥の交尾をleka《レーカ》というが、これらの言葉には先に述べたゲルマン語の遊びを意味する言葉laikan《ライカン》がなお顔をのぞかせている。サンスクリット語の遊びkrīḍati《クリーダティ》はしばしばエロティックな意味になる。たとえば「遊びの宝石《クリーダラトナム》」（Krīḍaratnam）は交接を意味する。そのうえまた、ボイテンダイク教授は愛の遊びをすべての遊びの中でも特に、あらゆる遊びの特徴を最も明確に示す純粋きわまる例だとしている[21]。にもかかわらず、ここには正確な区別をつけておかねばならない。おそらく、言葉を創造する精神が遊びとしてとらえたのは、本来の純生物学的交尾そのものではない。そのことについては遊びの特徴は形式的にも機能的にも当てはめられない。それに反して、そのための準備あるいは導入、そこに至る道程は、しばしば各種の遊びの契機を含んでいる。つまりそれは一方の性が異性を交尾のために獲得しなければならない場合に当てはまる。ボイテンダイク教授の述べるダイナミックな遊びの要素とは、わざと障害をつくる、不意に驚かす、しなをつくる、緊張の要素などで、すべて英語でいうflirt（恋のなぶり合い）、wooing（口説き）に属している。[22] しかし、これらの機能も言葉の最も厳密な意味においては隔離された遊びとして理解されるものではない。むしろ鳥の踊るような歩き方、羽のみせびらかしの中に明確な遊びの要素が表わされている。愛撫の行為そのものはまだほとんど遊びの性格をもってはいない。それに、同棲行為そのものを「愛の遊び」として遊びの範疇に入れるならば不当な誤りを犯すことになるだろう。交合という生物学的行為は我々が数え上げてしかるべしと考えた遊びの形式的特徴を満たしてはいない。それに言語も一般には愛の遊びと交尾とをそれなりにきちんと区別している。遊びという言葉は社会規範の枠からはみ出した愛の関係について特に用いられる。北米先住民のブラックフット族の言葉は、すでに見たように、koăni《コアニ》という言葉を広く子供の遊び一般に用いるし、誠実さを欠いた愛の行為にも用いる。以上を考え合わせると、遊びという言葉の愛欲《エロティック》的な意味は非常に広く流布しており、またはなはだ明確ではあるが、その意味するところは典型的かつ意識的な隠喩として語られなければならない。

## 真面目という言葉と概念

言語の中で、ある言葉がもつ概念価値はその反対のことを表わす言葉によってもまた規定される。遊びに対立するのは真面目であり、特別な意味の時は仕事（werk）がそれにあたる。一方、真面目の反対は冗談（scherts）あるいはユーモア（luim）とも言える。遊びと真面目の補い合う対立がゲルマン諸言語におけるほど完全に、二つの基本的単語で表現される例はほかにない。ゲルマン諸言語においては ernst《エルンスト》という言葉をもつ高地ドイツ語、オランダ語、英語のグループと alvara《アルバラ》という言葉をもつスカンジナヴィアのグループとが、ともにその用法、意味において完全に一致する。同じようにギリシア語では σπουδή《スプーデー》（真面目）と παιδιά《パイディア》（遊び）のきわだった対立がある。他の諸言語は遊びの対立語として形容詞はもっているが、名詞はもたないか、あるいはごくまれにしかもっていない。このことはこの概念の抽象化が完全にはまだ遂行されていないことを示している。ラテン語には形容詞「真面目な」《セーリウス》（serius）がある。しかしこれにともなう名詞はない。「重い」《グラウイス》（gravis）、「重さ、重大さ」《グラウィタース》（gravitas）は真面目および真面目なという意味を表わすことはできるが、その単語にとって独自の意味ではない。ロマン諸言語ではいつも形容詞の変化形でなんとかやりくりしている。イタリア語では serietà《セリエタ》（真面目な）、スペイン語では seriedad《セリエダード》（真面目な）だ。フランス語ではこの単語をしばしば名詞化した。その言葉 sériosité《セリオジテ》（真面目）は言葉としてははかない生命しかもたない。

　ギリシア語の「真面目」《スプーデー》（σπουδή）の語義的出発点は「勤勉、熱中、急ぎ」といった意味であり、ラテン語の「真面目な」《セーリウス》（serius）の場合は「重い」で、それぞれ、それなりに縁つづきであることが認められる。しかし、ゲルマン諸言語はもっとむずかしい問題を抱えている。真面目を表わす言葉、ernest, ernust, eornost の根本的意味は徹頭徹尾、「戦い」である。実際に「真面目」(ernest) は、ある場合にはまさしく闘争を意味することもある。しかし疑問は残る。古ノルウェー語の orrusta（＝praelium 戦い）と古代英語の ornest《オルネスト》（決闘、pledge〔誓約〕、担保、決闘の挑戦）とは、後の英語では形式的に「真面目」(eanest) に統一されたが、いかにその意味が一つの関連性で結ばれているとはいえ、この二つが eornost という同じ一つの語義的起源から発したものかどうか、疑わしい。

一般的にはおそらく、ギリシア語でも、ゲルマン語でも、あるいは他のどの言語でも、真面目を意味する言葉は、遊びの普遍的概念に対して遊びでないという概念を作るための、受け身の努力を表わしている、と結論づけてもよかろう。だから、「勤勉、緊張、努力」という概念が引っぱり出され、たといこれらが遊びと関係しうるとしても、これらの言葉の領域の中で真面目を表現するようになる。真面目という言葉の成り立ちは、遊びの観念が独立した一般的範疇として完全に意識されていたことを意味している。だから、遊びの概念を特に包括的に、明晰に考えていたゲルマン諸言語が、その対立概念をもまた強調して名づけることになった。

言語学的疑問は別にして、遊びと真面目の対立概念をさらによく観察してみると、この対立において二つの言葉は決して対等の価値をもつものではないことが明らかになる。遊びは積極的概念だが、真面目は消極的だ。真面目の意味内容は遊びの否定として規定され、それにつきている。真面目は遊ばないことであり、それ以上ではありえない。これに反して、遊びの意味内容は真面目でないものといっても定義にならないし、それにつきてしまうものでもない。遊びはなにかしら独自なものだ。そうした意味の遊びの概念は真面目の概念よりもより高い次元のものだ。なぜなら、真面目は遊びを締め出そうと努めるが、遊びは喜んで真面目を自己の中に抱き込むことができる。

遊びがもつ、このはなはだ独立的、かつ基本的な性格を常に新たに思い出すことによって、我々は歴史的現象としての文化がもつ遊びの要素の考察に移ることができる。

# 第三章　文化を創造する機能としての遊びと競い合い

## 遊びとしての文化――遊びから生まれた文化ではない

文化のもつ遊びの要素といっても、その意味するところは、文化生活のさまざまな活動の中で遊びが重要な地位を占めていると言おうとしているのでもなく、また、文化が遊びから進化の過程を経て発展したものであると言おうとするものでもない。つまり、元来遊びであったものが後に遊びでないものに変わり、それが今は文化と呼ばれるようになった、と言うのではない。これからここで明らかにしようとすることは、文化が遊びの形式の中で発生し、はじめのうち、文化は遊ばれた、ということだ。生活の必要を直接に満たすためのさまざまな活動、たとえば狩りですら、未開社会では自ら好んで遊びの形をとろうとする。その共同生活はより高い価値を付与してくれるような超生物的形式、すなわち遊びの形態で外見を飾るのだ。この遊びの中に共同体は生活と世界についての彼らの解釈を盛り込んでいる。といっても、それは遊びが文化に早替わりしたり、あるいは文化に置きかえられる、という意味ではない。そうではなくて、文化はその根源的段階においては遊びの性格をもち、遊びの形式と雰囲気の中で活動するのだ。文化と遊びのこの二者一体化の中で遊びは根源的であり、客観的にとらえうるし、具体的に規定される事実をさすが、一方文化は我々の歴史的判断がこの与えられた事例に下す名称にすぎない。この考え方はフロベニウスのそれに近い。彼は『アフリカ文化史』の中で[1]、文化の発生を「自然のままの『存在』から脱却した遊び」として語っている。ただ私の意見を言わせてもらえば、フロベニウスは文化と遊びの関係をあまりにも神秘的に取り扱い、またあまりにも漠然と記述している。文化現象の遊びの要素をはっきり指摘することに彼は失敗している。

文化の発展にともない、本源的なものとして仮定された遊びと遊びでないものとの関係は不変のままではいない。一般的には文化が進むにつれ、遊びの要素はしだいに背景に退いていく。その大半はしばしば宗教的儀式の領域に入り込んでしまったと思われるが、遊び自体は学問知識と詩文、法律および国家的生活形式の中に結晶化している。だから遊びの要素は普段は文化現象の中に完全に隠されている。しかし、どんな時代になろうとも、たとい高度に発展した文化形式の中でも、遊びの衝動は湧き溢れるような力をもって再び勢いを取りもどし、個人も大衆も区別なく巨大な遊びの陶酔の中に巻き込んでしまうことができる。

特に追求されるべき文化と遊びの関係が社会的遊びのより高級な形式の中にあることは言うまでもない。なぜなら、そこでは遊びは一つのグループ、あるいは共同体、もしくは二つの対立し合ったグループなどの秩序立った行為の中で成立するからだ。一人遊びは文化に対してただごく限られた範囲でしか実りをもたらさない。すでに明らかにしたように、遊び、それも集団的遊びの基本的特性のすべては動物の世界にもちゃんと現われている。つまり、戦い、演技、挑発、華やかな装い、何かのふりをするしぐさ、限定された規則などだ。さらにこれに倍して注目されるのは、系統発生学的に人間とははなはだ縁の薄い鳥までがこれらの点で人間と共通していることだ。ライチョウは踊ってみせるし、カラスは飛びっくらをする。コヤツクリやそれに類した鳥は巣を飾りたてる。鳴禽類はメロディを歌い上げる。競争と演技は娯楽として文化から生まれ出たのではなく、これらこそ文化に先行したのだ。

## 遊びの対立的性格

集団的遊びはその大半が対立的性格を帯びている。それは多くの場合、二つの組の「間で」行なわれる。しかし、これは必ずそうでなければならないというものでもない。舞踊、お練りの行列、所作事などはこの対立的性格をもたなくても十分やっていける。対立的といってもそれだけではまだ戦闘的だとか闘技的だとか言おうとするのではない。輪唱、二部合唱、メヌエット舞踊と音楽、音楽合奏の各パートもしくは各音調、民俗学にとってたいへん重要な綾取りなどは絶対的に闘技的である必要はないが、しばしば競争的要素を備えた対立的遊びの実例である。それ自身で完結した意味をもつ遊びの行事、たとえば舞台劇、音楽演奏の催しなどは再々にわたり第二義的に競争の対象となる。その際、ギリシア演劇の場合に見られたように賞品目当ての制作、上演が行なわれる。

先に我々は緊張と不確実さを遊びの一般的特徴の中に数え上げた。遊びの際には「運がついて回るかどうか」という疑問が常につきまとう。一人で楽しむ技芸の遊び、解法遊び、チャンスの遊び（ペイシェンス、パズル、クロスワード、ディアボロ＝空中ゴマ）からして、すでにこの条件が満たされている。しかし、闘技的性格をもつ対抗の遊びでは緊張、チャンス、不確実さの要素は極度に高められる。このような遊びは勝利のために情熱を傾けつくさねばならないので、そのことが遊びの浮き浮きした軽やかさを完全に吹きとばしてしまいそうになる。ところがここでもう一つの重要な相違が問題となる。単純に運だけで決まる遊びでは、その緊張は遊ぶ人から見物人にごく少ししか伝わらない。さいころの賭けごとそれ自体は注目に値する文化対象だが、しかし文化にとってそれは不毛だと考えざるをえない。それは精神にも生活にもなんら新たに寄与するものをもたない。しかし、この賭けの遊びが熟練、知識、技倆《ぎりょう》、勇気、あるいは力を要するということになると、また話は別だ。遊びが「よりむずかしく」なればなるほど、見物人の緊張はふくれ上がる。現にチェスは、それに没頭することが文化にとって完全に不毛であり、外見上なんら美しくもないのに、周りに立つ人々を釘づけにする。もし遊びが美を生み出していたら、そのことで文化に対する遊びの価値はたちどころに与えられる。しかしもちろん、文化形成にこのような美的価値が不可欠だというわけではない。肉体的、知的、道徳的、あるいは霊的価値も同様に遊びを文化に高めうる。個人もしくは集団の生活の緊張を高めるよう仕組まれるにつれて、ますます遊びは文化へと近づき高まっていく。神聖な催し物の上演と祝祭の競技は二つのどこでも繰り返される形式であり、この形式の中で文化は遊びとして、しかも遊びつつ成長するのだ。

## 競技は遊びである

ここですでに前章でふれた問題が再びもち上がる。すべての競技を無条件で遊びの概念の中に含めてよいのだろうか。ギリシアでは闘技《アゴーン》を決して遊び《パイディアー》の中に入れて考えないことは前に見たとおりだ。しかし、このことは二つの言葉の語源から直接に解明される。「パイディアー」（παιδιά　遊び）ははなはだ端的かつ明瞭に子供のやることについて言われ、よほどもって回った派生的意味でなければ真剣な試合には使われない。これに反して「アゴーン」（ἀγών　闘技）はもっと別な面から競技をさして言われる。そのもとの意味は集まることだったらしい（アゴーンと関係のあるアゴラ　ἀγορά〔広場〕を参照のこと）。ところが、にもかかわらず、すでに述べたように、プラトンはクレタの武装した聖なる踊りを「パイグニオン」（παίγνιον）、一般的な聖なる行事を「パイグニア」（παίγνια）と言った。ギリシア人の競技の多くが明らかに真剣そのもので争われたにしても、その事実だけでは「アゴーン」（闘技）と遊びとを分けるに十分な理由とは言えない。競技が行なわれる間の真剣さはその遊びの性格を否定することにはならない。競技はまさしく遊びの特徴を形式的にはすべて、機能的にはほとんどすべて、備えている。このことはオランダ語の wedkamp《ヴェドカンプ》（競争）、ドイツ語の Wettkampf 自体に集中的に表現されていると言えるのではなかろうか。

つまり、遊びの場所（ラテン語なら campus）と「賭ける」（wedden）を合わせたもの、いうなれば、どこで行なわれるかという問題の象徴的確認、緊張にたえる限界点、しかもそれらを承知のうえであえて「勝負をかける」ことがそこにみられる。このことについては今一度『サムエル後書』二の一四の注目すべき証拠が思い出される。そこでは死を賭《と》した集団の戦闘が笑いの領域に属する遊びにあたる言葉で示される。あるギリシアの瓶には武装した人の争いがその場にいあわせた笛吹き師によってアゴーン（闘技）として特記されている。[2]オリンピアの祭りでは死に至る決闘があった。[3]トールとその一族がウトガルド・ロキのところで彼の従者と力業の腕くらべをして争った時も、それは主に遊びの領域に入る「レイカ」（leika　遊び）という言葉で呼ばれる。ギリシアで遊びと競技を異なった言葉で言うのは、結局、遊びと競技を包摂するような一般概念の抽象化が何かの偶然からできなかった、ということで説明されると言っても言い過ぎではあるまい。簡単に言えば、このような競争を遊びの範疇に入れるのは正当かどうかという疑問には、はっきり入れてよしという肯定の意味の答えがなされるだろう。

　競技は他の遊びがそれぞれみなそうであるように、ある程度まで、目的なしに行なわれるものと呼ばれてもしかたがない。つまり、それ自身で完結し、その結果はその集団の不可欠な生活過程にはなんら寄与しない。このことは俗によく言う言い回し、「問題はおはじき玉ではない、遊びそのものだ」があますところなく言いつくしている。換言すれば、その行為の窮極的本領は第一にその行為そのものを目的とするのであり、その結果については直接に関係しない。遊びの結果は客観的事実としてはどう見ても意味のないものだし、どうでもよいことだ。イギリス訪問中のペルシア国王が訪問感謝の競馬招待を断わるのに、その理由として、「私はある馬が他の馬より早く駆けることは十分承知しております」と言ったと伝えられるが、彼の立場からすれば、これは全く正しい。彼は自分の知らない遊びの世界に踏み込むことを拒み、局外者としてとどまることを欲したのだ。遊び、あるいは競技のなりゆきは、遊びに加わった人だろうと見物人だろうと（もちろん、その場に駆けつけようと、ラジオで聴こうと、その他の方法であろうとおかまいなく）、いずれにせよその遊びの世界に浸りきり、その規則に従った人間にとってはたいへん重大なのだ。彼らは遊び友だちにさせられてしまうし、またそうなることを欲しさえする。彼らにとってたとえばニョルド〔スカンジナヴィア神話の海の神〕が勝つか、トリトン〔ギリシア神話の海の神〕が勝つかは、なんでもないことでもなく、どうでもよいことでも決してない。

それは「何かあることに関わっている」のだ。実にこの言葉の中に遊びの本質が最も簡明に表現されている。しかし、この「何かあること」は遊びの行為の物質的結果を意味するのではない、つまり、ゴルフのボールが穴の中に入っている、ということではない。それは遊びがうまくいく、すっきりやり遂げたという理念的事実をさしている。「成功」は遊ぶ人にいずれ多少の差はあってもとにかく満足感を生ぜしめる。このことは一人でする遊びにも当てはまる。満足した楽しい感情は見ている人がいるとよけいに強く感じられるが、しかし、見物人がいなくてはならないということもない。トランプの一人占いをする人は、他の人が見ていればその楽しみは倍加する。がしかし、またそれなしにもやってはいける。人は遊びに勝ち誇り、それを他人に伝えることができるという事実の中にすべての遊びにとって非常に本質的なものがある。この点で釣り天狗は最もみごとな典型だ。この誇りをもつことについてはまた後にふれる。

## 勝つこと

遊びと最も密接に結びついているのが勝つという概念である。一人でする遊びの場合には、遊びが完了しても勝ちはない。この勝つという概念は相手のある遊びではじめて現われる。

勝つとは何か。何が勝ちとられるのか。勝つとはつまり、遊びの結末においてより優れていることが明らかになることだ。しかし、この明らかにされた優越の妥当性は一般的にも優れているのだと思われるほど拡大解釈される傾向をもっている。こうなると、遊び自体の勝ちよりも、なにかそれ以上のものが勝ちとられる。そこに尊敬が得られ、名誉が与えられる。そしてこの名誉と尊敬は勝者の属する集団全体に直接の利益をもたらす。ここにまた、遊びの非常に重要な性質が見られる。すなわち、遊びで得た成功は個人的なものから集団的なものへときわめてすぐ移行しやすい。しかし、もっと重要なのは次のような特質だ。闘技的本能においても、人は最初から権力への渇望、支配への意志をもって行動しているわけではない。はじめは、他の人より優れたい、第一人者でありたい、そんな人として尊敬されたい、といった憧れがある。その結果において、個人もしくは集団の物質的力を増大させるかどうかという疑問は副次的問題として論じられるだけだ。肝心なことは「勝った」ことだ。ただ勝つこと以外に何も見て楽しんだり、手にとって味わったりするものがない、最も純粋な模範例はチェスが示してくれる。

## 賞、賭けもの、利益

人は何かを「目標にして」戦ったり、遊んだりする。それはまず第一に、そして最終的に、勝つこと自体で、それを目ざして戦ったり遊んだりしているのだが、しかし、勝利にはそれを楽しむさまざまな方法が組み合わされている。まず第一に、それは勝利の華麗なパレードや凱旋式などで集団によって歓呼と賞讃をもって祝われる。長く続く効果としては名誉、尊敬、威信が生まれる。しかし、一般的には遊びを企画する際、すでに勝利には単なる名誉だけではなく、それより以上のものが結びつけられる。遊びは賭けられた金品をともなうのだ。それはシンボルとしての性質のものだったり、物質的価値のあるものだったり、また、純粋な理念的価値のものだったりする。賭けるものは金盃、宝石、姫君、四分の一グルデン貨、遊ぶ人自身の命、もしくは全種族の幸福などだ。それは質物でもあり、賞品でもある。質物、賭け物、「借金のしるし」(vadium)、「挑戦のしるし」(gage) などは遊びの場に据えられたり、投げこまれたりした純象徴的な物体である。賞品（prijs, prize）は月桂冠でも、現金でも、他の物質的価値のものでもよい。ラテン語の「プレティウム」（pretium 価格、金銭、報酬）という言葉は語源的には価値の交換という領域の中から出たもので、そこでは対応する「対立」概念を頭においている。しかし、これが遊びの領域に移し植えられる。「プレティウム」とか「プライス」（価格もしくは報酬）という言葉は、一方では中世においてpretium《プレティウム》 iustum《ユウストウム》といって近代的概念でいう「市場価格」を意味して使われ、他方では褒美や名誉を意味するようになった。賞（prijs）と利益（winst）と報酬（loon）のそれぞれの領域を語義的に明確に区別することはほとんど不可能だ。報酬は全体的にみて遊びの世界の外にある。これは、なし終えられた奉仕、やり遂げられた労働の正当な報いを意味している。報酬のために人は遊びはしない。人は報酬のために働くのだ。ところが、英語は報酬（wage）という言葉をまさに遊びの世界から借用しているのだ〔wage はもと挑戦のしるしを意味した gage と語源を同じくしている〕。利益（winst, 英＝winnings　独＝Gewinn）という言葉は競争の世界にも、また同じく経済的交換の世界にも入りこんでいる。商人は利益を生みだし、遊ぶ人は利益を受け取る。賞（prijs）は競争にも、富くじにも、値段（prijs）をつけた商品にも使われる。「値をつけられた《ゲプライズド》」（geprijsd）と「賞讃された《ゲプレゼン》」（geprezen）との間には真面目と遊びの対立が再現している。熱情、チャンス、冒険などの要素は本来の遊びに固有のものであると同時に、経済的企業にも備わっている。純粋な欲張りは商売もしないし、遊びもしない。冒険、チャンス、結果の不確実性、そして緊張が遊びの心掛けの本質を形づくっている。緊張は遊びの重要さと価値に対する意識を決定づける。そして、緊張が高まれば遊ぶ人は自分が遊んでいるのだということまで忘れてしまう。

ギリシア語の賞にあたる言葉は ἆθλον《アートロン》 (athlon　競技の賞) で、これはオランダ語の「賭け」、「賭ける」(wedde, wedden　ドイツ語では Wette, wetten) やラテン語の「抵当、約束」(vadimonium《ウァディモーニウム》) と同じ語根から発していると、二、三の人々は言う。これと同じ語根から出た言葉に「競技者《アートレーテス》」(ἀθλητής, athletes) がある。この中に含まれる意味は戦い、緊張、練習とその持続、忍耐、貫徹、精神的苦痛などだ。[4] またゲルマン語系の「賭ける」(wedden) には努力や勤勉の意味が含まれている。しかし周知のごとく、この言葉は法律生活の領域に移されてしまった。このことはすぐ後にふれる。

あらゆる対抗競技に何か「をかけて」という目標がつきまとうがそれだけでなく、「どういうこと」で争うか、また、「どんな手段で」競い合うかも問題だ。人は力や巧みさで、知識や技倆で、派手やかさや富で、寛大さや幸運で、出自や子供の数で争う。また、手段としては体力、武器、頭のよさ、腕力、見せびらかし、大言壮語、つまり、自慢したり、ほらを吹いたり、悪態をついたりすること、それから、さいころ、最後にはうそと欺瞞で争うようになる。この最後の手段については少々説明を要する。我々の感情からすれば、悪だくみや欺瞞をもってすることは競技の遊びの性格をぶちこわし、抹殺してしまう。遊びの本質はつまりルールが尊重されるということだ。しかし、原始古代《アルカイック》の文化はこうした我々の道徳的判断に与しない。それは民衆の感情にしても同じことだ。ノウサギとハリネズミの童話では欺いて競技に勝ったいんちきのやり手の方が英雄に仕立て上げられる。神話の中の多くの英雄も欺瞞や外部からの助けで勝っている。ペロプス〔ペロプス＝ギリシア神話、タンタロスの子。ヒッポダメイアをうるため、彼女の父と競技し、策略で勝つ。ヤソン＝ギリシア神話マルキスの金羊皮を取りに行き、メディアの助けにより手に入れる〕はオイノマオスの馭者を買収し、車の軸に蠟の釘を入れさせた。ヤソンはメディアにより、テセウス〔テセウス＝ギリシア神話、怪物ミノタウロス退治に迷宮に入るとき、アリアドネの助力をうける。グンテル＝ニーベルンゲンの伝説ジークフリートの助けによりブリュンヒルトとの競技に勝ち、妻とする〕はアリアドネにより、グンテルはジークフリートによって試練に勝った。『マハーバーラタ』の中でカウラヴァ族は欺瞞によってさいころ遊びに勝った。北欧神話で女神フリアは二重の欺瞞によってウォーダンがランゴバルト族に勝利を贈るよう働きかけた。アーゼの神々は巨人たちに誓った誓約を破った。

こうしたすべての場合に、いわば、ずる賢いこと自体が対抗競技のテーマになったり、遊びの型になったりしている。不正の遊び手も、今つい先に述べたように、遊びの妨害者〔遊びの協定破り〕ではない。彼は遊びのルールを守っているようにふるまい、捕まるまで遊び続ける。(5)

遊びと真面目の限界がはっきり定めがたいことを最も明確に示す例は、ルーレット盤で遊ぶこと（勝負をかけること）と、「株式取引所で遊ぶ（勝負をかける）」ことを比べればよい。前者では遊び手自身が自分の行為は遊びであると認めている。しかし、株の勝負師はそうは思わない。株価の上り下りの不確定なチャンスに期待しつつ売買するのは、「職業生活」の一部であり、共同体の経済的機能の一部である。この二つの場合に共通するのは、利益を生みだそうとする野望だ。前者では一般的に言って、チャンスのもつ純粋な偶然性によりかかっているが、それでも勝つための「システム」はあるのだから、完全にそうだとは言い切れない。株取引の場合、勝負師は明日の市場の起こりうる傾向を予測できるという一種の錯覚で自らを慰めている。しかし、精神的態度の違いは極めてわずかだ。

この関連性において注目されるのは、未来の収益を見込む二つの行為の一致がまさに賭けに由来する点だ。だからこの場合、中心となるのは遊びなのか、それとも真剣な利害なのかと疑問になってくる。中世末期にはジェノヴァでもアントワープでも定期取引や生命保険は非経済的性格をもった偶然性への賭けの形を取った。まさに人々は「人間の生と死に、旅や巡礼に、息子か娘の誕生に、若干の土地、地域、町の占領に」賭けた。(6) このような契約はすでに完全な商業的性格を確立したところでも、許されざる賭けごととして、たとえばカール五世(7)などから繰り返し禁止された。新しい教皇の選挙のたびに、今日の競馬と全く同様に賭けがなされた。(8) 一七世紀になってもまだ定期的商業取引は「賭け」と見なされていた。

## 原始的古代社会の対立的構造

原始古代的文明の段階にある社会生活はいかに社会そのものの対立的、対抗的構造に基礎づけられているか、また、その社会の全思想領域がいかにこの二元的構造の対立関係に即応して形成されてきたかが、民族学によってますますはっきりと明らかにされてきた。いつも我々が眼にするのは、この未開の二元論の名残りである。そこでは、たとえば種族は二つの対立する族外婚の支族もしくは兄弟団に分かれる。二つの集団はそれぞれ自己のトーテムで区別される。人は烏人か亀人かのいずれかであり、それに応じて義務、禁忌、習慣、亀か烏かに属する崇拝対象物などの全体系をもつ。分立する二つの種族集団の関係は戦いと競い合いの関係であり、また同時に、相互扶助と好意的奉仕を交換しあう関係だ。彼らはともどもに種族の公的生活を厳密に形式化された儀式の形で長々と切れ目なしに演じ続ける。二つの種族分団に分割されたこの二元論的体系は想念の世界のあらゆるところに滲みわたっている。どんな存在も、どんな物体も一方か他方かのどちらかに属しており、したがって全宇宙はこの分類の中で捕捉されている。

種族集団の分割と並んで、性別による組み分けも行なわれており、それは汎宇宙的二元論、たとえば、中国の陰陽の対立、つまり女性的原理と男性的原理の対立などとしても表現されているが、この二つの原理こそ交代し合い、影響し合って人生のリズムを保っているのだ。また、この性別組み分けに関しては、それを表現する精神体系の初期段階では、具体的に若者と娘を群に分けることが行なわれ、それは季節の祭りに際して儀式的形式を踏んで輪唱や遊びで互いに誘惑し合った。

このような年の祭りの時には互いに対抗する種族集団、性別集団による競技が行なわれた。季節の変わり目に行なわれるこうしたさまざまの祭りの競技が示す文化創造の働きは、マルセル・グラネによると、どんな偉大な文化においてよりも古代中国において最も明瞭に現われる。彼が提示した概念像は古代の詩歌の解釈を土台にした構想であるにしても、それは我々が原始古代の社会生活についての民俗学で学んだことすべてに確固として支えられており、また完全にそれと結びついているゆえに、これを文化史的に確立した基本理念として用いるのになんの躊躇もいらない[9]。

## 古代中国の季節の祭り

グラネが中国文化の萌芽的段階として描いたのは多産と成熟の実現を促すためその土地を支配する氏族が各種の競技をもって四季の祭りを祝う情景である。これは、一般的に見ればいわゆる未開段階にある礼拝行為の意図的行事であることは自明のことだ。原始古代《アルカイック》の社会にとって儀式がきちんと整い、遊びや競争、なかでも特に神聖な遊びを勝ちとることは、この集団のための救いが獲得されたという堅い信念とすぐ結びつく。犠牲もしくは聖なる踊りが成功する、するとすべてはうまくいき、より高級な力が我々に与えられ世界の秩序は保持され、宇宙的、社会的繁栄は我々および我々の一族に確保されるようになる。これはもちろん一連の理性的推論の結論として編み出された信念と言えるものではない。むしろそれは生活感情であり、多少とも形式化した信仰に固定化された満足感である。このことについて、我々は後でまたこうした表現に出会うことだろう。古代中国についてグラネの記述によれば、男たちによって若衆小屋で祝われる冬祭りは強い劇的性格を帯びている。感きわまった興奮と陶酔の中で動物の踊りが行なわれ、酒盛りの宴が催され、賭けが始まり、曲芸が披露される。婦人たちは締め出されるが、しかし、祝祭の対抗的性格は維持される。儀式の効果はまさに対抗競技や交替で保たれる。そこで一方の組は主人となり、他方の組は客人となる。一方を代表するのは陽の原理で、太陽、暖かさ、夏を表わし、他の一方は陰の原理で、月、冷たさ、冬を表わす。

しかし、グラネの結論は氏族や種族の性質をおびた質朴な農業本位の、しかもなにか準牧歌的とも言える生活像の域をはるかに越えている。広大な中国民族の領域に統治機構や地方国家が発達し始めるにつれ、観念としての始源的二元対立の上に、競争しつつあるグループの多数の関連性の再編成が強行された。種族の分担したこの四季の祭りの競技を基盤として、その上に社会の階層的秩序《ヒエラルヒー》が打ち立てられた。戦士たちがこの聖なる競技でかちえた威信は、後の長い中国の封建化過程の始まりだった。「男子組を活気づかせ、冬の間踊りのトーナメントで彼らを対抗させた、ライバル的対抗意識は制度組織の発展の起源にかかわっている(10)」。

たとえ、グラネほど大胆に、後世の中国国家の全階層秩序をこの未開の慣習から説明することまでしないまでも、ただ認めなければならないのは、彼が中国文化の構造の中で闘技的原理がある役割を演じていたことをほぼ立証したことだ。その役割の意義はギリシア文化における闘技《アゴーン》のそれにはるかにまさり、またそこでは本質的な遊びの性格がギリシア文化におけるより、いっそう明確に語られている。

ほとんどすべての祭礼行事は儀式的競技の形をとった。たとえば、川わたり、山登り、立木の伐採、花摘みなどだ。(11) 伝説に伝えられる王権確立のための常道は決まっていて、英雄的な貴族が驚くべき腕のさえや目をみはらせる力業で競争相手より断然優れていることを誇示する。そして必ずこの手合わせは敗者の死をもって終わった。

## 他の諸国における闘技的遊び

この伝説の中で心をとめるべきは、すべてのこうした競争が、たとえ想像力で巨人的な必死の闘争の外見を与えられたとしても、やはり本来的特性のすべてをそなえた遊びの領域にとどまっている、という事実だ。このことは神話や英雄伝説の形で中国の伝承の中に語られている競争と、なお今日、世界の数多くの地方で行なわれている四季の祭りの競技とを比較してみると、直ちに了解される。特に関係があるのは春と秋の祭りに若者や娘の集団で行なわれる歌や遊びの手合わせだ。グラネはすでにこのテーマを古代中国に関して、『詩経』の恋の歌に基づいて取り扱ったが(12)、同時に同じような祭りがトンキン地方でも、チベットでも、日本でも行なわれていることを指摘している。これらの慣習がごく最近まではなはだ盛大であった地方、つまりアンナンについては、あるパリ発行の学術論文が実に見事に論じている。[13]ここでは誰もが真の遊びの世界のただ中にいる。輪唱、球技、雅びな作法での求愛、知恵くらべ、なぞなぞなど、すべてここでは異性間の生き生きした競争の形をとることで内的につながりがある。歌そのものが一定の規則、ヴァリエーションを伴う繰り返し、問いかけと返答を取り入れた典型的な遊びの産物といえる。遊びと文化の関連性について適切な例証を望む人には、この論文の執筆者ニュイエン・ヴァン・ヒュイエンの著作を推薦したい。

こうした競技の形式のすべてが常に祭礼と結びついていたことは今や明らかだが、それというのも競技こそ四季の順調なめぐりゆき、穀物の豊かな実り、今年一年の発展のために有用で不可欠であるとの信念がそこに秘められていたのだ。

この競技の結果がかくかくしかじかのものとして、つまり成し遂げられた功業として、自然の運行に影響を及ぼすことになるとしても、どのような種類の戦いによってこの成果が生まれたのかは、あまり重要でない、と理解されねばならない。戦いに勝つこと、それ自体がことのなりゆきに影響するのだ。どんな勝利も勝った者にとっては悪に対する善なる力の誇示とその行事をやり遂げた集団の福祉とを体現しており、いうなればそれを現実に眼に見える形で実現している。だから力くらべ、技くらべ、知恵くらべと同様に、純粋に運を賭ける遊びでも神聖な意義を帯びることができるし、また神の意向を意味したり、規定することもできる。しかも、もっと深くつきつめることもできる。チャンスとか運という概念は人間精神にとって、どんな時でも特別に神聖な領域に近いのだ。こうした精神的連関性をはっきりと納得したい人は、子供の頃の思い出に浮かぶような、日常生活にあまり役に立たない占い遊びを考えてみればよい。完全に精神の均衡を保ち、迷信にはいささかも与しない大人でも、時にたいして気にもかけずこれにとりつかれる。文学からの例として、トルストイの『復活』の一節を引いておく。それは裁判官の一人が裁判所の入口をまたぎながら、「もし私が私の席までちょうどの歩数で行きつけたら、今日はきっと胃が痛まないだろう」と考えるくだりだ。

## さいころ遊びの神聖な意義

多くの民族においてさいころ遊びは宗教的慣行の一部をなしている[14]。兄弟団に見られるような共同体の対立的構造と競技盤や駒の色分けとには、互いに触れ合うところがある。古代インドにおいて「デュータム」(dyūtam)という言葉は戦いとさいころ遊びの二つの意味をあわせもっていた。さいころ遊びの駒と矢の二つの概念とは注目すべき関係で結ばれていた[15]。世界そのものはシヴァの神とその妃が遊ぶさいころ遊びであると考えられる。四季、つまりṛtu's《リツ》は金と銀のさいころで遊ぶ六人の男たちで表わされる[16]。ゲルマン神話でもチェス盤上の神々の遊びがよく出てくる。世界が秩序を完成した時、神々は集まってさいころ遊びをした。そして世界が没落した後で神々が再生した時には、若返ったアーゼの神々はこの神々が以前にもっていた金のチェス盤を再び見出すだろうと、されている[17]。

今ここに引用した本の著者、G・J・ヘルトは『マハーバーラタ』の主要な事件が国王ユディシュティラとカウラヴァ一族とでやったさいころ遊びをもとにして起こった事実から、民族学的結論をいろいろと述べている。我々にとって大事なのは遊ばれる場所である。それは地上に描いた簡単な円陣《デユータマンダラム》(dyūtamaṇḍalam)、でもよい。しかもただそれだけで、すでに呪術的な意味をもっている。それは不正が行なわれないように細心の注意をもって描かれる。遊び手は彼の義務を果たし終えた後でなければ、その円陣を去ることを許されない(18)。しかし遊びのための一時的な専用会場が建てられることもしばしばある。それはわけても神聖な土地となる。『マハーバーラタ』の一章のすべてが、パンドゥの息子たち(パンダヴァ一族)とその対抗一族との遊びのための遊戯場《サバー》(sabhā)の建設にあてられている。

このようにチャンスにかける遊びもまた真面目な面をもっている。それは祭式の中に包摂されたりする。タキトゥスはゲルマン人が実直に真面目な仕事としてさいころを振っているのに驚嘆しているが、これは驚くにあたらない。しかし、もしヘルトがさいころ遊びの神聖な意義を研究しての結論として、未開の時代の遊びは言葉の完全な意味において遊びではない、と言うならば(19)、私としてはこれを全面的に否定したいと思う。むしろ、さいころ遊びが祭礼儀式の中で占める地位はその真の遊びの性格によっていると見るべきだ。

## ポトラッチ

原始古代社会における文化生活は闘技的なものがその基盤をなしているが、このことはカナダのブリティッシュ・コロンビア州にすむ先住民の間で行なわれ、民族学ではポトラッチ(Potlatch) と呼ばれる慣習の記録によって、比類なく明確に示される。[20] 特にクワキゥトル族の例として紹介されたような最も典型的な形式では、ポトラッチは一種の大祭礼式典である。その時、二つの集団の一方から他方へ、盛大に飾り立て、ありとあらゆる儀式ばったしぐさをもって、最大級の豪華な贈り物が贈られる。これにより他のいかなる方法によるよりもはっきりと他集団への優越を証明しようとするのだ。これに対しては唯一つの不可避的返礼しか残されていない。つまり、相手方の集団はある一定期間以内に祭りをやり返し、その際、できるかぎり相手を凌ぐよう義務づけられる。贈り物祭りのもつこのような形式はこの種族に関して知られるかぎりのすべての社会生活、つまり祭礼儀式、法習慣、芸術など、すべてを支配している。出産、結婚、成年式、死、入れ墨、墓標の建立など、なにもかもみなポトラッチを行なう機縁となる。部族の長は家を建てたり、トーテムポールを作ったりした時はポトラッチを行なう。ポトラッチの際、ある血族もしくは氏族は神聖な歌を懸命に歌い、仮面をつけた扮装で所作事を演じ、呪術者をして氏族の精霊に憑かれた陶酔感を語らしめる。しかし、中心になる行事はやはり財物の分配だ。祭りの主催者はその時、彼の氏族の全財産を使い果たしてしまう。しかしながら、この祭りが行なわれたことによって、相手の氏族はこれよりいっそう大規模なポトラッチを行なう義務を背負わされる。もしこの義務を負わされながらそれを果たさない人は、その家名、紋章、トーテム、名誉、および市民的宗教的権利を失う定めであった。したがって財物は種族内の名門の家柄の間をスリルに富んだ方法であちこちと往来する。ポトラッチはもともと、一種族の中の二兄弟団同士の間で行なわれていたと、一般的に考えられる。

ポトラッチにおいて優越性はただ単純に財物を贈ることによってのみ示されるわけではない。それはもっと驚くべき方法で、つまり、彼自身の所有物を破壊することによっても示される。財物を手放すこともできうることをこれ見よがしに見せつけて優越を誇示するのだ。また、これらの財物の破壊は劇的な儀式や誇り高き挑戦をともなって行なわれる。この行為の形式は対抗競技の形をとる。ひとりの長が銅の壺を割り、毛布の山を焼き、カヌーを毀せば、相手方は少なくとも同じものを同数だけ、さらに望むらくはもっと価値あるものを毀してみせる義務を負わされる。彼らは競争相手に挑戦のしるしとして破片を送ったり、それを名誉のしるしとして見せびらかしたりする。クワキゥトル族と血縁関係にあるトリンキット族（Tlinkit）について語られるところによれば、ある長は他の長を恥ずかしめようと思うと自分の奴隷の一団を殺してしまう。すると他の長はこれに復讐するため、さらに多くの自分の奴隷を殺さねばならない、と言われる。[21]

こうしたとどまるところを知らない気前のよさの競争は自分の財宝を向こう見ずに平然と破壊することで絶頂に達するが、こうしたことの痕跡は多かれ少なかれ地上のいたるところに見いだされる。マルセル・モース（Marcel Mauss）はポトラッチと完全に一致する慣習がメラネシア人の間にも存在することを指摘した。『贈与論』の中で彼はギリシア、ローマ、および古代ゲルマンの諸文化の中に同じような慣習のあったことを証明している。グラネは古代中国に贈り物の競争と並んで破壊の競争もあることを見つけ出した。[22] イスラム以前のアラビア地方でこれと同じことが特殊な名で呼ばれて知られている。その名は形式化されたその性格をよく示しているが、モアーカラ（mo'āqara）といわれ、動詞の形から派生した行動をしめす名詞で、古い辞書はこの言葉についてその民族学的基盤は全く知るよしもないままに、「名誉にかけてラクダの足を切って争うこと」と説明している。[23] ヘルトによって取り上げられたのと同じテーマはすでにモースによって多かれ少なかれ、次のような言葉で打ち出されている。「『マハーバーラタ』はある巨大なポトラッチの歴史である」。[24]

我々のテーマに関連してくるのは次のようなことだ。ポトラッチと言われたり、あるいはそれに類すると思われることすべては勝利、優越、名声、威信を目指しており、また忘れてならないのは少なからず復讐を目標としている点だ。祭りを主催している人がたとい一人の時でさえも常に二つのグループができて対抗し合い、敵意と友情のまざった一つの精神の中で契りをかためる。ボアズの記述によれば、[25] ママレカラ族のある部族長の結婚式では招待された一団が「いざ争わんかな準備よし」と宣言する。つまり、これは新たに部族長の義父となる男が最後に花嫁を引き渡す手はずの儀式なのだ。この所作事の演出は試練や犠牲の性格を帯びている。儀式は宗教的行為、あるいは遊びの形式で遂行される。あらかじめ綱で張りめぐらされた四角四方の広場がしつらえてある。交唱歌や仮面舞踏が所作に続く。式典は厳粛なもので、ほんのちょっとした手違いがすべての行為をだいなしにしてしまう。咳もしくは笑い声すら厳罰をもっていましめられた。

## ポトラッチの社会学的基礎

儀式の進行をつかさどる精神が宿るのは名誉、誇示、大見栄、挑戦の世界だ。それは騎士的誇りと英雄的狂信の世界であり、また家名と紋章つきの楯が幅をきかせ、系譜の長さが物を言う世界なのだ。それは生計費の心配、利益の計算、必需品の確保を案じる世界ではない。もっぱら努力の向かうところは集団の名声、より高い地位、他人への優越である。トリンキット族の二つの兄弟団を相対抗させるもろもろの関係と義務づけは「敬意の示し合い」という意味の言葉でひと口で表現される。この関係はありとあらゆる相互的な奉仕の提供、なかんずく贈り物の交換によって常に行動に現わして示される。

民族学は私の知るかぎりでは、ポトラッチ現象の解明を主として呪術的、神秘的観念の中に求めている。そのすぐれた模範例として、G・W・ロチャーの著書『クワキゥトル族の宗教における蛇』がある[26]。

もちろん、ポトラッチの風習はこれを行なう種族の宗教的観念とはなはだ密接に結びついている。精霊降臨、成人式、人獣の融合一体化など、特殊な観念のすべてはポトラッチの中で常に表現されている。しかし、このことはこのポトラッチを特定の宗教的理念の体系とは無関係に、全くの社会学的現象として理解することをあきらめさせるものとは考えられない。必要なのはただ、ある共同生活の領域の中で考えるということだ。そこは、文明化した社会になると少年期の衝動にしか現われないような、原始的衝動や刺激によって直接に支配されている。このような社会は集団の名誉、富と気前のよさへの驚嘆、友情と信頼の示し合い、競争、挑戦、冒険心、そして、あらゆる物質的価値に対する無関心を誇示することによる永遠の自己高貴化などの概念によってきわめて強く鼓舞激励される。それはひと口に言えば、成長期にある青年の思想および感情の世界だ。また本式に技術的にも組織化された儀式としてのポトラッチとは関係がなくても、品物の贈答や自分の持ち物を破棄する競争は誰にも心理的に理解しやすい。だから特定の祭礼体系に基づいていない事例は特に重要なのだ。たとえば、二、三年前、エジプトの新聞に載っていたとR・モニエが伝える記録がそれだ。エジプトのロマ二人が口論に及んだ。彼らはその争いの決着をつけるため、ものものしく呼び集められた全血族のみまもる中で、まず自分のヒツジをすべて殺し、ついでもち合わせた銀行紙幣をすべて焼き捨てた。ところが一方は旗色悪しと見てとって、六匹のロバも売り払い、その売上げ代金をつぎこんで勝ちを制しようと考えた。ロバを引き出しに家に帰ると彼の妻が売り払うことに反対したので、遂に妻を刺し殺した。[27] 全体の行動をとおしてみてすぐ明らかなように、ここには激情の自然の発作とは違った何かそれ以上のものがある。これは形式に堕した風習であり、モニエはこれを「自慢狂」(vantardise) と呼んでいる。これは先に紹介した古代アラビアの「モアーカラ」に非常によく似かよっているように思われる。

しかし、この場合には宗教的基盤はとんと見当たらない。

ポトラッチと呼ばれるこの観念複合体《コンプレックス》の中で先頭に立つのが、私のみるところでは、闘技的本能だ。つまり、はじめに集団的もしくは個人的人格の優越のための社会的遊戯があった。真剣な遊びがあり、悲惨な遊びがあり、時には流血の遊びがあり、また聖なる遊びがある。しかし、それでも遊びなのだ。我々は、これらすべてが遊びでありうることを十分に見てきた。すでにマルセル・モースは遊びについて語り、「ポトラッチは事実一つの遊びであり、また一つの試練である」[28]と言っている。またダヴィは法律学的側面からポトラッチ全体を法律を生みだす慣習とみなしながら、一方ではポトラッチの行なわれる社会を大賭博場に引き比べている。そこでは財産も地位も名声も賭けと挑戦の結果で、一人の手から他人の手へと移り変わっているというのだ[29]。しかし、ヘルトはその結論を下す時になると[30]、さいころ遊びと原始的なチェス競技は正真正銘の賭け事というわけにはいかない。なぜなら、それらは宗教的領域に属し、しかも、その表現はポトラッチの原理をふまえているからというのだが、そこで私はもう一度議論をむしかえして逆に、それらは正真正銘の遊びであるからこそ神聖な領域に属するのだと言いたい気持ちに傾く。

リヴィウスが「公共の遊び」(ludi publici) の行なわれる際につきものの極端な贅沢に言及し、それが正気とは思えない競争に堕すと述べているのも[31]、また、クレオパトラが彼女の真珠を酢の中にとかすという切り札を使ってアントニウスを制したのも、また、ブルゴーニュのフィリップ善良公《ル・ボン》が宮廷貴族を集めた連日の宴会のしめくくりにリールで「キジの誓い」〔人の真似のできない誓いをして人々を驚かす競争をした〕を催して有終の美を飾ったのも、また、ネーデルラントの学生たちが特定の祭りの行事の際にコップをものもしく打ち割ってみるのも、よく注意してみれば、まさしくポトラッチ的本能の実に明解な表現であると理解することができる。しかし、私の思うところでは、ポトラッチそのものを人類の基本的要求の最も具体的で最も明確な形式とみるのが、より正確で、より素直だ。それを私は名声と名誉をかけた遊びと呼ぶことにしたい。ポトラッチのような専門用語は、ひとたび学問的な言葉として使用を認められると、いとも簡単にレッテルのようになり、それでその現象は理解され、けりのついたものとして棚上げにされてしまうものだ。

## クラ

全世界的に見られるこの贈り物儀式の遊びの要素のことは、マリノフスキが『西太平洋の遠洋航海者』という本を著わし[32]、その中でメラネシアのトロブリアンド諸島の島民やその近くの先住民にみられる、いわゆるクラ（Kula）という制度の生き生きした非常に詳しい描写を行なってから、俄然、明らかにされてきた。クラとは一定の時にニューギニアの東の群島から出発して、反対方向に二つに分かれて進む儀式的航海のことだ。その際、この慣習に参加する各種族の多くは、お互いに経済的にはなんら利用価値がないもの——赤い貝の首飾りや白い貝の腕輪——で、しかも高価な名誉ある装飾品として多くは固有の名前で呼ばれ、時々他の集団に所有をゆだねられるようなものを交換する。これを受け取った人々はある一定期間内に次の番のクラ加入集団に何かを贈るよう義務づけられる。そのある何かの品物は聖なる価値をもつ。それは呪術的力をもち、そもそもどうしてそれが手に入ったかを語り伝える歴史までそなわっている。それははなはだ貴重だから、たらいまわしにもち込まれた時でも一種のセンセーションを巻き起こすほどだ。[33] 全体としては形式主義、儀礼、お祭り気分、呪術を伴って行なわれる。このすべての行動は相互的な義務と信頼、友情ともてなし、崇高な見栄、気前のよさ、名誉と名声などの世界で繰り拡げられる。海上航海はしばしば冒険的で危険なものだ。この種族の相当高度の文化生活は、カヌーの木彫り彫刻の作り方にしても、詩作にしても、名誉や礼法を定めた法規にしても、すべてクラに結びついている。日用品の商業活動はクラの航海と堅く結びついているが、ただし、もちろん第二義的なものだ。おそらく未開文化生活でメラネシアのパプア人におけるほど高貴な社会的遊びの形をとる例はほかにあるまい。ここでは競争は、その純粋さにおいて、しばしばはるかに高級な他の文明化した民族の類似の習慣よりも立ちまさっていると思われる形式で行なわれる。この聖なる儀式の全体系の底にはまちがいなく、美しく生きたいという人間的欲求があると認められる。そうした欲求を満足させる形式こそ遊びの形式なのだ。

## 遊びにおける名誉と徳

子供の生活から最高の文化的業績に至るまでのすべてを貫いて、最も強力な自己および自己集団の完成を目ざす原動力として働くのは、自らの優越性のゆえに讃えられ名声を得たいと思う願望である。人は互いに相手を讃え合い、自分自身をも讃えているのだ。人は自己の徳性によって名声を得ようとする。立派にやり遂げたことで満足感を得ようとする。立派にやり遂げるとは、つまり、人よりよくやったという意味だ。第一人者になるためには、第一人者がはっきりしなくてはならない。つまり、第一人者を示さなくてはならない。この優越を実際に示すために役立つのが、競争であり、試合である。

まだ文明化しない原始古代的《アルカイック》社会においては、尊敬されるにたる徳とは、最高神の権威にみちた掟ではかられる道徳的完全さというような抽象的理念ではない。徳《デウフト》（deugd）という言葉は直接にその動詞形《デウヘン》（deugen）の語根のもつ意味に対応する。つまり、それは何かを成し遂げる能力がある、それなりに真正かつ完全である、ということだ。同じようなことが言えるのは、ギリシア語の徳《アレテー》（ἀρετή, aretē）と中高ドイツ語の徳《テューゲンデ》（tugende）の概念だ。それぞれのものがそれぞれのアレテー、つまり、その徳性をもっている。馬も犬も眼も斧も弓も、みなその独自の徳をもっている。力と健康は身体の徳であり、知恵と洞察力は精神の徳だ。アレテーという言葉は最上、最優秀を意味するアリストス（ἄριστος, aristos）と関係がある。[34] 高貴な人間の徳は戦ったり命令したりすることを彼に可能ならしめる独自な力の綜合である。その中には自ら寛大さ、知恵、正義なども加わる。多くの民族において、徳にあたる言葉が男らしさの概念を土台にして生まれていることは、どこからみても自然なことだ。たとえば、ラテン語の徳《ウィルトウース》（virtus）だが、これははなはだ長い間、勇敢さをその第一義としていた。同じことはアラビア語の徳《モルア》（morou'a）についても言える。これはギリシア語のアレテーにはなはだよく似ており、力、勇気、富、仕事の切り回しのよさ、醇風美俗、雅びやかさ、気高さ、気前のよさ、雅量、そして道徳的完全さなどの諸徳目をすべて含んでいる。一般に未開で古風な人生教育の概念の中で、戦士的貴族的な血統を重んずる生活の基礎の上に花を咲かせるのは騎士道と騎士的精神の理想である。それはギリシアにおいても、アラビアにおいても、日本においても、あるいは中世キリスト教世界においてもそうだった。そして常に男らしい徳の理想は名誉、すなわち、原始的な、鮮やかに人目に立つ名誉の承認およびその主張と密接不可分に結びついている。

　アリストテレスにおいてもまた、名誉は徳のかち得た褒賞である[35]。彼は名誉を徳の目的とも基盤とも考えず、その天然の尺度と考えている。「人間は自己独自の価値、自己の徳について確信を得ようとして名誉を追求する。彼らは名誉を知る賢人から現実的価値の基盤に立ってほめたたえられたいと努力する[36]」。徳、名誉、高貴、名声ははじめから競争、つまり遊びの領域内にあった。若い高貴な生まれの戦士の生涯は絶えざる徳の実践と自らの高い地位にふさわしい名誉のための戦いである。ホメロスのいう「常に最上のものであれ、また他者より優れたものであれ[37]」という言葉はこの理想を完全に言い表わしている。この叙事詩の興味の的は戦争経過にあるのではなく、むしろ個々の「英雄らしい行為《アリステイアー》」(*ἀριστεία*, aristeia) にある。

　高貴な生活を目ざす修練から成長発展するのが、国家に生き、国家に尽くす生活を目ざす教育である。この関連性においてもギリシアの徳《アレテー》はまだ純粋に倫理的な響きをもつに至ってはいない。それはポリスの使命にそう都市国家市民の有能さといったものにとどまった。それでも競争による訓練の要素はその重要性をまだ少しも失ってはいなかった。

貴族はその徳によって立つという理念は初めからあらゆる観念に含まれているが、その徳の概念は文化発展の度合によって少しずつ異なった内容をもつに至る。それは倫理的、宗教的高さにまで到達する。かつては徳の理想を満たすためには、ただ純粋に勇敢であり、かつ、名誉を保つのみでことたりていて、またその使命に忠実に従うことを天職と考えていた貴族も、今や、一方では騎士の理想そのものにより高い倫理的内容をつけ加えねばならなくなったが、悲しいことにそれは実際には全く失敗に終わってしまう。あるいは他方、もう一つの道として高い地位と汚れなき名誉にふさわしい見かけのすばらしさを豪華絢爛たる宮廷儀礼で磨き上げることにより自己満足するしかない。この慣行こそ、そもそもの初めから彼らに固有のもので、しかも最初は文化創造の機能を代表していた遊びの性格をなおわずかに残すものとなった。

## 悪口トーナメント

高貴な人は彼の徳を力、器量、勇気によって、あるいは理性、知識、技能によって、さらにはまた富や気前のよさといった行動の実例で立証する。あるいは結局、これを言葉による競争でする。つまり、競争相手にまさりたいと思う徳性をあらかじめ吹聴し、後から詩人や伝令使をして讃美せしめるという方法をとる。こうして競技の形で自己の徳を吹聴自慢することは、当然相手への侮辱になる。この侮辱もまた競技として独自な形をとる。そしてこの自慢くらべや悪口競技が実にさまざまな文化の中に浸透して、いかに特殊な役割を果たしているかはまさに驚くべきものがある。この悪口合戦をなにはともあれ遊びの形式として性格づけるのには、幼い子供の時のふるまいを思い出してみれば十分である。意図的に行なわれた自慢くらべや悪口の言いくらべと、一方、武器を振るっての戦闘の皮切りとなったり、もしくはその間のべつまくなしに続くからいばりとは必ずしもはっきり区別されない。古代中国の文献に現われた野戦は大ほら吹き、気高い勇気、忠誠心の誇示、そして侮辱などの複雑怪奇な混合体である。それは武力によるのではなく、むしろ道徳的価値の競争であり、対抗する名誉心の衝突である。[38] あらゆる種類の特殊な行為が、それを行なう人、もしくは見せつけられる人の名誉もしくは侮辱のしるしとして、技巧的な意味をもっている。ローマ史の発端において、レムスが行なった死に至る跳躍のような、競争相手の城壁に対する軽蔑的ふるまいは中国の戦史の中でも、免れえない挑戦のしるしだった〔『春秋左氏伝』襄公一八年晋の州綽が斉の都を攻めた時の話。竹内照夫訳には「州綽は東門を攻めたが、左の副馬がそれ、車は門の中を引きまわされたが、その間に綽は門の戸の鋲の数を読んでいた」とある（平凡社『中国古典文学大系』二五七ページ）〕。たとえば、ある戦士が歩み寄り静かに騎馬用のむちで敵の城門の板を数えたのもそうだ。[39] これとはなはだよく似ているのは、モーの市民が攻囲軍の砲撃が終わると城壁の上に立って帽子の埃を払ったという例だ。こうしたことは後で戦争の闘技的要素を語る時に再び取り上げるはずだ。ここではルールにのっとった「ほら吹きごっこ」(joutes de jactance) を問題にしなければならない。

あえて言うまでもないことだが、ここでは誰もがポトラッチの現象に近いものへと絶えず変わってゆく。富と浪費の競争と自慢くらべの競争の間で二つを結びつけるものとしては、次のようなことがあげられる。マリノフスキの伝えるところによると、トロブリアンド島民の間では食料品はただその効用によって尊ばれるのみならず、また、その富を誇示する手段でもあるがゆえに尊重される。彼らのヤムイモ小屋はその中にどのくらい入っているかを外から見はからうことができるように作られていて、さらに、横木の広いすきまからその内容の質を判定しうるように建てられていた。最上の品は一番目につくところに置かれ、特に大きい見本は別に枠で囲われ、色を塗って飾られ、倉庫の外に吊り下げられた。もし村に強大な部族の長がいれば、一般の人は自分の倉庫を椰子の葉でおおい隠し、長とは張り合わないようにしなければならない[40]。中国の伝説に伝えられる悪逆の帝王紂王《ちゅうおう》の話の中に、こうした習慣の反映がみられる。彼は食料を積み上げて山を築き、その上を車で乗り回せるようにならした。あるいは池を掘らせて酒で満たし、船を浮かべることができるようにした[41]。ある中国の著作家は、民衆の間での自慢競争に伴って起こる浪費を描いている[42]。

中国では名誉を競う競争はありとあらゆる形式で行なわれるが、特に品位のある礼節の競争は独特の形式を保っている。それは「他人に譲る」という意味の譲という言葉で表わされる[43]。人は相手に席を譲ったり、先に行かせたりする気高い形式で相手に優越する。雅びな作法の競争はおそらく中国以外のどこにおいても、これほどはなはだしく形式化されることはなかったが、しかし、どこにもあることはあるものだ[44]。それは明らかに自慢競争の逆立ちしたものと呼んでいい。他人に対して誇示された礼節も元をただせば自己自身の名誉感が土台になっている。

けなし合いの競争は古代アラビアの異教時代には重要な役割をもっていた。いわゆるポトラッチの一部をなす所有物破壊競争との関連性は明白だ。我々はすでに「モアーカフ」といって、競争相手が自分のラクダの腱を切る風習をみてきた。モアーカラという言葉の基になる動詞の基本形は傷つけるとか、障害を与える、という意味である。モアーカラの意味は「誹謗と軽蔑の言葉で相手と争う」ことで、これは我々に、破壊競争を自慢くらべと呼んでいたエジプトのロマを思い出させる。イスラム以前のアラビア人はモアーカラのほかに誹謗と挑戦競争についてさらに二つの専門用語、すなわち、「モナーファラ」(monāfara) と「モファーカラ」(mofākhara) をもっていた。この三つの言葉が同じような方法で作られたことは注目してよい。それは動詞の第三形から転化した動作名詞である。このことが問題の最も重要な点である。アラビア語では動詞がある特殊な変化形式をもっていて、その形式はそれぞれの言葉に、何かで競争するとか、何かで他人にまさるという意味をつけ加えるようになり、基本形の動詞のいわば最上級ともいうべきものとなる。そのうえ、また第三形から導き出された第六形は行為の相互的繰り返しの意味をもつ。そこで「ハサバ」(ḥasaba) という語根は、数えるの意味だが、「モハーサバ」(mohāsaba) は評判を数え上げる競争の意味である。「カタラ」(kathara) は数で優る意味だが、「モカータラ」(mokathara) は数量での競争の意味だ。とにかく、「モファーカラ」は名声、自画自讃、自慢などの意味をもつ語源から発しており、「モナーファラ」は打破、潰走せしめるといった意味の領域から発している。アラビア語では称讃、名誉、徳、名声などは、ちょうどギリシア語の同じような言葉が「アレテー」を中心として集まっているのと全く同じように、一つの意味領域の中に統一されている。(45) アラビア語の場合、この中心となるのは「イルド」(ird) という言葉だ。これは訳すとすれば名誉というのが精いっぱいだが、それもきわめて具体的な意味としてとらえた場合のことだ。高貴な生活に最高に必要なのは、彼の「イルド」(名誉) をそこなわず、安全に守るべき義務だ。これに対し、相手のはかりごとは侮辱によってこの「イルド」(名誉) を傷つけ、泥を塗ろうとする。ここでもギリシアの場合と同じく、身体的、社会的、道徳的、知的優越は名声と名誉の基礎であり、したがって徳の一要素である。人は勝利や自己の勇気を自慢する。そして親戚の多いこと、子供のたくさんいること、気前のよいこと、力、視力の鋭さ、髪の美しさを吹聴する。これらがすべて綜合されて、「イッズ」('izz) もしくは「イッザ」('izza)、つまり他人への優越、傑出が形成される。さらにこのことから力、威信が生ずる。自分が「イルド」を吹聴している時に相手が投げつける悪罵と嘲笑は重要な役割をになっており、専門用語で「ヒジャー」(hidjā 諷刺) と呼ばれる。「モファーカラ」と呼ばれる名誉の競争は一定の時期に年の市と並行して、また巡礼行脚のあとで行なわれる。その時、種族、氏族、個人を問わず、なんでも競い合うことができる。非常に多いのは二つのグループがぶつかって、名誉の競争を始めることだ。この場合、たいせつな役を果たすのは詩人か喋り役だ。グループには公認のスポークスマンがついている。この風習は明らかに祭礼風の性格をもっていた。それはイスラム以前のアラビア文化がもっていた強い社会的緊張を定期的に生き生きと甦らせた。新たに勃興したイスラム教はこの風習に反対し、新たに宗教的傾向を装わせるか、あるいは、宮廷の社交的気ばらしに交換し弱体化していった。異教時代には「モファーカラ」(名誉の競争)はしばしば殺人や種族同士の戦いを引き起こす始末だった。「モナーファラ」という言葉は特に二つのグループの名誉に関する競争を裁判官、あるいは審判員の前で行なう形式をさして使われる。この言葉の語源となる単語は決定とか判決という意味に結びついている。それは賭けとして行なわれ、時には一つのテーマが決められた。たとえば、一〇〇匹のラクダを賭けてどちらの方がより高貴な血統かを論じあう競争があった。[46] 法廷におけると同じように、二つのグループは交互に立ったり、座ったりするやり方をとった。また印象を深めるため横に宣誓補助人が立った。しかしながらイスラム時代に入ると、しばしば審判員が拒否をするようになる。人々はこの争いごとの好きな二組を「好んで悪をなす馬鹿と馬鹿」と言って嘲笑した。時に韻をふんだ「モナーファラ」の行なわれることもあった。はじめ、「モファーカラ」(名誉の競争)を行なうためのクラブがあったが、やがて、お互いにけなし合いを始め、とうとう最後に剣で争うまでになってしまった。[47]

ギリシアの伝承の中には儀式的、および祭礼的な悪口の競技会の無数の痕跡が見られる。

「イアムボス」（iambos　短長格の詩・諷刺詩）はもとは嘲弄、冗談を意味し、特に公然たる諷刺や口ぎたない戯れ歌と関係があったが、その演奏はデメテルやディオニソスの祭りの一部をなしていた、と一般に認められている。この公然たる嘲笑の領域からアルキロコス〔ギリシアの抒情詩人。前七一二～前六六四。諷刺詩をつくる。遍歴の末傭兵となり戦死〕の痛烈な皮肉の詩が生まれた。これは音楽の伴奏をつけて対抗試合で朗誦されるものであった。このように「諷刺詩《イアムボス》」は原始の祭礼的な民衆の風習から発展して、公開の場の批判の手段となった。女性罵倒の主題もまたデメテルやアポロンの祭りで互いにかわるがわる歌いかわした嘲笑の歌の名残りを意味するかと思われる。プソゴス（ψόγος　悪口雑言）という公開競争の祭礼的遊びはこれらすべての一般的基礎であったに違いない[48]。

　古代ゲルマニアの伝承はアルボイン王〔ランゴバルト族の王。五六七年にゲピド族を破りその王女ロザムンドを妃としたが、のち、ロザムンドにより暗殺された。五七二年没〕の物語の中でゲピド族の宮廷における国王臨席の宴会の際のこととして悪口競争のはなはだ古い名残りを伝えている。これはパウルス・ディアコヌス〔ランゴバルト貴族、歴史家（七二〇頃～七九七頃）。『ランゴバルト史―その起源から七四四年まで―』を著わす〕によって明らかに古い英雄伝説から収集されたものだ[49]。ランゴバルト族の人たちがゲピド族の王、テュリシンドから宴会に招待された。王がランゴバルトとの戦いで戦死した王子テュリスモドを歎くと、もう一人の王子が立って、ランゴバルト族の人たちに侮蔑の言葉を浴びせ始めた。彼はランゴバルト族の人たちを白い足の牝馬どもと呼び、さらに彼らは鼻もちならない、とつけ加えた。そこでランゴバルト族の一人が答えて、「さればアスフェルドの野に出てみよ。そこで汝は、汝が牝馬どもと呼んだものがいかに勇敢に戦うすべを知るかを悟り、また、汝の兄弟の骨が荒野に捨てられたひねくれかぶらのごとく散在するのをはっきりと眼にするであろう」と言った。そこで王はこのがっぷり四つに組んでののしり合う連中を制して引き分け、「そして彼らは宴会を楽しく幕とした」。この最後の言葉は明らかに侮蔑し合う口論合戦のもつ遊びの性格を示している。古代北欧文学は「男くらべ」(mannjafnaðr《マンヤフナズ》)という特殊な形式の風習を伝えている。これはちょうど誓いを立て合う競争と同様に慣習として冬至祭の一部をなしていた。その著しい例はオーヴァル・オッドの伝説が示してくれる。オッドがこっそりある見知らぬ国王の宮殿に滞在し、そこで自分の首を賭けてそこの国王の二人の家来と酒の飲みくらべをする。相手がさし出す角の盃を飲みほすたびに、お互いに相手が炉ばたで女どもとけがらわしい楽しみに耽っていて参加しなかった戦いにおける己れの勲《いさお》しを誇り合った[50]。時には二人の王が互いに自慢話で立ちまさろうとする。エッダ伝説の一つである『ハールバルズの歌』はオーディンとトールをこのような競争で対抗させている[51]。ロキとアーゼの神々が酒宴の席上で行なった時の「ロキの口論」と呼ばれる論争[52]もこの系列に属する。この喧嘩が宗教的性質をもっていることは次に示すことで明確だ。つまり、この宴会の行なわれた広間は「偉大な平和の場」(griðastaðr mikill《グリザスタズ・ミキル》)であり、そこでは誰も他人にその言葉のために暴力に訴えることは許されない。またもし、こうした例のすべてが昔ながらのテーマを文学的に潤色したものだとしても、宗教的背景はそれを後世の詩的空想の問題としてかたづけることにはあまりにもはっきりと眼に映りすぎる。古代アイルランドの伝説で『マク・ダソの豚』や『ブリクレンドの祭り』の話は『男くらべ』とたいへん似た話である。デ・フリースは『男くらべ』が疑いなく宗教的観念から発していると考えている。[53] 一般に人々がこのような悪罵にどれほど多くの重要性を付しているかは、ハラルド・ゴルムソン〔デンマーク王。九一〇頃〜九八六頃、ハラルド一世（青歯王）。ゴルムの息子。九六六年、キリスト教の洗礼を受ける。北はノルウェー、東はオーデル河口まで支配した〕の場合に明らかである。彼はただ一つの軽蔑の詩のためにアイスランドへの復讐の遠征を敢行しようとした。

古代イギリスの叙事詩『ベーオウルフ』では主人公はデーン人国王の宮廷でウンヴェルズから挑戦を受け、自分の今までの武勇談を一席披露している。古代ゲルマンの言語は互いに誇示しあい、自慢しあい、悪罵しあう。このような儀式的討論のやりとりについて、たとえそれが武器をとっての戦いの序曲であろうと、またそれを武装踊りと結びつけた祭りや宴会の一部をなすものであろうとおかまいなく、そのための特別な言葉としてすなわち、「イエルプ」(gelp)、「イェルパン」(gelpan) をもっている。この名詞は古代英語では栄光、自慢、高慢、大言壮語、不遜を意味し、中高ドイツ語では叫び、嘲笑、軽蔑、誇示を意味する。英語辞典は今ではもう犬が吠えるという意味にしか使われない「イエルプ」(yelp) という言葉に、古い昔の意味として動詞では「讃える」、「褒める」、名詞では自慢、うぬぼれ、といった意味を与えている。[54] 古代フランス語でこのゲルマン語の「イエルプ」、「イェルパン」に部分的に対応するのは、語源の定かでない「ガブ」(gab)、「ガベ」(gabər) という言葉だ。「ガブ」は嘲笑、冗談、軽蔑を意味し、特に戦争の序盤戦や宴会の添え物をも意味する。「ガベ」は一種の芸術的技能と考えられる。カール大帝が一二人の勇士を連れてコンスタンティノープルの皇帝のもとで食事をともにした後、一二の寝台の整えられてあるのを見たが、眠る前に、カール大帝の提案によって「ガベ」(冗談) に熱中した。まずカール大帝自身が行ない、次いでローランの番になった。彼は気負ってそれを引き受け、次のように言った。「ユーゴー王をして私のために角笛を貸し与えさせ給え。さすれば、私は町のはずれに行って力いっぱい吹きならしますほどに、すべての戸口の蝶番は吹き飛びましょう。そこへ、王が私を捕らえに来ますなら、彼をぶん回し、その勢いにて彼のアーミン毛皮の外套を素っ飛ばし、彼の山羊髭に火をつけてお目にかけましょうものを[55]」。

ジョフロア・ゲマルのイングランド王ウィリアム二世赤顔王《ルーファス》〔一〇五六頃〜一一〇〇。厳格な統治で嫌われた。暗殺されたといわれる〕に関する韻文年代記は、この王の命を奪った「ニューフォレスト」の森における不吉な狙撃の少し前に、王と彼の殺し役になるはずのウォルター・タイレルとの間にかの自慢話を繰り広げしめている[56]。どうも後になると、このような悪罵と自慢の因襲的な形式を馬上槍試合の際の紋章官が一人じめに踏襲することになったらしい。彼ら紋章官は彼らの集団に属する勇士の武勲を自慢し、その先祖を誇り、時には婦人を嘲けったりした。そのおかげでわめき屋とか、やとわれ乞食として軽蔑された[57]。一六世紀には人々はまだ基本的には変わらずに続いていた「ガベ」を社交的遊びとして知っていた。たとえばアンジュー公はこの遊びが『アマディス物語』の中に書かれていることに着目し、それを宮廷の従臣たちと一緒に遊んでみようと決心した。ビュシー・ダンボアーズはいやいやながら大公へ言葉を返すのが精いっぱいだった。その規則はちょうどロキがエギルの広間で悪口の競争をやった時のそれに似て、すべての参加者は平等でなければならないし、どんな言葉も悪くとってはいけない、ということになっていた。にもかかわらず、この遊びは卑劣な陰謀をはかるきっかけとなった。それを使ってアンジュー公はビュシーその他のものを破滅に追いやった(58)。

## 文化要素としての闘技的原理

社会生活の主要な要因としての競争というイメージは古くからギリシア文化全体に関する我々の観念と結びついている。社会学と民族学が闘技的要素のもつ特異な意義を一般的に明確にするよりはるか以前に、ヤーコプ・ブルクハルトは「闘技的」(agonal)という言葉を作り出し、それをギリシア文化の特徴の一つとした。しかし、ブルクハルトはこの現象の普遍的な社会学的基盤までは知らなかった。彼は闘技を特殊なギリシア人的特徴としてとらえねばならぬし、また、その活動はギリシア文化のある特定の時期に集中していると思っていた。彼の見解によればギリシア人の発展の過程は、まず英雄的人間、次いで「植民的、闘技的人間」が現われ、紀元前五世紀的人間が続き、さらに紀元前四世紀からアレクサンドロス大王時代までの人間、その後にヘレニズム時代の人間が来る。(59) 彼のいう植民的、闘技的時代はだいたい紀元前六世紀をさす。こうした考え方には最近その模倣者が現われた。(60) ノルクハルトは「闘技的なもの」(das Agonale) を「他のいかなる民族にも知られない衝動力」と呼んだ。(61) もと講義として行なわれ、彼の死後に講義ノートから『ギリシア文化史』として出版されたかの大著は一八八〇年の頃のものであり、その当時はまだ一般社会学が民族学的素材を取り扱うことは全くなく、民族学さえはなはだ限られた面で部分的に知られていたにすぎない。ところが、エーレンベルクが今日なおこの見方をとっているのは、なんといっても異様である。彼もまた闘技的原理を特にギリシアにのみあるものとするのだ。「それはオリエントにとっては見知らぬものであり、相容れぬものだ」。「聖書の中に闘技的要素を求めてもむだである」。(62) しかし、我々はすでに今までにあまりにもしばしば極東、『マハーバーラタ』のインド、未開民族の世界などについて語ってきた。だからいまさらここでまたこのような発言を論破する必要はない。遊びと闘技的戦いとの結合の確たる実例を我々はほかならぬ旧約聖書の中にも見つけている。(63) ブルクハルトは未開民族にも野蛮人にも競技が行なわれていることを認めながら、それにはあまり大きな意味を与えなかった。(64) エーレンベルクはこの見方をさらに押し進め、いってみれば確かに闘技的なものを「一般的な、人間的な特性だが、しかしそうしたものとしてはそれは歴史的には興味のないもので、無意味である」、としてしまうのだ。神聖な、もしくは呪術的な目的のための競技を彼は観察の枠外に置き去りにする。そして、さらに、ギリシアに関する資料を「民俗学的に」取り扱うことには反対であるとまで公言する。[65] 競技の衝動は、エーレンベルクによれば、「ギリシア以外ではほとんどどこにおいても社会的および超個人的な特定の力になったことはなかった」[66]。後になってはじめてエーレンベルクはアイスランドにおけるギリシアと瓜二つの現象にしだいに注目するようになり、それに一応の意義を認めてよいと考えるようになった[67]。

エーレンベルクはまた、ブルクハルトに従ってギリシア英雄時代に続く一時期に闘技の概念を集中させて考えているが、なおそれとともに、その際、英雄も闘技的特徴をすでにここかしこに示していたことを認めている。彼によれば、トロヤ戦争はまだ全体的に見て闘技的性格をもつに至っていない。「戦士階級を英雄視しなくなる」につれ、はじめて、闘技的なものの中にその代用品を見いだそうとする努力が払われた。つまりそれは、第二次的手段としてはじめて作り出されたもの、文化の後期の段階の産物として考え出されたもの、だと説く[68]。これらはすべて多かれ少なかれ、ブルクハルトの断定、「戦いに明け暮れるものにはトーナメント競技の必要はない」、によっている[69]。しかし、この断定は、少なくともすべての原始古代《アルカイック》的文化の段階についていうとなれば、社会学や民族学から完全に誤りであるとされている。一応はオリンピア、イストモス、デルフォイ、ネメアにおける全ギリシア統一の競技によってはじめて競争が二、三百年間も続くギリシア社会の生活原理となったことは、ほぼ確かだといって言えないことはない。ただ、絶えることを知らない競技の精神は、それ以前にも、それ以後にも、ギリシア文化を支配していた。

ギリシアの闘技はごく表面的に判断すればまるで民族の純粋なスポーツの祭典としか思わ

れないこともあるが、そんな時でもはなはだ密接に宗教と結びついていた。ピンダロスの勝利の讃歌はまさしく彼が多作した神を讃える奉献詩のジャンルに属するものだ。そしてこの詩はその中のわずかに残る一部にすぎない(70)。闘技の聖なる性格はいたるところに明らかだ。祭壇の前で苦痛に耐えるスパルタ少年の競争は、どこにでもある未開民族でみられる成年式の苦しい試練とぴったり関連している。オリンピック競技のある勝者は彼の祖父に新しい生命の力を吹き込んだという(71)。ギリシアの伝承では競技を分けて国家、戦争、法に関する競技とか、あるいは力、知恵、富についての競技というように区別している。この二つの区分法は初期の闘技的世界をなんとなく反映しているように思われる。裁判官の前で行なわれる訴訟がアゴーン（闘技）と呼ばれていても、それはブルクハルトが考えたような(72)後世の意味転化ではなく、反対に、これらの概念が大昔から密接に結びついていたことによる。法的行為はかつてまさしく真のアゴーン（闘技）であった。

　ギリシア人はなんでも争いの種になりうるものはすべて対抗試合の形に仕立てるのを常とした。男性美のコンテストはパンアテナイアおよびテセウスの祭りの一部となっていた。饗宴では人々は互いに歌、謎かけ、不眠、飲酒を競い合った。この最後の飲みくらべですら聖なるものとの関係は続いていた。「大酒飲み《ポリユポシアー》」と「生の酒飲み《アクラトポシアー》」はコエの祭り（神酒灌奠祭）〔二月一二日、バッカスを祭る〕に加えられていたコンクールである。アレクサンドロス大王はカラノス〔アレクサンドロスのインド遠征にしたがったインド人哲学者。病を得て、自ら薪を積み、その上に横たわり、火を放って死んだ。プルターク『アレクサンドロス伝』六九〜七〇ページ」が死んだ時、その死にざまを体操と音楽の闘技《アゴーン》でほめたたえ、おまけに最も豪胆な酒飲みには賞がかけられた。その結果、これに参加したもののうち、三五人はその場で死に、その後、六人が続いて死んだ。この中には優勝者も入っていた。(73) 食物や酒を大量に飲み込む競技はまたポトラッチとの関連性を思わせる。

エーレンベルクは闘技概念をはなはだ狭義に解釈しすぎたため、ローマ文化の性格は反闘技的であると考えるにいたった。(74) 事実、自由人同士の競技はローマではほとんど認められない。しかし、それはローマ文化の全構造の中に闘技的要素が欠けていたことを物語るものではない。むしろ、ここでは競技の要因は早くから戦いに参加することから転じて、このために指名された別人の決戦を観戦することに移ったという特異な現象を取り扱わねばならない。疑いもなくこの変化はローマ人の間に特に深く闘技の祭儀的性格が残されていたという事実と関連している。なぜなら、この代理人を立てて行なうということは祭礼では古くからいつも決まっていたことだ。たとえ、剣奴の戦いや野獣の戦い、そして戦車競走などはすべて奴隷によって行なわれたとしても、それはやはり闘技の世界に属していた。「闘技《ルーディー》」が特定の祭りに付随して行なわれない場合には、それは誓いをかけて行なわれる「奉納試合《ルーディウォーティーウィー》」(ludivotivi)であり、通常、故人の名誉のため、もしくは特別の場合には神の怒りを静めるためのものだ。ほんのちょっとした違反や、あるいは全くの偶然の手違いでも祝典全体がけがされてしまう。このことからも、この行為の神に献じられた性格が示される。

ここでたいへん大切なことは、この血なまぐさく、迷信的で、自由のない性格をもつ剣奴の死闘に、一般には単純な遊びを意味する「ルードゥス」(ludus) という言葉が、しかもその言葉のもつ自由と愉悦の味わいを残したまま使われていることだ。これをどう考えたらいいのだろう。

エーレンベルクがブルクハルトから引き継いだ考え方によると、ギリシア社会はまず原始古代的《アルカイック》、英雄的文化時代を経て、二番目にすべてを支配する社会原理としての闘技的なものへ移っていく。その間にギリシア社会は真剣勝負の闘争で最善の力を出し切ってしまう。これすなわち、「戦いから遊びへ[75]」の移行、つまり堕落である。奢れる闘技的なものが長く続くほど、かえって堕落するのは論をまたない。闘技は実際上は目的なく、意味もないので、結局、「生活、思想、行為のあらゆる重圧に肩すかしを食わせ、なじみのない規範のすべてに無関心となり、ただ一つの意志、つまり勝ちたい気持ちのための浪費にすぎなくなる[76]」。この文章の最後のあたりはまさしく本当だ。しかし、事実の起こる順序はエーレンベルクの指摘とは異なる。そこで、闘技的なものが文化に対してもつ意義の十全の定義は全然別に言いかえられねばならないだろう。それは「戦いから遊びへ」でも、「遊びから戦いへ」でもない。それは「競い合う遊びの中で文化へ向かうもの」だ。その際、時々だが競技は文化生活を飛び越えて激化し、それとともに遊びとしての、奉納的な、また文化的な価値を失い、純粋な対抗意識の激情に堕してしまうこともある。しかし出発点はほとんどまだ子供子供した遊ぶ心でなければならない。それは種々の遊びの形式に姿を変えて現われる。たとえば、規律ずくめだったり、「日常生活」と切り離された行為だったりする。そこでは、リズム、交代、対照的クライマックス、それに調和などの生まれつき備わっている要求がどしどし開発されていく。名誉、誇り、優越、美に向かって努力する精神もこの遊ぶ心に伴われて登場する。あらゆる神秘的なもの、魔術的なもの、英雄的なもの、音楽的なもの、論理的なもの、造形的なものが高貴な遊びの中に形式と表現を求めている。文化は遊び「として」、もしくは遊び「から」始まったのではない。いうなれば、遊びの「中で」始まったのだ。文化のもつ対抗的、闘技的基盤は、あらゆる文化よりも古く、より根源的な遊びの中にすでに存在している。ところで我々の出発点、ローマの闘技《ルーディー》（遊び）に帰ると、ラテン語が祭礼的競技をただあっさり遊びと呼んでいたとき、それはこの文化要素の特性を可能な限り純粋に表現しているのである。

どんな文化の発展段階を見ても、闘技的機能と構造はすでに原始古代《アルカイック》的時代に最も明確な、またしばしば最も美しい形をとっている。文化素材が複雑化し、多様化し、めまぐるしくなるにつれ、また生産生活や社会生活、それに個人ならびに共同生活の技術がより緊密に組織されるにつれ、古い文化の基本的土台はしだいに理念、体系、概念、学説と規範、知識、礼儀作法といったもの、つまり、遊びには全く関係をもたなくなったと思われるものによっておおわれていく。文化はしだいに真面目なものとなり、やがて遊びにはほんの付随的役割しか残されなくなる。闘技の時代は過ぎ去った。あるいは、過ぎ去ったかのごとく見える。

これから順を追って主要な文化機能の中の遊びの要素を観察していくのだが、その前に今一度、我々ははっきりした遊びの形式の一群を大観しておこう。そこにおいて我々は原始古代的文化と遊びとの関連性をはっきりさせようと努めたが、その際、我々にはいかに対抗競争というどこへ行っても全く変わりばえのしない同一の観念や習慣の観念複合体《コンプレックス》が古代の社会生活の領域を支配しているかに目を見張る。明らかにこの闘技的形式は特定の民族に本来そなわる、それぞれの特有な信仰観念からは独立している。闘技的形式がもつ同質性の最も適当な説明は、常により高いものに向かって努力する人間性そのものの中に潜んでいる。たとえ、そのより高いものが現世的名誉や卓越であろうと、あるいは、現世的なものに対決しての勝利であろうと、それはかまわない。人間がこうした努力を現実化する時の本来生得の機能が遊びなのだ。

我々がこれまでしかと眺めてきた文化現象の中で遊びという特質が真に第一の本源的なものであるならば、ポトラッチやクラ、交唱歌、悪口競争、からいばり、流血の闘技など、すべての形式相互の間でどこかはっきりした一線を画すようなことはしない方が、論理的でもある。このことは我々がこれから種々の文化機能について個々に考察を加えていくにつれて、より明らかになるだろう。まず我々は遊びと法の関連について語ることにする。

# 第四章　遊びと裁判

## 競技としての訴訟

ちょっと見ると、法、条令、裁判などの世界は遊びの世界とははるかにかけ離れている。法および裁判に関係することすべてを支配しているのは、個人およびその社会の神聖な生真面目さとか生活にまつわる利害関係だ。法、正義、条令などの概念を表わす言葉の語源的基礎は、置くこと、確立すること、指定すること、集めること、保持すること、秩序、受納すること、選択すること、分類すること、蒐集すること、同一証明すること、連結すること、習慣化すること、定着すること、といった領域の中にある。これらは遊びについての単語群を生み出した語義的領域とはほとんどまるで逆の観念だ。しかし、我々が今までに見てきたように、行動の神聖さや真面目さは決して遊びの性質を締め出してしまうものではない。

法と遊びを関連させる可能性は、たとえ法の理想的基盤がどのようであれ、一度、法の実施面、つまり訴訟の面に眼をやって競争的性格がふんだんに固有のものとして備わっていることに着目すれば、たちまち了解される。競争と法律制定との関連性はすでに前述のポトラッチの叙述の際にも触れたが、それはダヴィによって純法制史的立場から合意と義務負担の原始的体系の起源として取り扱われている。[1] ギリシア人の間では裁判ざたになる原告被告の争いはアゴーン〔闘技〕、つまり確たる規則に縛られた闘争とみなされ、その時、相分かれて戦う両派は聖なる形式にのっとって調停人の判決を乞い求める。競技としての訴訟という考え方は最近になっての概念の発展、転化と考えることはできないし、まして、エーレンベルクが考えているらしい堕落ともいえない。[2] それとは逆に、この訴訟の競争的本質からすべての発展が始まるのであり、しかも、この競争的性格は今日までその中で生きている。

　競争を語る人は遊びを語る人である。前に述べたように、どんな競争であれ、そこに遊びの性格を否認するにたる十分な理由は存在しない。遊びの性格にせよ、競争の性格にせよ、いずれもが、それぞれの社会で裁判に必須とされる神聖な性質にまで高められてはいるが、今日なおそれらは法律生活のあらゆる形式の中に浸透しているのが見受けられる。裁判は「法廷」で行なわれる。この法廷はかつて言葉の全き意味において今なお常に「聖なる円陣」（ἱερὸς《ヒエロス》 κύκλος《キュクロス》〔hieros kuklos〕）であり、その中にはちょうど、アキレスの楯〔アキレスの大楯の表に刻んだ絵模様の一場面で、人々が裁判しようと集まり、その中心で長老が神聖な円陣の中の磨いた石の座にすわって裁きを述べる〕の上に描かれているような姿[3]で裁判官が着席している。判決が下される場所はどこも真の「聖域」（temenos）であり、日常の世界から切り離され、仕切られている。人々は訴訟〔オランダ語の訴訟 vierschaar は四つのロープ、もしくは四つのベンチの意〕の場に綱を張り、次いで魔よけのお祓いをする。

法廷はまさしく正真正銘の魔力の磁場であり、遊び場である。その中では日頃の人間同士の位の違いはその間だけ解消される。人はその間だけ犯されえない特権をもつ。ロキの神は悪口競争に火をつける前に、それの行なわれる場所が「偉大な平和の場」であることを確かめた。(4) イギリス上院は今日でも基本的には裁判所である。そこでは本来何もすることのない国璽尚書の座席、一名「羊毛袋《ウールサック》」は、「専門的には議会構内の外にあるもの」と考えられている。

しかも、裁判官は判決を下す前にすでに日常生活から一歩踏み出している。彼らは法服を着たり、かつらを着けたりする。これらイギリス法曹家たちの服装が語義的意味において探究されたことがあるかどうか、私は知らない。ただ、私の気がつくことは、一七〜一八世紀のかつら様式との関係は付随的なものにすぎない、ということだ。本来、かつらは古いイギリス裁判官の標識であった「コイフ」(coif)、つまりその淵源に遡った形ではぴったりした白頭巾で、今でも小さな白い縁飾りとしてかつらの下についているものと対をなすのだ。しかし、裁判官のかつらは、たんに古い官職の遺物というより、それ以上のものでもある。その機能において、それはむしろ未開民族の原始的な踊りの仮面と密接な関係をもつことが注意されねばならない。仮面をつければ、その人は全くの「別な存在」になる。イギリス人は一般に彼らの独自の伝統に対する尊重の念が強く、まだたくさんの別の古い特徴を法の中に残している。スポーツやユーモアの要素は法手続の中で特に大手を振って現われたが、これは一般的な法律生活の基本的特徴に帰せられる。事実、オランダの国民意識の中にこの特徴が全く欠けているわけではない。「粋なスポーツにしてしまいましょうや」と言ったのは、禁酒時代のアメリカで取り調べにあたる税関吏に呼ばれた密輸業者であった。スポーツ性はネーデルラントの警察ざたにも同様に現われる。ブラバントのある密輸業者が故意に警察官を轢き逃げしようと企てたこと[5]について、立ち上がってこう言った。

「お巡りさんを避けるために、私はもっと左へ回り込んでましたよ」

警察官はこれを認めなかった。

嫌疑者いわく。

「こうなればあなた、フェアに、スポーツ的でなければいけませんよ」

昔、裁判官だった男が私にこう書き送ってきた。「我々の訴訟記録の様式と内容をみれば、弁護士諸君がどれほどスポーツ的楽しみにひたりつつ、弁論や反論をもって――しかも、まことに多くの詭弁をあやつりながら――攻撃し合っているかがよくわかります。彼らの精神状態をみるとしばしば、ジャワの〈慣習法《アダト》〉裁判における代弁人を思い出しますね。この人物は一つの議論をぶつたびに地面に小さな棒を立て、最も多く棒を立てたものに裁判競争の勝ちを収めさせようとねらうのです」。ゲーテは『イタリア紀行』の中でヴェニスの総督官邸内部の法廷の座席について述べた箇所で、裁判における遊びの要素を特に生き生きと指摘している（『イタリア紀行』十月三日）。

ここに思いつくままにあげた事例は裁判と遊びの本質的関連性に眼を開かしめるための準備として役立ったと思う。さて、法による裁きの原始古代的《アルカイック》形態に帰ろう。裁判官を前にしての裁判ではいつの時代でも、どんな環境の下でもただ一筋に勝つことのみがあまりにも強く、熱烈に求められるので、闘技的要素は一瞬たりとも見離されることはない。こうした戦いを支配する制限つき規則の体系は形式的にすべて完璧にお膳立ての整った対抗競技（遊び）の領域に含まれる。原始古代的文化における法と遊びの実際の結びつきを三つの異なった視点から綜合すると、こうなる。裁判は賭けごと遊びであり、競走であり、さらには言葉の勝負である。

訴訟は正か不正か、平等か不平等か、勝利か敗北かの戦いである。もし我々が高度の文明形式に発展した法の行なわれている状態からより低次の文化発展段階の場合に眼を移すと、ますますこの勝利か敗北かの理念、つまり純粋に闘争的思想が大きくなり、社会意識の中の正不正の理念や倫理的司法的思想をおおいつくしてしまう。これが一段と未開の法概念になればなるほど、チャンスの要素、そしてそれに伴って間接的に遊びの要素がよりはっきりと前面に押し出されてくる。そこでは物事を決めるのは神託によるとか、神明裁判によるとか、くじ占いによるとか、遊び（試合）によるとかなどの考え方（なぜならば、抜きさしならない決定はただ遊びの規則にのみ基づくものだからだ）と法の裁定によるという考え方とが一種の観念複合体《コンプレックス》をなしていたような思考領域が拡がっているのだ。

## 神明裁判・くじ占い

人は神託を解くことにより、神の力の意志を知る。つまり、近い将来に起こるであろうこと、生々流転の運命はどうなるか、などを悟る。神託は不確かなチャンスを確かめるために問われる。たとえば、小さな棒をひいたり、石を投げたり、聖書のページの間を指でさしたりする。『出エジプト記』（二八の三〇）の掟は、ウリムとトンミム——これはどんなものであろうとかまわない——を「裁きの胸あて」の中に入れるべしと言っているが、この「胸あて」とは祭司がその胸の上につけておくものなのだ。また『民数紀略』（二七の二一）にあるように、この「胸あて」をもって祭司エレアザルは神託をたずねた。同様にサウルは『サムエル前書』（一四の四二）によると息子ヨナタンとの間でくじを引いた。神託と賭けと訴訟との関連性はこれらの例により可能なかぎりはっきりと明らかにされている。こうしたくじ占いの神託は異教時代の古代アラビアでも知られていた。[6] またイリアス物語の中でゼウスが戦いの始まる前に死の宿命をはかる聖なる秤《はかり》もはたしてこれと別物だろうか。

「かくて父なる神は黄金の秤皿二つをさし伸ばし、その中に二つの無残な死の宿命をそれぞれに配し給う。馬を乗りこなすトロヤ人のそれと、青銅に身をかためたアカイア人のそれと[7]」

この秤にかけることとは、すなわち、ゼウスの法の行なわれること、つまり、「裁くこと《ディーカゼイン》」（δικάζειν〔dikazein〕）である。神の意志や宿命、そしてチャンスの目の出方といった観念がこの中に完全に溶け込んでいる。この正義の天びん秤は——これは明らかにホメロスのイメージから始まった寓意だが——不確かなチャンスをはかる天びん秤だ。道徳的真理の勝利とか正義は不正より重いという観念などはここではまだ少しも語られていない。

イリアスの第一八章に書かれているようなアキレスの楯の絵の一つは、裁判官を中に坐らせた聖なる円陣の中での法のさばきを描き出している。この円陣の内には「二つの黄金のタランタ《デュオークリユーソイオタランタ》」*δύω χρυσοῖο τάλαντα* (duō chrusoio talanta) を置き、最も正しい判決 (dikēn)《ディケーン》を下したものに与えられた。[8] この二つの黄金タランタは訴訟当事者同士が手に入れようとしのぎを削る金額だろうと解される。しかし、それらは裁きの対象であるより、むしろ賭け金ないし賞金のようにも思われる。だが「タランタ」はもともとは天びん秤を意味する。この場合、次のように考えることはできないだろうか。詩人は古い慣習に従って法がその重さをはかられる、つまり、天びん秤で決定されるというイメージを抱いて書いた。そして、この観念は後になるともはや通用しなくなった。そこでタランタは金の価値としてとらえられた、と。

ギリシア語の正義《ディケー》 (*δίκη*, dikē) は純粋に抽象的なものからより具体的なものまで拡がる幅広い意味をもった天びん秤である。抽象的概念としての正義《ディケー》と並んで、ディケーはまた取り分や損害賠償をも意味する。原告被告の両方でディケーを取ったり、やったりするし、裁判官はディケーを割り当てたりする。それは訴訟そのものをさすし、判決や罰をもさす。ヴエルナー・イエーガーによれば、この言葉の場合は——いわば例外として、——具体的意味が抽象的概念から引き出された、と考えられねばならぬ。[9] とすると、抽象的な言葉である「正当な《ディカイオス》」(*δίκαιος*〔dikaios〕) や「正当性《ディカイオシュネー》」(*δικαιοσύνη*〔dikaiosunē〕) は後世になってはじめてディケーから作られたという説に矛盾してくるように思われる。たしかにディケー（正義）とディクニュミ（*δείκνυμι*）〔示す〕との関連性はほとんど否定しえないが、先に述べた訴訟とくじびきによるあかしとの関連性から考えれば、かのイェーガーには拒否されたが、にもかかわらず、ディケーは「ディケイン」*δικεῖν*（投げる）から発したとする語源学を支持したい気持ちに傾く。「法」と「投げる」との関連性はヘブライ語においても成り立つらしく、そこでは法や正義にあたる言葉、「トーラ」（thorah）とくじ占いを投げる、射あてる、神託の判決を引き出す、といった意味の語幹とはまちがいなく関連し合うものがある[10]。

特に重要だと考えられるのは、貨幣の表の正義《ディケー》の女神の像と、「不確かな運命の女神《テュケー》」（Tychē）の像が混同されている事実だ。しかも、不確かな運命の女神は天びん秤をもっている。ハリソン女史に言わせれば、「これは後世に至ってこれらの聖なる像を混合し、混用するようになったものではない。この二つははじめから同じ概念から出て、互いに分かれたものだ[11]」。

法とくじと賭けの本源的関連性はゲルマン民族の伝承の中にもいろいろの形で認められうる。今日においてすら、オランダ語で「運命」（lot）という言葉は、未来において定められること、なにかの運の巡り合わせ、ある人に贈られるもの、つまり運命を意味すると同時に、また幸運の前ぶれを示すもの、たとえば、最短か最長かのマッチ棒、富くじの札そのものなどを意味する[12]。いったいこのどちらがより古い意味かは判定しがたい。原始古代《アルカイック》の考え方の中ではこの二つは合流して一体化している。ゼウスの神は神の正義の秤をもち、アーゼの神々はさいころを投げてこの世の運命を定めた[13]。神の言葉は力だめし、あるいは武器をとっての戦いの結果で語られるが、また同様の立場から遊び道具のシンボルの倒れ方からも語られる。今なおトランプ占いが行なわれるのも、過去の歴史と人間の心の奥底との両方に深く根ざすものがあってのことだ。武器をもってする争いがさいころ遊びを伴うことはよくあることだ。ヘルール族がランゴバルト族と戦った時、その王は将棋盤を囲んで坐っていた。キエルジイでのテオドリック王〔四五六頃〜五二六。イタリアの王オドアケルを殺し、イタリアを征服する〕のテントの中ではさいころが振られていた[14]。

いったい、神の裁きという概念はこれを信ずる民族の心の中でどう受け取られていたかを正確に規定することは容易なことではない。一見すると、それは次のように要約してよいと思われる。神様がいろいろな腕だめしやさいころ投げの結果をとおして、真理はどちら側にあるか、また、どちらの方向に運が向いているかを示してくれる、と。しかし、これはすでに後世の研究による解釈になってしまっているのではなかろうか。根本的には競争、つまり誰が勝つかという遊びがその出発点ではないのだろうか。賭けごとの結果はそのものずばりの神聖な決定である。しかもこのことは、れっきとしたきまりがあって同じ票数ならくじで決めるようなところでもまだ通用する。宗教的表現の高度に洗練された段階になってはじめて、形式化が起こる。つまり、ある神的力がさいころの結果や戦いの勝利の鍵を左右することにより、真理と正義が明らかにされる。エーレンベルクは「神明裁判から世俗の裁判が生まれた」と言うが[15]、これを聞くと、どうも私には、歴史的でない観念像の序列を想像で作り上げてしまっているように思われる。これはおそらく次のように言わなくてはならない。法の判決と神明裁判はともに、くじであろうと腕だめしであろうと、闘技による決定という実際問題から新たに根を下ろして自立したのだ。勝ちか負けかを決める戦いそれ自体が神聖なのだ。それが正と不正の公式的概念によって強化されると、ついに法の領域に高められるが、一方、それが神の力という拘束的な観念で照射されると信仰の領域に高まっていく。しかし、根本的にはこれらすべてに遊びの形式がまつわりついているのだ。

## 法をめぐる競技

訴訟はしばしば対抗競争（wedloop）あるいは賭け（weddenschap）の形をとる一種の競争（wedstrijd）である。「賭け」（wedde）という遊び言葉がくりかえし我々の考察の対象となって前面に現われてくる。ポトラッチは裁判に関する諸関係のある初歩的体系を作り上げている。挑戦はやがて一つの同意・協定をもたらす[16]。ポトラッチや正式な神託とは全く別に、いろいろな原始古代的《アルカイック》法習慣の中には法のための、つまりある特定の場合について安定した関係を恒久的に決定づけ、承認するための、競争が常に現われる。かつてオットー・ギールケが「法の下におけるユーモア」と題して詳細な説明は省きながらいろいろなことをまとめ、それを民族精神の自由な遊びとみなしたが、その多くは法確立の闘技的起源と関係ありと認められる。とにかく、民族精神はギールケが仮定したよりも、より深い意味において遊ぶのであり、またその遊びは真面目な意図に満ちている。古代ゲルマンの法習慣においては村境や土地の境界線は時に対抗競争や斧の投擲により決定された。誰が正しい人かということは、彼に目隠しをさせて何かある物または人をつかませたり、または彼に卵を回転させたり、ころがせたりしてみることにより証明される。これらの例は力くらべや富くじによる裁きの分類に属する。アラビア語では担保、保証を示す言葉、「カラ」(qara')はくじあるいは射的で当てたり勝ったりすることを意味する言葉から作られた。

花婿、花嫁を決める際の競技が一段と重要な役を果たすのは、なにも偶然ではない。結婚契約締結を意味する英語の「結婚式」(wedding)もオランダ語の「結婚式」(bruiloft《ブロイロフト》)も同じように法制史および文化史のはるかな起源に遡る長い歴史をもっている。英語の「結婚式」はweddeという言葉から生まれていて、これは賭け、つまり象徴的な担保の意味であり、それを受け取ればいったん結んだ契約を守るよう義務づけられることになる。(17)オランダ語の「結婚式」は今なお走ること、つまり花嫁のための対抗競争を意味し、結婚締結にスタートするかどうかがかかっている試練、もしくは試練の一つをなしている。(18)ダナオスの五〇人の娘は競争によって勝ち得られたが、こうした例は歴史時代に入ってもその模倣者を見いだしている。ペネロペ〔オデュッセウスの妻、彼が遠征で帰らないため求婚者を選ぶ必要に迫られ、夫の弓をひけるものと結婚するという〕のためにもこの種の対抗競争が行なわれた。(19)それにしても、こうした行為は実際のしきたりとして証明されることというより、むしろ伝説や神話にのみ歌われていることではないのかという疑問は、本来さほど重要ではない。大事なのは花嫁のための競技という観念が存在することだ。婚姻は民族学に言わせるなら「試験済み契約」(contrat à épreuves) であり、「ポトラッチ慣行」である。『マハーバーラタ』はドラウパディ姫の求婚者が果たさねばならなかった力くらべを描写し、また『ラーマーヤナ』はシーター王妃〔『ラーマーヤナ』の中に出てくるヴィデーハ王国の王女、ラーマ王子の妃となる、理想的貞女〕について同じようなことを語り、さらに、『ニーベルンゲンの歌』はブリュンヒルト〔『ニーベルンゲンの歌』に出てくるアイスランド女王。求婚者が彼女と競技し、勝てば結婚を承知すると言っていた〕目当ての力くらべを描いている。

しかし、求婚者が花嫁獲得のために果さねばならない試練はなにも力や勇気をためすものだけと限られているわけではない。彼らはしばしばもてる知識を難問苦問でためされる。ニュイエン・ヴァン・ヒュイエンの書いたアンナンにおける少年少女の祭りの遊びの記録によれば、知識と頓智の試験が重要な役割を果たしている。時には少女は少年に本当の試験をやらせる。エッダの伝承の中にはいくぶんその形は異なるが花嫁をめぐる知識試問がアルヴィースの歌に歌われている。その中でトールは、アルヴィースが物事の秘密の名を問う質問に答えられるほど賢い相手なら、彼の娘をやろうと約束する。[20]

## 裁判と賭け

さて、競技から賭けに眼を移してみることにしよう。これはまた誓いと密接な関係にある。この要素は再び訴訟過程の中で二様の現われ方をする。まず第一に、訴訟の中心をなす人物が彼の正義を賭ける。つまり、彼は賭け物、質、担保をおくことにより、相手に対し正義を戦い取るべく挑戦する。イギリス法は一九世紀に至るまで民事訴訟において文字どおり、「賭け」(wager)と呼ばれる訴訟手続を二つも保存していた。その一つは「戦いの賭け」wager of battle(決闘裁判)で、その際、訴人は法的決闘を申し出る。もう一つは「法の賭け」wager of law(免責宣誓法)で、この時は被告はある一定期間、彼の無実を誓いによって確認するよう義務づけられる。今日ではもはやすでにずっと前からこの形態は行なわれていなかったが、法律上では一八一九年および一八三三年になってやっと廃止された。[21] 訴訟自体に賭けの性格の自らそなわることはわかりきったことだが、次にこのほかに、傍聴人が訴訟の結果に賭けるという慣行が行なわれていた。普通我々が賭けるという時の意味もこのことだ。訴訟事件の結果に賭けることは私の知る限りイギリスでは日常茶飯のことになっている。アン・ブリンとその一統が裁判にかけられた時、彼女の兄、ロッシフォードの冷静な弁護に印象づけられ、タワーホールでは一〇対一の割合で彼らの釈放に賭けた。アビシニアにおいては判決への賭けは訴訟手続の一つとして立派に存在する一行為であり、弁護人の陳述と目撃者の審問の中間で行なわれた(22)。

我々は訴訟にみられる遊びの形式を三つに区別する。つまり、賭けごと、競技、言葉の勝負だ。文明が発達するにつれ、訴訟は遊びの性質を部分的にかあるいは根こそぎに、また外見上かあるいは事実上、ともかくいずれにせよ失ってしまったが、その後でも言葉による戦いは、ことの性質上、訴訟に今なおその痕跡をとどめている。しかもただ我々の主題にとって問題となるのは、この言葉の戦いの原始古代的《アルカイック》な局面だけである。その場合、厳密に計算された法的議論で判決が下るのではなく、それは実に鋭く最も効果的な誹謗によって事が決せられる。この闘技はお互いにとっておきの悪口で相手をしのぎ、常に一頭地ぬきんでていようとする努力にすべてをかけて行なわれる。社会的名声と名誉を確立するためでもあり、かつまた社会的勲《いさお》しでもある悪口競争については、すでに「悪罵《プソゴス》」、「諷刺《イアムボス》」、「名誉競争《モフノーカラ》」、「男くらべ《マンヤフナズ》」などを述べた時にふれたとおりだ。「自慢競争」(Joutes de jactance) から訴訟そのものとしての悪口競争への移行はあまりはっきりした説明がつかない。このことはおそらく、文化と遊びについての関係について最も注目すべき事例、すなわち、グリーンランドのエスキモーがやる太鼓競争と歌合戦を大づかみに取り上げてみれば明らかになるだろう。ここで我々は裁判と呼ばれる文化機能が遊びの領域や性格からまだ隔離されてはいないという生きた事例を、少なくとも最近まで行なわれていたこととして把握する(23)。

## 遊びの形式によった裁判形式

エスキモーが誰かに苦情を抱いた時、彼は太鼓競争（Trommesang, drum-match, drum-dance）、あるいは歌合戦（song-contest）を挑む。種族もしくは氏族はこのお祭り的な集まりにとっておきの装いをこらして、朗らかに寄り合う。二人のかたき同士はかわるがわる太鼓の伴奏で誹謗の歌をうたう。そしてその歌の中で相手の非を鳴らし、とがめ合う。その時、もっともな非難と笑いをかもす皮肉と卑劣な中傷とは全然区別しがたい。歌い手はたとえば飢餓に迫られた時、相手の嫁や姑が食べた人間を洗いざらい数え上げる。聞き入る一同も感じ入って、ほとばしる涙に掻きくれることになる。このお互いのけなし合いは肉体的暴行と虐待さえも伴って行なわれる。たとえば、相手の顔のすぐ前で鼻を鳴らしたり息を吐きかける。ひたいでゴツンとやる。口を大きく開かせる。テント柱にしばりつける、といった具合だ。これらすべてのことを「被告発人」は少なくとも表面は冷静に、そして軽蔑の笑いをこめて耐えねばならない。聴衆は歌のリフレインをともに合唱し、讃美の拍手を送り、なおも両派をけしかける。その他の聴衆の中にはその横に坐り眠り込んでしまう者もいる。休憩中は両派とも互いに良い友だちとしてつき合う。このような戦いの期間は一年以上になることもある。この間、両派の人々は新しい歌を工夫し、新しい非行をひねり出す。最後に聴衆がいったいどちらが勝者とみなされるべきかを決定する。決着がついたあとでは多くの場合、友情はもとにもどる。しかし、敗北を恥として引っ越してゆく家族もいる。誰でも同時に種々の太鼓競争に加わることができる。婦人もまた一役かっている。

ここで最も大切なことは、このような慣習を重んずる種族の間で、この競技が法的決定の役を果たしていることだ。太鼓競争に匹敵するような別の裁判形式は彼らには全く知られていない。これだけが喧嘩を終わらせる唯一の方法だ。他に大衆の意見を徴する道は全く開かれていない。[24] 殺人さえこの形式で究明される。歌合戦の勝利のあとに別の公認された判決があるわけではない。この紛争のきっかけになるのは多くの場合、女の問題だ。ここで必要なことは、この慣習を法的手段と考える種族と、単なる祭りの気ばらしに過ぎないと考える種族の間に見分けをつけておくことだ。また公けに許容される暴力行為は、殴ってもよかったり、ただ縛るだけとしたり、それぞれの種類にいろいろの決め方がある。歌合戦のほかに時によると拳闘やレスリングが争いの調停をするために行なわれた。

こうしてみると、今ここに取り上げているのは、競技の形を借りて裁判の機能を果たし、しかも同時にその本来の意味での遊びでもあるような文化慣習なのだ。すべて笑いさざめく楽しさのうちに繰り広げられる。肝心なのは観衆を楽しませることだ。「次の番の時には、おいらはまるっきり新しい歌を作ってみせるぞ、そいつは飛び切りおもしろいやつでな、相手の衆をテントの棒に金縛りにしてくれるわ」とイグジアヴィクは言う。[25] 太鼓競争は社会生活の代表的娯楽となっている。争いごとがない時は彼らは冗談に言い合いを始めたりする。特殊な技術として時に謎をかけた歌をうたうこともある。

このエスキモーの太鼓競争とさして大きな隔たりないものとして、ゲルマン諸国によく見かける、各種犯罪、なかんずく性的なものを罰する皮肉でユーモラスな裁判集会がある（これは特に「ハーバーフェルトトライベン」〔バイエルンやチロルの諸地方に見られる農民間の私刑。はじめは燕麦畑に追い込むものだったが、後には気にくわない人の家の前でののしり騒ぐ〕にみられる）。それは全く狂言として行なわれたが、時には真面目なものもある。「品行裁判」(Saugericht) のようなものがそれで、これはラッペルスヴィルの若者たちによって行なわれ、しかも、それから小法廷への控訴の道が開かれていた[26]。

エスキモーの太鼓競争はポトラッチ、古代アラビアの自慢競争、悪口合戦、中国の競技、古代北欧の男くらべ、憎み合いの歌（niðsang　文字どおりには羨望の歌ともいえるが、nið は羨望ではなくて敵を意味し、この歌は必殺の侮辱をもって相手の名誉を傷つけることを目的としている）などと全く同じ世界に属していることは明らかだ。また同時に、この世界は本来の意味において神明裁判の世界と一致するものではなく、少なくともそのはじめはそうではなかったということもはっきりしている。おそらく先にあげたような行為にあとからつけたされたものが抽象的意味をもつ真理とか正義に関する神の力の裁きという観念で、これは二次的なものだ。最初はただ、出たとこ勝負の闘技の結果、つまり遊びの中で遊びを通しての真剣勝負の判定だ。特にエスキモーの風習に近いのがアラビア人の「悪罵」あるいは「悪口合戦」、すなわち、仲裁人をまじえての名声と名誉の戦いだ。ラテン語の「口論・訴訟《ユールギウム》」(iurgium)「口論する《ユールゴー》、訴訟する」(iurgo) もまたこの観点から理解されねばならない。この言葉はius-igiumの形からきており、元はius（法）とagere（扱う）から出ていて、法を扱うこと、訴訟を意味する。これと比較されるべきはlitigium（口論、訴訟）という言葉で、これは文字どおり喧嘩を扱うという意味である。iurgium《ユールギウム》は裁判を意味すると同時に悪口、喧嘩、罵倒をさし、法廷闘争が主として喧嘩口論合戦であった一面をのぞかせている。エスキモー的太鼓競争の立場から見ると、アルキロコスのような詩人の人間像も、彼のリュカンベスに与えた詩がエスキモーの歌と似ている点を考慮して、よりよく理解される。同じく、ヘシオドスが弟のペルセスに投げつけた警告をまじえた非難もこの観点から眺めることができる。イェーガーの述べるところによれば、ギリシア人の政治的皮肉は単なる道徳的お説教だったり、個人的恨みごとだったりするのではなく、そもそものはじまりから説きおこせば、社会的機能を果たすものであったに違いない、とされる。[27] 我々も安んじて、エスキモーの太鼓競争の場合もそうだ、と言うことができる。

　訴訟弁論と悪口合戦とが判然と区別されえない状態は古典古代文明の時代になってもなお消滅してはいない。法廷弁論の技術は最盛期のアテネにおいても修辞上の技巧を競う競技といった特徴をもっぱら示している。そこではあらゆる手練手管と口説きの術が許される。法廷や政治を語る演壇は説得技術教授の場としての役目をつとめる。この技術は戦争し、掠奪、あるいは僭主政治などの暴力とともに、プラトンが『ソフィステス』の中で話者に定義させていたような「人間狩り」[28]を形成する。ソフィストたちは、どうしたら弱いものが強くなれるかを教えて金をとった。若い政治家は悪名高い事件で法廷から弾劾演説の雨を降らせることにより、自らの人生航路を始めるのを常とした。

ローマにおいても法廷で反対派を陥れるための手段が合法的なものとして長く認められていた。人々はとむらいの衣服をつけ、歎き悲しみ、国家の救済を声高く叫び、さらにより効果を上げるためできるだけ多くの支持者を動員した。つまり、彼らは今日なお行なわれていることをすべてやってのけたのだ。(29) ストア派の人々は法廷での弁論から遊びの性格を取り除こうとし、さらに真実と尊厳の厳しい標準にそれを一致させようと努力した。がしかし、この新しい試みを実行に移そうとした最初の人、ルティリウス・ルーフスは訴訟に敗れ、追放の憂き目に会わねばならなかった。

＊　本書では、極北圏に暮らす先住民族を原著にしたがい「エスキモー（Eskimo）」と訳しています。しかし複数の民族である彼らの自称は多様であり、現在ではそれを尊重し呼称とすべきとされます。しかしホイジンガの記述がどの民族を指すのかは、文中からは正確には判断できません。このような事情をふまえて、この語が差別的な意図で用いられていないこと、また原著が書かれた時代状況を鑑み、歴史的事実を改変しないという立場から「エスキモー」としています。

（訳者・編集部）

# 第五章　遊びと戦争

闘争を遊びと表現する言いまわしは、戦いや遊びという単語そのものと同じくらい古くからある。これは厳密な意味で隠喩というべきだろうか。我々はすでにこの問題を一度取り上げており[1]、結局これに否定的に答えざるをえないと考えた。この戦いと遊びの二つの概念は事実上しばしば一体をなしていると思われる。特定の規則に縛られた戦いはその特定の秩序によって遊びの形式的特徴を帯び、そのうえ異常な緊迫感を伴い、情熱的であると同時に単純至極に割りきった遊びの形式を伴っている。小犬や少年たちは暴力に及ぶことを制限した規制の下で「戯れに」戦う。しかし、遊びにとって許される限界線は流血行為で区切る必要はなく、さらに殺し合いそのもので一線を画さねばならないこともない。中世の馬上槍試合《トーナメント》は疑いもなく模擬戦、つまり遊びであり、それにとどまった。しかし、その最も初期の頃の姿では完全かつ明瞭に「真剣勝負」であって、例の若い戦士、アブネルとヨアブの「遊び」のように、死に至るまで戦い抜かねばならなかった〔前述の八四ページを参照〕。文化的機能としての闘争は特定の規則を常に前提としていて、遊びについての相当高度の認識を要求する。比較的進歩した時代でも戦争は時に完璧ともいえるくらい遊びの形式を装った。一三五一年の有名なブルターニュの「三〇人の戦い」は根本的には遊びとは言いがたいが、まさしく競技として行なわれた。これと同じようなのが一五〇三年、一三人のイタリア騎士と一三人のフランス騎士が戦った「バルレッタの決闘」である。原始古代的《アルカイック》思考領域であれ、浪漫的・未開的思考領域であれ、流血の戦い、祭りの競技、模擬戦などはすべて規則に縛られているかぎり、みな基本的な遊びの概念で包括される。戦争が文化的機能として語られるのは、ただ一人一人が平等な人間として、あるいは少なくとも平等の権利をもったものとして認め合う場の中で戦いが行なわれる時にかぎられる。基本的に人間と認めないような相手集団、たとえば野蛮人、悪魔、異教徒、異端者などどういう呼ばれ方をしようと、そうした連中を相手に戦う時は、集団自身が自己の名誉にかけて自らこの場合自己規制をするかぎりにおいてわずかに戦争は文化の品位の限界内にとどまることができる。最近まで国際法はこのような自己規制に頼ってきた。そこでは戦争を文化の中に取り込もうとする努力が表現されていた。戦争状態は一方では平和状態から、他方では犯罪的暴力から、ともにはっきりと区別される。対立する両陣営の上には共同体理念が共通の橋渡しをしており、それがお互いの共同体成員を「人間」として行動する権利ならびに要求をもつ「人類」であると認める役を果たしている。「国家総力戦」の理論になってはじめて戦争の文化的機能およびそれに伴う遊びの機能の最後の残滓が犠牲にされた。

闘技はそれ自身の中にすでに遊びの性格を含む、という我々の確信に立った場合、次にいったい、戦争はどの範囲まで社会的闘技の機能と呼ばれるのか、という疑問が残る。一般に相当数の戦闘形式は非闘技的なものとして除外されうる。我々はここではしばらく近代戦争は考察の外にはずしておきたい。奇襲、待伏せ、掠奪、みな殺しなどは、たとえそれらがある闘技的戦闘に役立つ働きをしたとしても、個々にそれだけのものとしては戦闘の闘技的形式には当てはまらない。これとは別に、他民族の征服とか、隷属化とか、統治など戦争の政治的目的も闘技の領域外に属することだ。闘技的要因がはっきりその姿を現わすのは、戦う両派が互いに相手をそれぞれ自分が正しいと思っている問題で争い合う対抗者だと認めた時だ。たとえ彼らの戦う意志の下にはただ単純な飢えしかない時、といってもこれはごくまれにしかないが、そんな時でも戦いは聖なる義務、名誉、あるいは復讐の問題として現われる。たとえ戦争を計画した国家の指導者がその目的を力の問題と考えても、発達した文化段階においては、多くの場合、物質的力への努力は誇り、名誉名声、優越もしくは覇権の栄光などの動機に全く圧倒されてしまう。古代から今日までのすべての大規模な侵略戦争は、経済的力とか政治的考慮という、なにかしら理知的な理論づけより名誉という一般的にのみこみやすい概念によって、より本質的に解明される。近代における爆発的な戦争礼讃は、我々にとって悲しいかな、あまりにも身近にあたりまえのことと感じられすぎているのだが、実は敵殲滅を聖なる栄光のための神の命令だとするバビロニア＝アッシリア的理念に逆もどりしているのだ。

## 原始古代的戦争の競技的性格

ある種の原始古代《アルカイック》的戦争形式の中には戦いに自然につきまとう遊びの性格が最も素直に、最も愛すべき形で表現されている。さきに我々は訴訟行為、くじ、運だめし、賭け、挑戦、決闘、そして神の裁きなどが聖なる行ないとして一つの概念領域の中で肩を並べているような文化発展の一局面について述べてきたが、戦争もまたその本質上まさしくこの諸観念の領域圏に入れられるべきものだ。戦争を敢行するのは勝つか負けるかの証《あか》しをとおして、神聖な効力をもつ神の裁きを得ようとするためだ。このような裁きはくじを投げること、力だめし、言葉だめし、武器だめしでも明らかにされうる。この最後の手段を選べば、その結果は神の意志を他のためし合いと同じように直接的に明らかにしてくれる。神明裁判（ordale古代英語）は英語ではordeal、オランダ語ではoordeelだが、この言葉の中には神に対する特別の関係を表わすものはない。正しい形式をふんで得られた裁きならば、それはすなわち神的力の判決なのだ。この技術的概念である神の裁判に特定の奇蹟力の証明が加わってくるのは第二次的段階になってはじめて起こることだ。この関係を正しく理解するために我々は本来、法的なもの、宗教的なもの、そして政治的なものについての我々の概念区分をよく吟味してみなければならない。我々が「法」と名づけるものは、原始古代《アルカイック》的考え方に立てば、「神の意志」とか、「明示された優越性」と呼ぶことができる。くじも、闘争も、説得力ある言葉も同じように神の意志の「証明手段」である。戦いもまさに占いや裁判官を立てての訴訟と同様に、訴訟の一形式だ。しかし結局、すべての定めに聖なる意図が付与されてみると、戦いもまた占いとして取り上げられることが可能なのだ(2)。

訴訟から賭けごとまで、解きがたくからみ合った観念複合体は、その最も端的な姿を原始古代的《アルカイック》文化における決闘の機能の中に示している。決闘はいろいろな意図をもっている。それは一大会戦の序曲につながったり、あるいはその派生的事件として個人的な「英雄的行為」(aristeia) でありえた。このことは詩人や年代記作者に讃美され、世界史のあらゆる分野でよく知られているとおりだ。なかでも特筆すべきは、ムハンマドがクライシュ族を打ち破ったバドルの戦いでの個人戦だ〔ムハンマドは布教を始めた頃、クライシュ族に迫害され、六二二年メディナに逃れたが、やがて六二四年、バドルでクライシュ族のメッカ軍を破り運命をひらいた〕。ムハンマド軍の三人の戦士は敵軍からも同数の戦士が登場するよう要求した。戦士たちは互いに自己紹介を行ない、それぞれ相手にとって不足のないあっぱれな人物と称讃し合った(3)。一九一四年の第一次世界大戦では、その名をうたわれた飛行士は手紙を投げ落として挑戦する形で「英雄的行為《アリステイアー》」を復活させた。個人対個人の決闘は、きたるべき戦闘の結果をためす小手調べとして神託の役目を果たすこともできた。こうした形での個人的決闘は中国の社会にもゲルマンのそれにもよく見られる。戦闘の開始前に最も勇気のあるものが相手を求めて挑戦する。「戦いは運命の試金石であり、最初の果たし合いが霊験あらたかな前兆なのだ(4)」。しかし、この決闘が戦闘の代わりをすることもできた。ヴァンダル族がスペインでアレマンニ族と戦った時、その戦いは一人対一人の決闘で決せられた。[5] つまり、それはこの場合、前兆として活用されるのではなく、一大会戦の肩代わりの役を果たし、両陣営のいずれが優れているかを闘技の形で簡潔に証明するものとなる。これは一方のやることがより強ければ、それは彼らがよりよきものであるという意味であることを証明している。つまり、神々は彼らに恵みをたれ給うた、だから彼らは正しいものなのだ。しかし、決闘によって野戦を代行せしめることには、早くから流血を少なくするという理由づけが織り込まれてきた。すでにメロヴィング王朝のテオドリック王がオワズ河畔のクイエルジーに陣した時、戦士たちは「全軍の倒れるよりは一人が倒れるにこしたことはない」と言った。[6] 中世末になると時々、盛大に飾り立て、何から何まで儀式的に準備した決闘に、折しも二人の君主または領主が彼らの「争い」を調停すべく割って入るといったことがよく話に出てくるが、こういう時は、「キリスト教徒の血の流出および人民の困窮を回避するため」という動機が明確に前面に押し出される。[7] しかし、正当性はこの方法でこそ決定されるという訴訟行為に関する古い観念がこのいとも頑固に保持された慣習の中になお綿々と秘められていたのだ。それはすでに古くから国際的なスタンドプレイ、空しい儀式になってはいた、がしかし、その形式への執着およびそれを行なう時の真剣さは、なお古代の聖なる習慣に発するその淵源を思い起こさせる。神聖ローマ皇帝カール五世ですらフランス王フランソワ一世に二回にわたって正式な決闘の申し込みを行なった。[8] そしてこの事例はこれが最後ではなかったはずだ。

## 裁判上の決闘

戦闘の肩代わりに行なわれる決闘は法的論争の決着をつける裁判上の決闘とほとんど区別しがたい。中世の法や慣習の中で裁判上の決闘がいかに重大な役割を果たしていたかは、よく知られている。これを神の裁きと理解するブルンナーおよびその一派[9]に与するか、あるいは、これを他のものと同じ証明手段の一つと考えるシュレーダーおよびその一派[10]に与するか、そのいずれにせよ、この論争は、もし我々が戦いをその本質において聖なる闘技と考えたなら、つまり、この聖なる闘技はその性質からして神の恩寵を明らかにすると同時に正義をも立証すると考えたなら、そうたいして意味をもたなくなる[11]（英訳のみ）戦いによる裁きはアングロサクソン人の法には見られず、ノルマン人によって移入されたことは、それがイギリスによく見られる神明裁判とは同じ基盤に立つものでないことを示している。

裁判上の決闘は、時には徹底的に決着をつけるまで戦われることがあったにしても[12]、しかし、だいたいは最初からその形式的側面を前面に押し出し、それによって遊びの性格を強調する傾向をもっている。すでにこの決闘を傭いの戦士[13]（Kempe）で行なわせる可能性はその儀式的性格の中にそなわっている。実に秘蹟的行為すらまさしく一般的に代理人によって行なわれることが許されているではないか。対等でない戦士に平等の機会を作り出してやるために、使ってもよい武器を制限したり独特のハンディキャップを課したりすることは、たとえば男を半分穴の中に立たせて婦人と戦わせる場合に見られるように、しょせん武器をもった遊びをこえるものではない。中世末期の裁判上の決闘が概してとことんまでやっつけず、一種のスポーツの観を呈しているかのように見えるとしても、いったいこれは遊び半分の形式に堕落したものか、あるいはまた、この流血をも辞さない真面目さをも締め出さない遊びの性格こそ、むしろおそらくこの慣習の本質の土台をなしているものではなかろうかなど、いずれにせよ、疑問の余地を残している〔裁判の代わりをする決闘については一五二ページに述べられている〕。

イギリスの民事裁判所における民事訴訟の中で最後の「裁判上の決闘」(Trial by battle) となったのは、一五七一年、ウェストミンスターのトットヒル・フィールズで、特にこのために六〇フィート四方に仕切った場所で行なわれたものだ。戦いは日の出とともに始まり、星の輝き始めるまで続くことになっていた。楯と棍棒で武装した戦士は、まさにカロリング朝の勅命にあるとおりの姿で戦ったが、最後に恐れの言葉、「参った《クレイヴン》」(craven) と言った方が負けと認めることにされていた。この全儀式はブラックストーンが言い当てたように、まさしく「なにか村で行なわれる力自慢の民衆娯楽にはなはだ近いもの」だった。(14)

もし遊びという強靭な要素が裁判上の決闘にも、また全く仮構にすぎない大公の決闘にも共通する固有のものだとするならば、ヨーロッパ諸民族の間で今日までに相当知られているありきたりの決闘にも同じことが言えて不思議はない。私的決闘は傷つけられた名誉の仇をうつものだ。名誉の毀損およびその仇を討ちたいという要求、この二つの観念は一般になお衰えを見せない心理的、社会的意識を保っているが、特にその生まれにおいては原始古代的《アルカイック》な領域に属している。誰もが自分の能力の適性を公衆の眼前に明らかにしなければならなかった。もしその認定が危うくなった時は、闘技的行為に訴え、またそうせざるをえなかった。この個人的名誉の認定において、それが正義か、真理性か、あるいは全く別の倫理的原理に立っているかどうかは問題にならない。問題になるのは遊びに立脚する社会的効用にほかならない。私的決闘が裁判上の決闘から発したのかどうかという問題は、ここではそっとしておいてかまわない。本質においてそれは同じものだ。つまりそれは名声を求めての永遠の競争であり、本源的で力と正義を抱き込んだ価値をもっている。復讐は名誉感の満足だ。たとえその名誉感がいかにひねくれて、犯罪的で、しかも病的であったとしても、それはそれでかまわない。すでに前に述べたように、ディケー（正義）の女神の姿はしばしばテュケー（運命）の女神とあまりはっきり区別しがたい（前述の一四七ページを参照）。同様にそれは、ヘレニズム図像学研究では「復讐の女神」ネメシスとも混同されている。(15)私的決闘が法による判決と根本的に同じ性質のものであることは、次の事実から明らかだ。それは裁判上の決闘と同じように、もしこの私的決闘が正しい形式をふんで行なわれたならば、その限りにおいてその場で命を落とした人物の親戚に血の復讐を義務づけることは全くない。

貴族的・軍事的という烙印を濃く打ち出された時代には私的決闘は血みどろの死闘の形式にまで発展することもありうる。そんな時、当事者はもちろん、介添え人たちも一緒に集団でピストルをもった騎馬戦が行なわれた。一六世紀フランスではこういう形の決闘が盛んだった。二人の貴族の間のほんの些細ないさかいが原因で、しばしば七、八人の流血の衝突事件が起こった。介添え人たちもその名誉にかけて手を貸すことを義務としていた。モンテーニュは、アンリ三世の三人の小姓とギーズ公に仕える三人の貴族との間に起こったこの種の決闘について書いている。リシュリューはこの習慣を禁じた。しかし、なおルイ一四世の時代になっても、少なからざる人が犠牲者となった。他方、もし戦闘が死者を生じない程度にとどまり、かつ血が流されれば名誉は十分保たれたと考えてしまえば、それは普通の私的決闘の発生時において本来そなわっていた聖なる儀式的性格と完全に一致してくる。だから、負傷させればそれ以上戦わないことを原則とする近代フランス式の決闘は真面目な風習の笑うべき軟弱化と考えるべきではない。決闘はその本質上、儀式的な遊びの一形式であり、やり場のない怒りからかっとなって行なう殺人の規則化である。それの戦われる場所は一種の遊び場であり、武器は厳密に同じものでなければならず、合図で始まり、合図で終わる。攻撃の回数はあらかじめ定められている。ただ血を流すことだけで、名誉は血をもって復讐されねばならぬ、という要求が満足されるのに十分なのだ。

## 原始古代の戦争の祭儀的ならびに闘技的性格

本当の戦争に含まれる闘技的要素は厳密には測れない。最も初期の文化段階ではこの要素は種族の戦いであれ個人の戦いであれ、まだ形をなすまでにいたっていない。掠奪のための襲撃、暗殺、人さらいなどは、それがどんな動機からだろうと、たとえば飢え、恐怖、宗教的執念、そして血の渇望など、何からであろうとみさかいなく、日常茶飯事になっていた。しかし、戦争の概念は、やがて特別にものものしい全面的敵対関係が生じ、個人的いさかいとか相当深刻な家族間の反目などから区別されるところではじめて登場する。この区別によって戦争は祭礼的領域だけでなく、同時に闘技的領域にも入り込むことになる。戦争はそれによって神聖な事件にまで押し上げられ、普遍的判定の基準となり、また運命の裁決にもなった。言いかえれば、戦争は正義と運と威信とがなお区別なく渾然一体をなしていた世界に投げ上げられたのであり、それと同時にまた名誉の領域にも座を占めることになった。それは聖なる制度となり、そうであればこそ、それは各種族の思いをこめて飾りたてられた精神的、物質的美化添加物におおわれてくる。だからといって、戦争が名誉の儀典書の条項や、礼拝式の形式にのっとって行なわれると言おうとしているのではない。血なまぐさい権力は自己の力を保っている。しかし、戦争は聖なる義務と名誉の光の下で眺められ、ある程度までその形式の中で演じられる（遊ばれる）。ただ、いったいどの程度まで戦争は実際上、このような観念に支配され、影響されているかを決定することは相変わらずかなり困難だ。我々が史料から読み取る美しい形式にのっとった戦争は大部分、叙事詩、歌、年代記などに書き残された同時代人、もしくは後世の人の戦争に関する文学的見方に基づいている。そこにはロマンティックな、あるいは英雄的な仮構や美しい描写がたくさんある。しかし、こうした儀礼的・道徳的領域への昇華による戦争神聖視は、すべてただ単なる仮構に過ぎないとか、あるいは戦争を美しく飾ることは残酷さの覆い布に過ぎないと考えるのも決して正しいとは言えないだろう。たといそれがそのような虚構にすぎなかったにせよ、戦争は名誉と徳の厳粛な遊びであるという観念の中から騎士道の理念、つまり高貴な戦士の理念が形成された。さらに言えることは、騎士的義務と騎士的品位という観念像の結合から古代とキリスト教の基盤にのって国際法の体系が高くそびえ立つのだ。そしてこの二つの理念、騎士道と国際法から純粋な人間性の概念は養分を十分に吸いとって成長する。

さまざまな文化や時代相を個々に把握することによって、戦争の闘技的要素、つまり我々の言う遊びの要素が明らかになるだろう。その前に、全体の論議に先立って一つの特異な例をあげておく。英語では今でも戦うという意味に to wage war、つまり文字どおり戦争を賭けるという表現を使う。これは両軍の間に象徴的な担保（gage）を投げ込むことにより、戦争という競技に挑戦することを意味する。

ギリシアの世界からは二つの例をあげる。紀元前七世紀に栄えたエウボエアの二つの都市、カルキスとエレトリアの間で争われた戦争は伝承によれば、完全に競技の形式で行なわれた。戦いの規則を定めたおごそかな協定はアルテミスの神殿に奉納された。戦闘の時間と場所は指定されていた。あらゆる飛び道具、投げ槍、弓、投石器は禁止され、ただ剣と槍のみで決着をつけることが許された。もう一つの例はさらに名高い。サラミスの勝利のあとでギリシア軍は地峡部《イストモス》に移り、そこで「英雄的武勲《アリステイアー》」と呼ばれる賞をこの戦いで最も功績のあったものに分け与えようとした。将軍たちはそれぞれポセイドンの祭壇の前でまず第一なるものに、ついで第二なるものに投票した。すべての将軍が第一なるものに自分を推したが、多くのものが第二なるものにテミストクレスを推した。そのため、テミストクレスが最多得票を得た。しかし、彼らの間にわだかまる嫉妬の念がこの判定の発効されることを妨げた。[16]ヘロドトスがミュカレの戦いについての記述の中で、ギリシアの島々やヘレスポントスはギリシア人とペルシア人との間の戦いの賭けの賞品《アエトラ》（aëthla）だというとき、それはまさしく、一般に流布している寓意以上のものをさしているわけではない。しかし、明らかにヘロドトスは戦争を競技と見る見方の価値に疑問を表明している。彼はクセルクセスの宮廷に架空に想定した軍事法廷でマルドニオスの口を借りてギリシア人の愚かしさを非難している。ギリシア人たちは互いにものものしく宣戦を布告し、それから美しく平坦な戦場を探して勝者も敗者もたいへんな損害を受けるような殺し合いを行なうのを通例としている。これよりむしろ、伝令使や使節を送ってお互いの確執を調停せしめるべきであり、あるいは、もし戦わねばならぬはめに立ち至ったとしても、傷つけ合うには最悪の土地を選ぶべきだ、と。[17]

　文学で気高くも騎士らしくもある戦争が述べたてられ、礼讃される時には、同時にまたほとんど必ず戦術的、戦略的利益をこれに対立させる批判の声が聞かれるように思われる。この点で驚くべきは、中国の例と西欧中世のそれとの類似性だ。グラネの伝える中国の封建制時代の戦闘行動類型によれば[18]、指揮官の名誉がその戦いで一段と高められ、輝きをました時にのみ初めて勝利を語ることができる。この名誉は利益を獲得してかち得られるものではなく、ましてそれを最大限に利用したからでもなく、むしろ節度を示すことによってかち得られる。晋の国と秦の国の二人の気高い君侯が戦場に軍陣を敷いて相対したが、戦端は開かれないままだった。夜になって秦の使者が晋軍に準備を完了するよう警告をしに来た。「互いに手兵は満ちたりています。早朝から一合戦交えましょう。私の方から貴殿にご招待申し上げるしだいです」。しかし、晋の人々の見るところでは、使者は目がおよぎ、声には力がなかった。秦はすでに力を失っていたのだ。「秦軍は我々を恐れている。奴らは逃げるぞ。敵を川に追いつめるべく急追しよう。必ずや奴らを打ち破るに違いない」。しかし、晋軍は満を持して動こうとしなかった。相手は痛手を受けずに退くことができた。名誉があの助言に従うことを抑制したのだ。なぜなら、「死者や負傷者を遺棄してはならぬ。それは非人間的だ。約束した時間まで待たずに敵を窮地に追い込むのは卑怯である」[19]〔晋と秦の話は『春秋左氏伝』文公一二年の項に出ている。平凡社版「中国古典文学大系」竹内訳、一三二〜一三三ページ。宋襄の仁の話は同書僖公二二年の項にみられる。竹内訳、八九〜九〇ページ〕。

また勝者は戦場に戦勝のしるしを建立することを謙虚に拒絶する。それは古代の徳望に輝く王が天敵と戦い、悪者を懲らしめてさらしものにするような時代ならよかろう。「しかし、ここ（敗れた敵の土地）には罪あるものもなく、いるのは死をもって忠誠を示した臣下のみだ。そんなところに戦勝のしるしとは！」〔楚子が晋を攻めた時のこと。左氏伝宣公一二年。前掲書（平凡社版）一六四〜一六五ページ〕。

軍営設置に際しての地取りは注意深く決まった天の方位に合わせて決められた。陣営の並べ方は主君の城下町をまねたものになるよう厳密に規定されていた。このような規定ははっきりと祭儀的世界にすべてが属していることを露呈している。[20] F・ミュラーおよびその他の人々が説くように、ローマ軍営の構造の中に祭儀的起源を指摘できるかどうかは未解決のままだ。しかし、シャルル豪胆公《テメレール》が一四七五年、ノイスに設営したような、贅をつくして築き上げ飾りたてた中世末期の軍営は戦争遂行とトーナメントのそれぞれの思考領域の間に密接な関係のあることを適確に示している。

## 敵に対する礼節

名誉をかけた気高い遊びという戦争観から生じた一つの慣行は敵方と礼節を交換し合うことであり、これは近代のまことに非人間的な戦争の最中にも時々見受けられる。その場合、いくぶんか皮肉を込めてのやりとりもなくはない。それがまた、このしきたりの遊びとしての性格を鮮やかに表現している。封建制下の中国の戦争では、一方は相手に一献の酒を贈る。そして、それは過去の平和な時代の礼節ある行ないの思い出をこめておごそかに飲み干される。[21] 互いに敬意を表して挨拶を交わし、グラウコスとディオメーデースのように武器を贈り物を交換する〔グラウコスは黄金の武具を、ディオメーデースは青銅の武具を贈り、交換する。『イリアス』六—二三四〕。ここで近代西欧の実例をつけ加えると、一六三七年、ネーデルラント軍がフレデリック・ヘンドリックの指揮の下にブレダの町を包囲した時、町の司令官はぶんどっていた四頭立ての馬車をその持ち主ナッソウ伯にいとも丁重に送り返し、しかも九〇〇グルデンの金を兵士のためにと、つけてやった。敵方から軽蔑的、嘲笑的な勧告がされることがある。晋と楚が対戦した時、一方の戦士がじれったいほどの忍耐力をもって相手に対し、泥の中に落ちた戦車をいかに泥から引き出すべきかを示してやったが、その返礼に相手から浴びせられた言葉はこうだ。「あなたがたの国の人々のようには我々は逃げるのに慣れておらんのですわ」[22]。一四〇〇年、ヴィルネブルク伯なにがしという人物はアーヘンの町に対し指定された場所と時間に戦闘を申し込み、その際、紛争の元をつくったフーリヒの代官を同行するよう勧告した[23]。

戦いは名誉を争う競技であり、しかも同時に裁判上の判決でもあるとするその考え方の肝心かなめをなすのが、戦いの時間と場所に関する協定だ。戦いのための場所、試合場を杭で仕切ることは裁判集会の場を囲いこむこと、つまりドイツ語でいう「囲む、裁判する」(hegen) ことと完全に同じであると解されるべきだ。このことは古代スカンジナヴィアの史料に書き残されたものをみれば誰にも明らかだ。そこでは戦いの場は木の柵、あるいはハシバミの枝でその境界を定められた。この観念は軍事的意味における正規の戦闘をさす英語、「正々堂々の戦い」a pitched battle (杭をうった戦い) の中に生きている。真剣な戦争のさなかにこうした戦場の実際的指定がいったいどれほど本当に行なわれたかを確かめるのはむずかしいことだ。それはすでにその本質上祭儀的形式であり、それゆえに常に実際の杭打ちにかわるなにか適当なしるしで象徴的に示されえた。しかし戦いの時間と場所を儀礼的に申し出ることは、中世史の中の数え切れない事例に伝えられている。しかし、この点でもまた、それがなによりもまず一つの形式であることを示している。なぜなら、その申し出は一般に拒否されるか、あるいは無視されたからだ。アンジュー伯シャルルは神聖ローマ帝国の対立王ウィルヘルム・フォン・ホラント〔在位一二四七～五六。神聖ローマ帝国大空位時代の対立王で教皇に戴冠を受けなかった〕に次のように申し入れた。[24]

「身どもと身どもの家来たちは
アッシュなる荒野にて
三日の間、貴殿をお待ち申そう」

一三三二年、ブラバント大公ヤンはボヘミア王ヨハンに抜き身の剣を携えた使者を送り、水曜日に指定の場所で戦うよう申し込ませ、さらに返事を求め、なにか変更の申し出ではないかと尋ねさせた。しかし、王は当時の誇張された騎士気質の典型ともいうべき人物だったにもかかわらず、大公に三日間、雨の中で待ちぼうけをくわせた。一三四六年、クレシーの戦いでは戦闘に先立って手紙の交換が行なわれた。まずフランス王はイングランド王に二つの場所と四つの日取り、さらにもし希望するならもっと多くを指定して、その中から選ぶよう手紙で申し送った。[25]これに対し、エドワード三世はセーヌ川を越えることはできないこと、しかしすでにもう三日間もむなしく待っていることを返事として書き送った。スペインのナヘラでは一三六七年にトラスタマラ伯エンリケ〔一三三三～七九。一三六九年よりカスティーリャおよびレオンの国王〕はどんな犠牲を払っても敵と平野で戦って勝負を決めようとして、自己の有利な体制を放棄し、そして敗れた。

ここでは祭儀的形式は儀礼的挨拶の言葉や騎士的栄誉の単なる遊びにしぼんでしまっている。がしかし、それによって本来的かつ本質的な遊びの性格の多くが失われることはなかった。ただ戦いに勝つことに専心する気持ちが圧倒的になるにつれ本源的文化諸関係に根ざしつつ、しかも、だからこそ意義深かった慣習の効果は封じられてしまった。(26)

## 儀式と戦術

戦いの時と場所を申し出ることと同一線上にあると考えられるのが、戦闘隊形でゆるがぬ名誉の位置につきたいと願う要求や、勝者は戦場に三日間とどまるべしという要請だ。まず前者についてだが、先鋒をうけたまわる権利は時に特許状によって確認されたり、あるいは世襲により、きまった家柄もしくは地方にのみ認められていたが、この権利が宿命的結果を伴う深刻な争いのもとになった。一三九六年の有名なニコポリスの戦いにおいて派手に仰々《ぎょうぎょう》しく飾り立てて十字軍に出発した選り抜きの騎士軍がトルコ軍にさんざんに打ち破られたのだが、この時、まさに勝つべきチャンスをあえなくも無謀な先番争いで見逃してしまった。しばしば繰り返して要求される三日間の戦場残留に法律上でいう「三日間着席」(sessio triduana) が認められるかどうかはいまだ未解決のままだ。確実なのは、こうした遠く隔てられた地方にまで伝わる儀式的祭儀的しきたりのすべてを考えると、戦争はその起源を原始的闘技的世界に発していることがはっきりわかる。そこは遊びと戦い、法と運だめしがまだ分かちがたく混在している世界なのだ(27)。

## 闘技的原理の有効性の限界

闘技的・祭儀的戦争は原始古代的《アルカイック》なものと銘打っても、だからといって、昔はあらゆる戦争が規則にのっとった競技の形で行なわれたと言おうとしているのでもなく、また同時に近代の戦争が闘技的要素に全然出る幕を与えないと言おうとしているのでもない。善なるもののために名誉をかけて戦うことはあらゆる時代を通じての理想である。しかし、赤裸々の現実に会えばこの理想は最初から泥にまみれてしまう。勝ちたいという意志は名誉感に発した自己抑制よりも常に強い。社会はいつも権力に魅せられ、刺激されてきた。それでも人間の文化はその権力に枠をはめようと努力している。勝ちたいという欲求はなおあまりにも強く戦士を支配するので、性懲りもなく人間の邪悪さは自由勝手にふるまうようになり、知恵をしぼって考えたことなら、なんでも許されてしまう。原始古代的社会はこの許されることと許されないことの限界、つまり別の言葉で言えば、遊戯規則の限界を種族同胞およびそれと対等の人々など自分たちのサークルに狭く限定した。人が誠意をもって守り抜こうとする名誉は対等の人にだけ通用する。戦い合う両陣営は規則を認めなければならない。さもないと彼らはそれを続けられない。人は対等の人と事を構えるかぎり、名誉感の原理から行動への意欲を掻き立てられる。その名誉の原理をもってこそ賭けの心情と節度の要求とが結びつく[28]。しかし戦いがより程度の低いと思われる人、たとい野蛮人と言われようとなんと言われようと、ともかく、そうした人を相手にして行なわれる時、そのとたんに権力の拘束は取りはずされる。そして、かのバビロニアやアッシリアの王たちが神慮にかなった行為として高らかにはやしたてた恐るべき残酷無残の行為が人類の歴史に泥を塗っているのは我々の見るとおりだ。最近では根深い道徳的破滅と技術的および政治的可能性の宿命的発展とが苦心の末に作り上げられた戦争法規の機構をほぼあらゆる点で効果ないものにしてしまった。戦争法規の中では敵味方の双方が相手を対等と認め、お互いに名誉ある公正な行為を要求したものだ。しかし、それもまさに、武装平和の中ですでに失われている。

本源的な自己向上心に根ざす名誉と高貴の理想は文化の発展した段階になると正義の理想にとって代わられる。というよりむしろ、この正義の理想が前者に張りつけられる。それはたとえ実にみじめな形で実行されたとしても、ついには部族や種族の間柄から大きな民族、国家などの関係に発展した人間共同体の間で認められ、努力される規範となる。「名誉に反することは規則に反す」という意識をもつゆえに、国際法はその起源を闘技的世界に発しているのだ。もし国際法の義務体系が一度その力を失ってしまったら、その時、国際関係の中に闘技的要素を入り込ませる余地はほとんどなくなってしまう。国際法は政治的競技本能を法意識にまで高めようと努めている、ともいえよう。普遍的に公認された国際法の下に名を連ねた国家の集まりでは、お互いに闘技的戦争をする理由はなんら見いだせない。にもかかわらず、それらは遊び仲間のもつ特性をすべて失ってしまったというわけではない。相互に対等な権利をもつという原理、外交形式、相互に協定を守り、合意の期限を誠意をもって尊重する義務などは、遊び、つまり秩序だった人間の共同生活の必然性が理解されるかぎり取り交わされるはずの遊びの規則、およびその形式と全く同じである。しかし、この場合、「遊び」はあらゆる文化の基礎部分にすぎない。ただ形式的に遊びという名称がほんの少しだけ使われている。しかしながら、現実の事態はもはや国際法を個々の文化の基盤としては一般にはほとんど認めないか、あるいは少なくとも尊重しないところにまで来てしまった。そこで国家連合のメンバーたるいくつかの国家が国際法の連帯性を現実に拒否するか、あるいは国家間の関係の唯一の規範として自己集団——たとえ民族であれ、党派であれ、階級であれ、教会であれ、国家であれ——の利害と権力をもち出すとたちまちにして、すべての文化への期待は遊びの心のゆとりの最後の形式的残存物と共に消滅し、社会は原始古代的文化の水準以下に沈み込んでしまう。なぜなら完全な暴力が再びその「権利」を握るからだ。

　さしあたり、遊びの心のゆとりがある程度、保たれなければ、文化は全体として行きづまってしまう、という重大な結論が導き出される。しかしまた、すべての法関係の放棄によって完全に野蛮となった社会においても、闘技的衝動が排斥されてしまったわけではない。なぜならその衝動は人間性そのものの中に潜んでいるからだ。第一人者になろうとする生まれながらの欲求は各集団を相互対立に追い込み、異常な自己向上欲から眩惑と陶酔を感じさせる前代未聞の高さにまで導くことができる。いったい、経済的諸関係の中に歴史を動かす活力を見る古風な教説を尊ぶか、あるいは勝ちたいという欲求に形式と名称を与える新しい人生観を創造するか、いずれにせよ、根本的にみて大切なのは、常に勝ちを制することである。ただし「勝利」はもはや決して「利得」ではありえないことも知っているのだが。

## 英雄的生涯についての理想的観念

第一人者であることを実証しようとする競争意欲は、文化の生まれたばかりの頃は確かに造形的で崇高化の要素をもっている。身分的名誉に関してまだ素朴で子供らしい感覚と潑剌とした概念を維持していた段階においては、競争意欲は高邁な個人的勇気を生み出すものであり、これこそ青年期の文化にとって欠くべからざるものだ。それだけではない。こうして絶えず献身的雰囲気に包まれた競技的行動の中で、文化形式は自ら成長し、社会生活の構造も発展する。高貴な生活は名誉と勇気の崇高な遊びの形式を帯びてくる。しかし、苛烈な戦争の最中ではこの崇高な遊びはごくまれにしか実際に行なわれない。したがってそれは審美的社会的擬制の中で洗練されていくよりほかしかたない。ただ血なまぐさい権力はごく限られた面にのみ高貴な文化形式に割り込ませたにすぎない。そこで社会の共同体精神は英雄的生活の空絵事にはけ口を求め、名誉と徳と美の理想世界における気高い競技で英雄の生涯を完成させる。高貴な戦いという理念はかつての最も力強い文化的衝動の一つである。それがひとたび西欧中世の騎士道や日本の武士道のように模擬戦的訓練、おごそかな集団的演技、生活諸関係の詩的昂揚に発展すると、今度は空想的観念が逆に文化的、個人的態度や行動に作用を及ぼし、それによって勇気を鍛え、義務遂行を励ますようになる。生活理想でありまた生活形式でもある高貴な戦いの体系は特にぬきんでてある社会構造と自然に結びついている。そうした社会はどんな社会かといえば、中くらいの土地をもった多数の戦士貴族が神聖不可侵とされる王侯の権力に従属し、その主君に対する忠誠心が生きることの中心的動機であるような社会だ。こうした働く必要がない自由人の社会においてのみ、騎士道は栄えることができたし、それに伴ってどうしても欠かせぬ力だめしや馬上槍試合が行なわれた。こんな場合、人々は荒唐無稽の英雄的行為を空想して誓約する遊びを真面目に受け取り、そこで旗印や紋章が重要問題とされ、騎士団に加入し、序列や先任権を争った。このための時間と心のゆとりに恵まれたのは、ただ封建的貴族階級だけだった。この理念と慣習と制度の巨大な闘技的観念複合体《コンプレックス》は西欧中世、イスラム国家、それに日本においてのみ最も豊かな発達を示した。しかも、これらすべてのもののもつ基本的性格はキリスト教的騎士道より、むしろ日出ずる国、日本において一段と明確に示された。武士《サムライ》は、ごく当たり前の人間にとっては真剣なことも、勇気のあるものにはたんなる遊びにすぎない、という悟りを主張する。彼にとって、死の危険に対する高貴な自己統御がすべてなのだ。先に述べたような悪口合戦も高貴な騎士的慣行に高まりうるのであって、そこでは戦士がいろいろな英雄にふさわしい形式を遵奉しているありさまが披露される。高貴な人が物質的なものすべてに感ずる軽侮の念もまた、この封建的英雄主義に属する。日本の貴族は、よい教育が金の価値では計りえないことを実証した。日本の大名、上杉謙信は山国に住む武田信玄と戦っていたが、信玄と敵対関係にないはずの第三者が信玄に塩を送るのをやめたという話を聞き、謙信は部下に命じて塩を敵の信玄に送らせた。そして、経済的争いの行為は軽蔑すべきだと考えると述べ、「私は塩をもって戦うのでなく、剣で戦う」と言った[29]。これもまた明らかに遊びの規律への忠誠を示したものである。

## 戦争の文化価値の過大評価

騎士的名誉、忠誠、勇気、克己、そして義務遂行などの理想が自ら奉仕する文化自体を本質的に発展させ、これを高めていったことは疑いない。たとえそれが大部分空想や仮構の中で表現されたにしても、それは教育や公的生活において個人的徳性を向上させ、倫理的水準を高めている。このような文化形式の歴史的イメージは中世キリスト教や日本の史料に叙事詩的、浪漫的光を浴びて、いとも魅力的に描き出されているが、これが繰り返されるたびに優雅な心の持ち主を誘惑し、戦争を本来それが示す現実の姿よりもはるかに美しく朗々と、徳と知識の源泉として讃えしめるようになる。人間の精神能力の源泉として戦争を礼讃する論調は時に無分別に取り扱われすぎている。ジョン・ラスキンがウールウィッチの士官学校生徒に対して、戦争はすべての至純にして高貴な平和の芸術の欠くべからざる前提条件であると言った時、彼はいくぶん調子を上げすぎていたきらいがある。「今までこの地上に生まれた偉大な芸術といえば、ただ戦士民族の中にのみあった」。「偉大な芸術は戦争によって立つ民族にのみ可能である」。「つまり」と彼は歴史的事例の扱い方においてやや素朴で浅薄な調子を相も変わらず説きつづけ、さらに次のように言う。「あらゆる偉大な民族は言葉の真実と思考の鋭さを戦争で学びとる。またそれらは戦争によって養われ、平和によって浪費される。さらに言うなら、戦争によって教えられ、平和によって裏切られ、戦争によって訓練され、平和によって欺かれる。つまり簡単に言えば、それらは戦争の中で生まれ、平和の中で死滅する、と私は悟った」。

この中にはもちろんいくばくかの真実が潜んでおり、それはそれなりに的確に表現されている。しかし、ラスキン自身もすぐに自分の論法を手控え、これらすべてのことがどんな戦争にも当てはまるわけではない、と言っている。彼が考えている戦争は特に、「創造的、もしくは基礎的戦争で、その中では人々の心に巣食う、何かしないではいられない気持ちと戦う喜びとが同意によって美しい——が、おそらくは宿命的な——遊びの諸形式の中で躾《しつ》けられる」。彼ははじめから人間を二つの「種類」に分けて考え、「一つは労働者の種族、もう一つは遊ぶ人の種族」とする。つまり後者は戦う人のことだ。彼らは「誇りに満ちた暇をもてあまし、それゆえに常に気ばらしを必要とし、その際生産的で勤勉な階級の人々を一部は家畜として利用し、一部は人形もしくはおはじき玉として死のゲームに利用する」。原始古代的戦争の遊びの性格についてのこのようなラスキンの粗雑な見方の中には深い洞察と皮相な思いつきとが混ざり合っている。ただ、ここで重要なのは、ラスキンが遊びの要素を把握していることだ。彼は原始古代的戦争理念がスパルタや騎士道に現実化していることに注目している。しかし前に引用した言葉のすぐ後には、真面目で公正な彼の心の穏やかさが彼の縦横の才智を裏切り、アメリカ南北戦争の印象の下に書かれた彼の見解は近代戦争(といっても一八六五年のもの)への考えうるかぎりの最も激しい嫌悪感を表明するに至っている。[30]

歴史時代以前からの貴族的、闘技的戦士生活の領域からじかに生まれ出た一つの徳目、それが忠誠だ。忠誠とはある人間、事物、もしくは理念に身を捧げ尽くすことであり、その際、この献身の理由を立ち入って検討したり、あるいは永遠的な拘束性に疑いを抱くようなことはしない。こうしたことは遊びの本質にはなはだ強く備わる固有の特質だ。この徳目はその最も純粋な形においても、またいとわしい逆用の形においても、歴史上に強力な酵素の役を果たしてきたが、その徳目の起源を遊びの世界にあると考えても、それは決して我田引水のたぐいではない。

それはともかく、文化価値の盛りの花と豊かな実りは騎士道の土壌から生まれ出たものだ。内に至上の気高さを秘めた叙事詩的、抒情詩表現、凝った色模様の風変わりな装飾芸術、壮麗な儀式や慣行の形式。騎士から一七世紀の「貴人」(honnête homme)へ、さらに近代の「紳士」へは一本のまっすぐな線で結ばれている。ラテン系西欧社会はこの高貴な戦士生活礼讃の中に宮廷愛の理想を取り入れた。これがあまりにも内的に深く織り込まれたため、長い間には、緯糸《よこ》が経糸《たて》をおおい隠すほどになってしまった。

さらにもう一つ言っておかねばならないことがある。こうしたことすべてを文化の美しい形式として語るようになると、よく種々の民族の伝承から騎士道を知る時のように、こうした制度の祭儀的な背景を見のがす危険に陥りやすい。我々にはただ美しく高貴な遊びとしか見えないことのすべてが、かつては聖なる遊びであったのだ。騎士叙任、馬上槍試合、騎士団と誓約は疑いもなく遠く歴史時代以前の入門式の習慣にその源を発している。この発展の鎖の環の一つ一つはもはや知りうべくもない。特に我々にとって中世キリスト教的騎士道は概して、なお人工的に維持され続け、一部は意識的に再現された文化要素として知られている。これが中世末期に名誉の儀典書、雅びな作法、紋章学、騎士団のきずな、馬上槍試合など贅を尽くして作り出された舞台装置をもっていったい何を意味しようとしていたのだろうか、このことを私は別のところで広範に描き出そうと試みた(31)。私にとって文化と遊びの内的関連性が明らかになったのは、特にこの領域においてである。

# 第六章　遊びと知識

## 競技と知識

自分が第一人者であることを実証しようとする情熱はその社会で許されるかぎりの種々の形式をとって表わされる。戦う目的や戦いの起こる行為がさまざまであるように、お互いに戦う手段もまたさまざまだ。一か八かの運だめしだったり、力や細工の技で決めたり、血みどろの戦いで決着をつけたりする。人は勇気と忍耐、巧妙さと知恵で、さらには駄ぼらと悪巧みで相手と張り合う。力だめしや試験問題、離れ業が課せられる。たとえば剣を鍛えたり、巧妙な韻を案出させたりする。問いが出され、答えが求められる。競争は神のお告げ、賭け、訴訟、誓約、謎かけの形をとることもできる。これらすべての場合、競争は本質的に遊びであり、この遊びの性格の中にこそ、文化に対する遊びの機能を理解しうる出発点がある。

あらゆる競技のはじめに遊びがある。それは空間的、時間的な枠の中で、一定の約束に従いながら、定められたとおりの形式で緊張を解きほぐしたり、あるいは、日常生活の歩みとは全く別世界のことを遂行したりするための一種の協定である。何が遂行さるべきかとか、何がその際得られるかは、遊びの目的からみれば第二義的な問題だ。

競争の習慣やそれに付与された意味を特徴づけるのは、あらゆる文化に共通した驚くべき同一形式性である。このほとんど完全に近い同一形式性こそ、いかにすべての遊び＝闘技的活動が人間の精神生活および社会生活の最も深い基盤に根を張っているかをよく示している。

おそらくすでに扱った法律および戦争の分野よりもさらにはっきりと原始古代的《アルカイック》文化の同一形式性が示されるのは、知識と知恵の競争からだ。大昔の人にとって何かを可能にしたり、敢行したりすることは力を意味したが、何かを知ることは魔力を意味した。結局、彼にとって個々の一つ一つの知識が神聖なものであり、秘密の魔力に満ちていた。なぜなら彼にとって本来、知識とはすべて世界秩序に直接つながるものだからだ。秩序だった森羅万象の生々流転の相は生活保全と人間救済のために神々が手配し、決定したものであり、祭礼によってその運行が維持されている。これを古代インドでは「天則《リタ》」（ṛtam）と呼ぶが、それはほかならぬ聖なる事物とその秘密の名前、さらに世界の根元などに関する人間の知識によってのみ、最もよく保持される、とされた。

こうして人々は聖なる祭りでこの種の知識を競い合う。なぜなら言葉で語られることによって世界秩序への直接的影響が生きてくるからだ。神聖な知識を競い合う競技は祭礼の行事の中に最も深く根をはっていて、その本質的部分を構成している。供犠の捧げものをする祭司が交互に問いかけ合ったり、あるいは挑戦に応じて答える問答は言葉の全き意味において謎かけであり、その形式と傾向からみて、普通に社会で行なわれる謎かけ問答と全く同じである。

このような聖なる謎かけ競技の機能はヴェーダ文学の中で他には見られないほどはっきりとみられる。盛大な供犠の祭りではこの競技が犠牲を捧げる式典と同じくらいに本質的部分を構成している。バラモン僧たちは「ジャータヴィジャー」(jātavidyā)、つまり起源に関する知識で争ったり、「ブラーモディア」(brahmodya)、つまり、聖なるものの表現によって最もよきものを再現することで争ったりする。この神聖な遊びの名称からすぐ察せられるように、ここで行なわれる問いかけは宇宙の起源に関するものだ。『リグヴェーダ』の中のいろいろな歌はこのような掛け合い問答競技がそのまま詩的堆積を残して伝わったものだ。『リグヴェーダ讃歌』一の一六四には一部に宇宙現象の問いかけがあり、一部には供犠式の個々の行事細目についての解答がからんでいる。

「我、汝に問う、大地のさいはてのきわみは。我、汝に問う、大地のへそはいずこ。我、汝に問う、牡馬の種は。我、汝に問う、弁論の最高の場は」(1)

讃歌八の二九では最も尊崇される神々がそれぞれ持ち物を携えた姿でうたわれている。これに対する答えとしては、必ず神の名が結びの言葉として唱えられねばならない。(2)

「ある御方は赤褐色で、常に形を変え、気だてのよい若者なり。彼は黄金もて身を飾る。(火(酒の神ソーマ)ある御方は母胎の中に輝きつつ下らせ給う。彼は神々の中の賢きもの。(火の神アグニ〕」等々。

要するにこれらの歌には儀式的謎かけ問答の性格がはなはだ強くにじみ出ており、その解答は祭礼式目やその象徴の知識に負うところが大きい。しかし、この謎かけの形式の中には存在するものの根拠についてこの上なく深い知恵が芽ばえている。パウル・ドイセン〔一八四五〜一九一九。ドイツの哲学者。ショウペンハウアー哲学を継ぎ、インド哲学に精通〕は『リグヴェーダ讃歌』一〇の一二九の壮大な歌を、「おそらくは古代から我々に伝えられた哲学の最も驚嘆すべき断片」と言っているが、まさしくそのとおりだ(3)。

「一、かの時、有なく、無なく。大空なく、そが上に懸る天蓋もなく。うごめくは何ぞ。いずこぞ。いかなる助けにぞ。深淵は水より成れるか。

二、その時、死なかりき、不死なかりき。昼と夜との区別さらになかりき。かの唯一者のみ自ら風立てず息づけり。ただそれのみにて他に何一つなかりき(4)」

これらの詩句の肯定的構造とこれに続く別の二つの詩句の中には、謎問答形式は歌の詩的構成のうちにわずかに垣間見られるに過ぎない。しかし、その次には問答形式が再び帰ってくる。

「六、これを知るは誰ぞ。ここにこれを告げ知らせるは誰ぞ。いずこより生まれ、いずこよりこの創造は……」

もし、この歌が儀式的謎かけ歌にその起源を発していること、また、その歌自体はそれなりに供犠式で実際に行なわれた謎かけ問答合戦を文学的にねり上げた形で表現していることを認めるなら、それによって、謎かけ遊びと聖なる知識欲との発生的関係は可能な限り確信をもって説明される。

『アタルヴァヴェーダ』の讃歌のいくつか、たとえば一〇の七、一〇の八などには一連の謎かけ問答が集められていて、ただ無秩序に並べられているが、それに答えがついているにせよ、ついていないにせよ、とにかく、ある共通分母ともいうべきものの下に包括されている。

「半月たちはいずこへ行く。月たちは年と合体して、いずこへ行く。四季はいずこへ。……我に宇宙の大支柱たるスカンバ(5)を語れ。

姿を異にせし二人の乙女、昼と夜、連れだちていずこへ急ぎ着かんとするか。水はいずこへ急ぎ着かんとするか。

いかなれば風やまざるか。いかなれば心休まざるか。なぜに水たちは真理を求めつつ、決して止まざるか(6)」

## 哲学的思考の誕生

これらの創作は存在の神秘に打たれた太古の霊感や感動から生まれたのだが、こうした作品の中から聖なる詩、狂気と境を接した知恵、深奥きわまる神秘主義などと、ことさら秘密めいた美辞麗句とを区別することは、我々にはとうていできない相談だ。これら古代の祭司兼歌手の言葉は絶えず不可知なるものの戸口で行きつもどりつさまよっているに過ぎず、その未知の世界は彼にとっても我々にとっても同様に閉ざされたままなのだ。ここで言えるのは次のことだ。祭礼的競技の中で、つまり空虚な遊びからではなく、聖なる遊び「の中で」知識愛、すなわち哲学は生まれた。知恵は神聖な技芸として磨きがかけられた。哲学はここではこの遊びの形式の中にその源を発している。そもそも、この世に存在するすべてのものはいかに形づくられたか、という宇宙論的問題は最初の人間的精神活動である。実験児童心理学の教えるところによれば、六歳の子供が出す質問の大部分は、たとえば、誰が水を流してるのとか、風はどこからやって来るのとか、死についての質問とかのように、宇宙論的性質のものであるのが普通だ。(7)

ヴェーダ讃歌の謎かけ問答はそのまま直線的にウパニシャッドの深遠な語句につながっている。しかし、ここで聖なる謎の哲学的内容を詳細に検討するのは我々の課題ではない。我々の課題は遊びの性格をなおいっそうよく分析し、文化に対するその意味をできるだけ明確に論証することだ。

## 謎かけ競技は祭礼行事に含まれる

謎かけ競技は決して単なる娯楽にしか過ぎないものではなく、供犠祭礼の本質的部分を構成するものだ。謎を解くことは犠牲を捧げることと同様に欠くべからざることだ。(8)それは神々を強制する。この古代インドの慣習とはなはだよく似て興味深いのは、中部セレベスのトラジア族の風習だ。[9] 彼らの祭りに際しては謎をかける時期がある一定期間に限定される。それは稲が「孕む」瞬間から収穫の始まる時までだ。その間、謎の「解き方」が稲の「でき具合」に有効なのだ。謎が解かれるたびに、祈願を込めた合唱が起こる。「しゃんしゃんしゃん、としゃしゃり出よ、我らが稲よ、しゃしゃり出よ、実りの瑞穂よ、高ければこの山の上にも、低ければこの谷の底にも」。この期間の前にくる季節の間はあらゆる文学活動は禁止される。なぜならそれは稲の成長に危険を及ぼすかもしれないからだ。謎を意味する「ワイロ」(wailo) という言葉は同時に黍をも意味している。黍はつまり稲によって民の主食の地位を追われた野生の穀物なのだ。[10]

少しでもヴェーダ文学やブラーフマナ文献〔ヴェーダ本集に付随する説明的文献。祭式の細目が微細な点まで記載されている〕に親しんだことのある人なら、すぐ気がつくように、物事の起源についての説明は互いに食い違い、矛盾し合い、このうえなく滅茶苦茶で絡み合ったり、こじつけ合ったりしている。そこにはなんの連関性も普遍的意味も見いだせない。しかし、ここでもし、宇宙論的思索の根源にある遊びの性格や祭礼行事の謎かけからの説明の由来を思い浮べてみるならば、明らかにこの混乱は単にある特定の供犠をほかより高い地位につけようと争う祭司たちの恐るべき奸智や空々しいわがまま勝手のせいにするよりも、[11] むしろ無数に矛盾し合う説明がそっくりそのまま祭礼時における謎かけ問答の解答だったのだろう、とするほうがはっきりする。

謎かけは神聖な、つまり言いかえれば「危険な」性格をもっているが、このことは次の事実で明らかだ。神話や祭礼の文献の中で謎かけはほとんど常に「首の謎」、つまり解答に生命を賭ける課題であることが明らかに示されている。つまり生命が謎の賞金なのだ。この特徴に対応するのは、誰にも答えられない問いを出すことが最高の知恵のしるしとみなされた事実だ。この二つの基本的考え方が一緒にみられるのは古代インドの物語におけるヤナカ王の話だ。彼は彼の供犠の祭りに集まった祭司たちの間で戦われた神学論争に一〇〇〇匹の牝牛を賞として出した。(12) 賢いヤージュニァヴァルキアは牝牛をあらかじめ自分のものになるよう追い立てておいて、次いであらゆる挑戦者に輝かしい勝利を収めた。挑戦者の一人だったヴィダグダァ・サーカルヤは答えられず、たちまちにして首が胴から離れ落ちた。こうして、彼は頭で罰金を払うという言いぐさを教科書さながらに実演してみせた。そして、最後に一人も問いを発するものがなくなると、ヤージュニァヴァルキアは勝ち誇って叫んだ。「いとも尊き祭司たちよ、あなたがたのうち誰にても我に問わんと欲する人は問いたまえ。あるいはもろびとこぞりて問いたまえ。あるいはお望みとあれば、その望む人に我より問いかけましょうぞ。あるいはもろびとご一同にでも」。

ここでは遊びの性格は実に歴然としている。聖なる伝承自らが遊び楽しんでいる。聖なる文献の中でこの物語が語られる時の真面目さの度合は測りがたい、結局、真面目かどうかを測るのは見当違いなのだ。そしてそれはちょうど謎が解けなかった時、その人が実際に生命を失ったかどうかの問題にも同じように言えることだ。大切なのはそうしたものとしての遊びの動機である。ギリシアの伝承の中には敗北を死で償うという謎かけ競技の基本的考え方が読みとれる。だいぶ使いふるされた形になっているが予言者カルカス〔トロヤ戦争でギリシア軍に従軍した予言者〕とモプソス〔予言者。女予言者マントの子〕についての物語がそれだ。カルカスは彼自身より優れた予言者に出会った時に死ぬと予言されていた。彼はモプソスと会い、謎かけ競技を始めた。そしてモプソスが勝った。カルカスは苦悶のために死んだか、あるいは忿懣のために我と我が身の命を断ったといわれる。(13) これは私の思うのに、明らかに、「首の謎」の例の動機がくずれた形で繰り返されているのだ。

## 古代北欧の問答競技

生命をかける問答競技はエッダ伝承の中でも一つの立派な主題である。「ヴァフスルーズニルの歌」の中でオーディンは太古の時代の知識をもつ全智の巨人と知恵くらべをする。それは言葉どおりの意味で賭けであり、運だめしであり、首をかけたものだ。最初にヴァフスルーズニルが問いかけ、次いでオーディンが問いかける。問いはまさしく神話的、宇宙論的であり、ヴェーダにうたわれた、「昼と夜はいずこより来たるや。冬と夏はいずこよりぞ。風はいずこよりぞ」の例に匹敵するものだ。「アルヴィースの歌」の中でトールはドワーフのアルヴィースにこの世の事物いっさいの名称はアーゼの神々の間で、ヴァーヌの神々の間で、また、人間たち、巨人たち、ドワーフたちの間で、それに地獄ではいったい何と呼ばれているか、と尋ねた。しかし、勝負がつかないうちに夜が明けてしまい、ついにドワーフは鎖につながれてしまった。「フェルスヴィンの歌」もこれと同じ形式をもっている。ハイドレック王の謎かけもこれと同じ主題である。ハイドレック王は、どんなに王に対して罪を犯した人間でも王に解けない謎をかけたら許してもよいと誓った。たとえ、これらの歌はエッダの中でも最も後期のものに数えられるにせよ、また、おそらく詩人の意図は作詩上の芸術的技巧でしかなかったにもせよ、ともかく、神聖な原始古代的謎かけ問答との関連性は手にとるように明らかだ。

謎の問いに対する答えは沈思黙考したり、あるいは論理的に理性を働かせても得られるものではない。それは文字どおり突如として起こる解決であり、質問者が相手をがんじがらめにしようとする鎖の紐を一刀両断に切って捨てるたちのものだ。だから正解は質問者をたちどころに無力にしてしまう。原則的にはそれぞれの問いにただ一つの答えしかない。遊びの規則を知っていれば答えはすぐわかる。この規則は文法的なものだったり、詩的なものだったり、祭儀的なものだったりする。謎の言葉は知っておかねばならないし、車、鳥、牝牛といったシンボルでどんな現象の範疇が意味されるかを理解していなくてはならない。二つ目の答えが飛び出して、それが規則にかなっていて、しかも質問者がそれを予想しなかった場合は、質問者にたいそう不利になる。反対に同一の事物が数多くの変わった方法で形象化されたり、表現されたりするので、同一の答えがたくさんの異なった謎の問いの中に隠されていることもある。解答は多くの場合、特別な聖なる名前、もしくは秘密の名前を知っていることで解ける。たとえば、さきに述べた「ヴァフスルーズニルの歌」の場合がそれだ。

もしここで、謎のもつ遊びの性格やその機能を明らかにするのではなく、謎の形式一般を理解しなければならないとしたら、より進んで謎（raadsel）という言葉を「忠告」（raad）や、「忠告する」（raden）と結びつける語源的語義的関連性を、明らかにこの言葉がもつ二重の意味（忠告する、謎を解く）とともに深く究めなければならないだろう。これとまさに同じ状態で相関連するのがギリシア語の「アイノス」（物語、発表、格言）（*αἶνος*〔ainos〕）と「アイニグモス、アイニグマ」（謎）（*αἴνιγμός, -μα*〔ainigmos, -ma〕）だ。文化史的には忠告、謎、神話類型、寓話、格言などはきわめて近く一緒に並んでいる。しかし、ここではこのことは記憶にとどめる程度にしておいて、さらに謎の系譜を個々に発展した方向に遠くたどってみなければならない。

謎は原則的にはじめは聖なる遊びであったと結論してもさしつかえあるまい。つまり、それは遊びと真面目の境目にあり、高度の重要性をもっていながら、しかも、遊びの性格を失うことなく、聖なるものとされていた。それが今や二つの枝に分かれて発展し、一つは娯楽となり、一つは聖なる秘儀的教えとなった。だからといって、真面目が冗談に堕落したとも、冗談が真面目に昇進したとも言うことはできない。ここで生じたことはほかでもない。文化生活の発展につれて、我々が真面目と遊びと分ける二つの確たる領域区分ができ上がったのだ。しかし、この二つははじまりの段階では分かちがたい精神的中間媒介体を形成していて、その中で文化は芽ばえた。

## 社会的遊びとしての謎かけ問答

謎、あるいは一般的言い方をすれば、課された質問は、その呪術的働きを無視しても、社会的交際の一つの重要な闘技的要素をなしている。社会的遊びとして、それらは各種の文学の類型やリズム形式の中に溶け込んでいる。たとえば、違った質問がそれぞれ絶えず高まりながら結びついているような数珠つなぎ問答様式、あるいは、よく知られている「蜜より甘いものは何か」のように、他のものより優れたものは何かと問いかけるやり方だ。ギリシアでは「アポリア」（難問）の提示は、どうみてもすっきりした答えの出ない問いを吹っかけることだが、これが社会的遊びとして愛好された。それは「首の謎」の退化した形と見なされうる。スフィンクスの運命をかけた問いかけはあたかも、まだ遊びという観点からなおわずかにおぼろげながら眺められるようだ。つまり罰として奪う生命は原則的には賭け物なのだ。後世の伝承がいかにこの首の謎の主題を利用したか、またそれにしてもいかになお神聖な背景が明らかに察せられるか、を示す扱い方の典型的な例は、アレクサンドロス大王とインドの苦行修道者との出会いの物語である。反抗した町を征服した後に、アレクサンドロスは彼への反抗を勧告した一〇人の賢者を前に連れてこさせた。彼はそこで解答不能の問いを出すつもりだった。最も劣った答えをした者は、まっ先に殺されねばならぬ。しかも彼らの中の一人がその判定者とならねばならぬ。彼がもし正しい判定をしたら彼の生命は救われる。問いはその大部分が宇宙論的ジレンマの性格をもつもので、ヴェーダ讃歌の聖なる謎に遊びの要素を加味し、変形したものだ。生ある者と死せる者とはどちらが多いか。海と陸とはどちらが大きいか。昼と夜はどちらが先だったか。これに対する答えは神秘的知恵というより論理的技巧のあやつり方だ。最後に誰が一番劣った返事をしたかを答える段になって、「みなそれぞれに他のものより劣る」と答え、このため、全体の計画は瓦解し、誰も殺されなくて済んだ。[14]

謎で相手の裏をかこうとする企ては本質的にジレンマ、つまり、どんな答えも結局はその返事をしたものの不利になるような問い、と考えられる。これと同じことが言えるのは二つの答えをもった謎の場合だ。その一つの答えは猥褻《わいせつ》なもので、たいていはきわめてわかりやすい。この例はすでにアタルヴァヴェーダに見られる。[15]

## 問答論法

謎が娯楽のためであれ、教訓のためであれ、ともあれ文学形式になっていくまでの間で表現される複合形式の中には二、三、特に注目に値するものがある。なぜなら、それらが遊戯的なものと祭儀的なものとの関連性を実に明確に示しているからだ。まず第一に宗教的、もしくは哲学的内容をもった問答がある。これはどんな文化においても見られるものだ。そのテーマはたいていは一人の賢者が他の一人、または多数の賢者から質問されるというたぐいだ。ツァラツストラはそうした形でヴィシュタースパ王の六〇人の賢者に言論で立ち向かっている。ソロモンはシバの女王に解答を与えている。ブラーフマナ文献ではこれが常習的主題であり、若い修道者《ブラフマカーリン》が宮廷にやってきて質問を受けたり、あるいは自ら問い返したりして、学生から教師へと成り変わってゆく。これらの形式が原始古代的な聖なる謎かけ競争と密接不可分に結びつくことはほとんど論ずるまでもない。この点で特徴的なのは『マハーバーラタ』の中の一つの物語だ[16]。パーンドゥ王の五人の王子が森の中をさまよった末に、ある美しい池のほとりに出た。水の精が彼らに問いかけ、答え終えるまで水を飲むことを禁じた。それを犯して飲むならば命を失わねばならない。やっと最後に長兄ユディシュティラ王子が水の精の質問に答える用意ができたと宣言した。そこで問答遊びが始まる。これは実に適切に宇宙論的聖なる謎かけから理性の遊びへの移行を明示していて、しかも、インドの倫理的教えがほとんどすべてこの形で言い表わされている。

よくよくみれば宗教改革期の宗教論争は、たとえば一五二九年のマールブルクにおけるルター対ツヴィングリのそれにしても、あるいは一五六一年のポワシーにおけるテオドール・ド・ベーズ〔一五一九〜一六〇五。フランスの宗教改革者。カルヴィン主義を奉じ、彼の協力者となり、彼の伝記を書いた。古典学者として優れていた〕およびその一統対カトリック高僧たちのそれにしても、要するに古い聖なる習俗のはるかなる系譜に直接つながるものにほかならない。

この問答形式をきっかけに生まれた文学作品について、もう少し詳しく検討してみたい。『弥蘭陀王問経《ミリンダパンハ》』、つまりメナンドロス王の問答集は、おそらく西暦紀元の始まる頃に編纂されたパーリ語の文献で、教典とまではいかないが、北伝および南伝の両仏教徒から相当に高く評価された書物だ。この中には紀元前二世紀の頃、バクトリアを支配していたギリシア人王朝のメナンドロス王と偉大な人物、アルハト・ナーガセーナとの問答が再現されている。その内容および傾向は宗教的、哲学的だが、形式およびニュアンスはこれに反してまさしく謎かけ競争につながっている。すでにこの問答の序の口からして特徴的だ。「王は言った。尊きナーガセーナよ、あなたは私と問答をなさらぬか。——もし陛下が私と問答をお望みなら、賢者のごとくお話しください。そうすれば喜んでお相手いたしましょう。しかし、もし陛下が私とお話しになる時、王としてふるまわれるなら、私は話したくございません。——いったい賢者はいかように話すのかな。尊きナーガセーナよ」。——そこですぐその説明がはねかえってくる。「賢者はたとえ窮地に追い込まれても怒ったためしはありません。しかし王はよく怒るものです」。かくして王は平等な立場で問答を始めることを承知した。それはちょうどアンジュー公フランソワによって行なわれた「ガベ」の遊び（冗談自慢）と全く似ている。ところでそこへ王の宮廷の賢者たちも参加する。五〇〇人のヨナカたち、つまりイオニア人やギリシア人、さらに八万人の僧侶が傍聴人になった、ナーガセーナはしばしば、「二つの要点をもち、意味深長で解きづらく、結び目より堅い」問いをかけてきた。王の賢者たちは、ナーガセーナが異端の傾向をもつ罠を仕掛けた問いで自分たちをいじめる、と歎いている。それはつまり勝ち誇って挑戦的につきつけられた典型的両刀論法《ジレンマ》の繰り返しである。「さあここから抜け出す道をお探しください。陛下」。こうして、仏教の根本問題がソクラテス流に単純な哲学的公式にのっとりながら次々に展開される。形式は遊びだが、その意味は真面目そのものだ。

## 神学的、哲学的論議

スノリ・エッダ〔スノリ・ストゥルルソンが一二二〇年頃、編纂した散文エッダ〕。「ギュルヴィの欺き」はその中の第一篇をなす。第二篇「詩人の用語」、第三篇「ハウフタタル（長詩）」〕の中にある「ギュルヴィの欺き」の詩論も宗教的問答の一種に属する。ガングレリは七本の剣の曲芸でギュルヴィ王の注意を自分に引きつけておいたうえで、ハールとの問答を賭けの形で始めた。

移りゆく時の流れは事物の起源に関する聖なる謎かけ競技や名誉、生命、財産などを賭けた詭弁的問答競技をしだいに神学的問答論議《カテキズム》に結びつけていった。この方向にさらに発展すれば対話体、礼拝用連禱、宗教上の教理問答などの諸形式が並んでくる。このような形式が肩をつき合わせ、入り交じって並んでいるところといえば『アヴェスター』をおいてほかにはない。そこでは教理がおよそツァラツストラとアフラマツダとの問答のやりとりの中で提示されている。供犠の祭りの典礼書たる『ヤスナ』（Yasna）はなお原始的遊びの形式の痕跡をはなはだたくさん残している。教理、輪廻、祭礼についての典型的な神学問答は絶えず古い宇宙論的問答と交代して繰り返される。たとえば『ヤスナ』四四のごときがそれだ。[17] 歌はすべてツァラッストラの言葉で始まる。「そこでお尋ねいたさん。正しい答えを我に与えよ。アフラよ」。それから引き続いて、かわるがわる「……するのは誰か」と「いったい我々は……するか否か」で始まる問いかけが行なわれる。「大地を下に、大空を上に支えて落ちざるよう防ぐは誰か」。「風と雲に早さを加えるは誰か」。「恵み豊かな光と闇と……眠りと目覚めを作り出せしは誰か」。そして最後に注目すべき問いが発せられる。それは我々の取り扱っているものが古い謎かけ競争のなごりであることを教えてくれる。「そこでお尋ねいたさん。そもそも我には約束されし一〇頭の牝馬、一頭の牡馬、さらに一頭のラクダの賞が得られますや否や。マツダよ」。――本来、純粋な教理問答式の問いかけは信心の起こりと種類、善と悪の区別、純潔に関する諸問題、悪しき魂との戦いなどについて行なわれている。

スイスの一宣教師はペスタロッチと同じ土地で同じ世紀に、子供のための教理問答に「小さな謎の本」と題をつけたが、実は彼はこの思いつきで太古の文化史とどれほど密接に結びつくかなどは、全く予想もしなかった。

メナンドロス王がやったような神学的、哲学的問答は学問的質問にまっすぐつながっていて、後世の王侯たちはよく学問的質問を宮廷づきの学者や外国からの賢人に浴びせかけた。ホーエンシュタウフェン家のフリードリッヒ二世について我々の知るところでは、彼は質問書を一度は宮廷づき天文学者ミカエル・スコトゥスに対して、[18]二度目はモロッコのイスラム学者イブン・サビンに対して提起した。前者の場合の一連の質問は、宇宙論的なものと純粋に自然科学的なものおよび神学的なものの混ざり合っている点で我々のテーマにとって格別に注目に値する。大地は何で支えられているか。いくつ天はあるか。神は玉座にどんなふうに坐っているか。罪に落とされた人間の魂と堕落した天使の魂の違いは何か。大地は全く固くかたまっているのか、それとも空洞をなしているのか。海の水はどうして塩からいのか。風はいったいどうしていろいろな方向から吹いてくるのか。火山の蒸気の噴出と爆発はどうして起こるのか。死者の魂が明らかに二度と地上に帰ってこないのはなぜか、等々。つまり、古くからの問いかけの声に新しい響きが入り混じっている。

イブン・サビンに対する『シチリア質問書』は懐疑的でアリストテレス主義的性格を帯び、前者よりもずっと哲学的匂いが強いが、やはりこれも古代の同類型のものと結びついている。若いイスラム哲学者は皇帝を単純に叱りつける。「貴方は馬鹿げた、ぶざまな質問をされ、しかも、あなた自身からして矛盾を犯しておられる」。皇帝はこの非難を冷静に謙虚に受け入れた。そこでハンペはこのことに「人間フリードリッヒ」を見てとり、讃えた。しかし、フリードリッヒはメナンドロス王同様、問答遊びは平等の立場で行なわれるべきだと心得ていたのだ。つまり、古いナーガセーナの言葉をして言わしめるなら、人はみな王としてではなく、賢者として親しく語り合うのだ。

## 謎かけ遊びと哲学

後期のギリシア人は謎かけ遊びと哲学の起源の間に特定の関係があることをまだよく心得ていた。アリストテレスの弟子であったクレアルコスは格言についての省察の中で謎の起源について言及し、それがかつて哲学の対象であったことを立証した。「昔の人は謎かけを教養（παιδεία《パイデイアー》）の試練とみなすのを常としていた」。これは明らかに前に述べたような一種の哲学的謎かけ練習問題と関係がある。(19) 太古の謎かけ問答とギリシア哲学の黎明期の作品との間を直線で結びつけることは困難なことでもないし、行き過ぎたことでもない。

いったい、ギリシア語の「問題」（πρόβλημα《プロブレーマ》〔problēma〕）という言葉は——文字どおりには「前に投げ出されたもの」という意味だが——それ自体でどの程度まで哲学的判断の起源が挑戦、課題などから発していることを明らかに示すものかどうかは、まだ解決をみるに至っていない。ただ確実に言えるのは、最古の時代の知識探究者から後のソフィストおよび雄弁家に至るすべての人は典型的な闘士として登場していることだ。彼らは競争相手にいどみ、強力な批判で彼を攻撃し、自己独自の意見を真実この上ないものとみなして原始古代的人間ならではの若々しい確信をもって讃美した。初期の哲学問題の方法と形式は論争的であり、闘技的だ。彼らは常に一人称で語る。エレアのゼノン〔前四五〇年頃の人。パルメニデスの弟子〕は競争相手と争うとき、アポリア〔答えのない難問〕を用いた。彼は外見上は相手の前提から出発しても、そこから二つの互いに矛盾し合い、排斥し合う結論を引き出した。この形式はやはり明らかに謎かけ競技の領域のものである。「ゼノンは尋ねる。『空間が何物かであれば、それはいったい何の中で存在しているのだろう』この問いは解決不可能だ[20]」。「暗い人」と言われるヘラクレイトス〔前五〇〇年頃の人。生涯孤独で「謎をかける人」ともいわれる〕にとって自然と生命はグリフォス、つまり謎を表わしている。そして彼自身が謎かけ屋だった[21]。エンペドクレス〔前四九二〜前四三二頃。シシリー島出身〕、弁論術の創始者〕の箴言《しんげん》はひとかたならず神秘的な謎の解釈の響きをもっている。しかもそれはなお詩の形式をまとっている。動物の起源についてのエンペドクレスのグロテスクなほど荒っぽい観念も古代インドのブラーフマナ文献に見られる野生的な幻想の中に置いてみれば、格別おかしいものではない。「彼女（自然）からたくさんの頭が頸なしのまま生えいでて、肩もないのに腕があたりをさまよい、顔のない眼が中空に漂う[22]」。初期の哲学者は予言と陶酔の調べをもって語る。彼らの限りない自信は供犠祭司、もしくは秘伝伝授者のそれである。彼らの取り上げる問題は事物の根源、発端《アルケー》（*ἀρχή*〔archē〕）、生成《ピュシス》（*φύσις*〔physis〕）についてだ。それは記憶されない遠い昔から謎の形で提示され、神話の形で説かれてきた最古の宇宙論的問題である。一八三個の世界が二等辺三角形の形によりそって並んでいると考えるピタゴラス派の観念のように[23]、神話的宇宙論の驚くべき幻想からじかに、宇宙万般の諸形態に関する論理的思索が時の流れとともに分離独立してゆくのだ。

初期哲学の闘技的契機は特に次の点であきらかだと思われる。人はこの世界の生々流転の歩みの中に根源的対立物の永遠の争いをみてとる傾向が強かった。そしてそれは中国の陰と陽の対立のようにあらゆる事物の本質に厳然として横たわっていると考えたのだ。

　ヘラクレイトスにとって争いは「万物の父」であった。エンペドクレスはそもそものはじめから未来永劫にわたって世界の動きを支配する二つの原理として「愛《フィリアー》」（*φιλία*〔philia〕）と「争い《ネイコス》」（*νεῖκος*〔neikos〕）を定立した。初期哲学者の森羅万象に対する対立的解明の傾向は、初期社会の対抗的、闘技的構造と対応するものであることはどうみても決して単なる偶然ではない。人は古くからすべてを対立する二元論で考え、競技によって支配されていると見ることに慣れてきた。ヘシオドスもまた悪しきエリスと並んで良いエリス、つまり健全な対抗心を認めている。

　こうした推論を押し進めてゆくと、おそらく存在するものすべての永遠の争い、つまり「生成《ピュシス》」（physis）の争いは法廷の争いを意味すると考える見方も生まれてくる。この考え方は我々を再び原始古代的文化の遊びの領域に連れもどしてくれる。自然の永遠の争いがまた裁判上の争いでもあるわけだ。ヴェルナー・イェーガーによれば[24]「コスモス」（秩序）、「ディケー」（正義）、「ティシス」（仕返し、罰）などの概念は本来それらの属していた法の世界から出て、世界の動きの上に転用され、世界の動きは法行為の概念で理解されるようになった。かくして「アイティアー」（原因）（*αἰτία*〔aitia〕）は、はじめ裁判上の罪をさしていたが、やがて自然の因果関係を示す一般的術語となった。こうした考え方に形式を与えたのがアナクシマンドロスだが、その形式はあまりにも断片的にしか残されていない。[25]「しかし、物事は生まれ出た元のもの（ここでは無限を意味する）から出て、またそこへとそれらは滅びてゆくさだめだ。なぜなら、それらは時の定めに従って、犯した不正を償い、それに報いなければならないから」[26]。この箴言は全く明解だとは言い切れない。ただここで扱われている観念は、宇宙が自ら犯した不正を償わねばならぬ、といっている。ともかく、この言葉がどう受け取られようと、この中にはキリスト教の観念によく似た響きをもつはなはだ深い思想が根を張っていることは疑いえない。しかし、人はいったいこの中に、後の前五世紀のギリシア都市国家に現われるような国家秩序と法生活の豊かな理念がすでに下地として入っていると考えるだろうか。むしろはるかに古い法概念の集積とみなすべきではないだろうか。これは先に述べた法と返報の原始古代的概念ではないだろうか。つまりそこでは、法の理念はまだ、くじを振ったり、互いに決闘したりする世界に釘づけにされていて、簡単に言えば、裁判上の争いがなお聖なる遊びであったような世界の中にあるのではなかろうか。エンペドクレスの『断片』の一つは時間の成就する業についての四原素の激烈な争いに関して考察しているが、その時間は交互に根本原理にのっとり「大いなる誓いをとおして押し進められる」と説いている[27]。この神秘的、神話的構想を完全に理解することはほとんど不可能だ。ただ確かに言えることは、この哲学者兼予言者の思想は正義を求める闘争遊戯の領域にとどまっていることであり、これこそ、原始的文化生活および思想生活の重要な基盤と我々が認めるものだ。

# 第七章　遊びと詩

ギリシア哲学の起源を太古の神聖な知恵くらべ競技と関連させて語らねばならないところまで行きついた人は、すでにいやおうなしに宗教的哲学的表現と詩的表現との限界に踏み込み、あるいはそれを越えて活動することになる。そこで今度は詩的創造の本質に関する問題を整理し、検討することが望ましいと思われる。ある意味ではこの問題こそ、遊びと文化の関連性についての論議の中心課題となるものだ。宗教、科学、法律、戦争および政治は文化の初期段階では明らかに遊びと広範な関連性をもっているのに、より高度な組織化された社会になると、その関連性をしだいに失っていくように思われるが、遊びの世界に生まれた詩は常に変わらず、遊びの世界を安住の地としている。詩作〔ポイエーシス＝作ること、創作〕は遊びの機能の一つである。それは精神の遊び場の中、つまり精神が創造した独特の世界の中において営まれている。そこでは事物は「日常生活」の場合とはうってかわった風貌を示し、論理とは全く別の絆で互いに結ばれている。もし醒めている生活の言葉できちんと表現されたものを真面目というなら、詩は完全に真面目とは決して言えない。それは真面目の彼岸に立つものだ。子供、動物、野獣、それに予言者の属する本源的な向こう岸の世界、夢と陶酔と恍惚の笑いの分野にそれはあるのだ。詩を理解するためには、魔法のシャツのように子供の魂を引きつけなければいけない、子供の知恵を大人のそれよりも大切にしなければならない。これこそもう二〇〇年も前にヴィーコ〔一六六八〜一七四四。イタリアの歴史思想家。『新科学原理』を著わす〕が理解して表現したことのある詩の根本的本質だ[1]。これは何物にもまして純粋な遊びの概念に近い。

「詩は哲学的識見の見る夢のようなものである」(Poësis doctrinae tanquam somnium)とフランシス・ベーコンは味のある言葉を伝えている。未開民族が存在の根元について考えだす神話的空想の中には、後になって論理的形式を踏んだ思索を重ねて表現されるはずの意味が、すでにつぼみの形でかくされて含まれている。文献学や宗教学は、初期信仰の神話的核心からこのことを理解しようと、これまでに努力に努力を重ねてきた[2]。詩の芸術、聖なる教義、知恵、そして祭祀などが生まれたばかりの始源的統一体をなしているという立場から、古代文化の全機能は新しい光の下に理解される。

## 憑かれた人、予言詩人

このような理解のための第一の前提は、詩の芸術がただ美的機能だけをもつべきだとか、あるいは美的基盤からのみ解釈されたり、理解されたりするはずのものだという見方から解放されることだ。どんなに全盛を誇る生気に満ちた文化でもそうだが、特に原始古代《アルカイック》的文化においては詩は生命力にあふれた機能であり、社会的、祭祀的機能でもあった。すべての古代的な詩の芸術は同時にそれ自体が祭祀であり、祭礼の娯楽であり、社会的遊びであり、技芸であり、腕だめしであり、謎かけであり、知恵の伝授であり、説諭であり、魅了することであり、占いであり、予言であり、かつ競技なのだ。実際、原始古代的社会の祭儀的生活の中で各種各様のありとあらゆる主題がフィンランドの民族叙事詩『カレワラ』第三歌におけるほどうまく並行している例は、他におそらく類を見ないだろう。老賢者ヴェイネミョイネンは彼に魔術競技で挑戦してきた若いほら吹き男を術で自家薬籠中のものにしてしまう。初め彼らは森羅万象の知識で争い、次いで万物の始源に関する知識で競争した。この時、若いヨウカハイネンは創造の一部は自分のおかげだと言い張った。しかし、老魔法使いは彼を土の中へ、沼の中へ、水の中へと引き込む呪いの歌をうたった。すると水が湧き出して彼の胸から腋の下に広がり、ついに口の上にまできたので、とうとう若い男は妹のアイノを老魔法使いにやる約束をした。そこでやっとヴェイネミョイネンは「歌の石」の上に坐り、それから三時間も彼の強力な魔力を元へもどす歌をうたい続け、このむこうみずな若い男の上に掛けられた術を解いてやった。先に述べた競争のありとあらゆる形式がこの中に集約されている。ほら吹き競争、自慢競争、男くらべ、宇宙論的知識競争などが荒々しく、しかも同時に大真面目な詩的空想の奔流の中に合流しているのだ。

詩人は、ラテン語では「ウァーテース」(Vates)、つまり憑かれた人、熱狂した人、夢みる人といわれる。古代アラビア人は詩人を「シャーイル」(Sjā'ir)、つまり物知り人と呼んだ。エッダ神話によれば、詩人になるために飲む蜜酒は、どんなに人が問いかけても答えられないことのない、被造物中第一番の知者クワジィルの血から造られるという。この詩人兼予言者からしだいに分化して姿を現わしてくるのが予言者、祭司、占い師、秘教僧、芸術詩人、さらには哲学者、立法者、演説家、煽動家、ソフィスト、弁論家たちだ。初期のギリシア詩人たちはまだ確固とした社会的機能を保持している。彼らは民衆に対しては教育者、警告者として語りかける。時代がくだってソフィストたちが現われるまで、彼らは民衆の指導者なのだ[3]。

この「ウァーテース」（詩人兼予言者）は多数の小場面にさまざまの姿で現われているが、古代北欧文学では「スル」（thulr）として、アングロサクソン人には「シレ」（thyle）と呼ばれる「祭りをことほぎ歌う人」として描かれている[4]。最も著名な「スル」の典型はスタルカズ（Starkaðr）だ。サクソ・グラマティクスはこの言葉を正しく「ウァーテース」とラテン語に訳している。この「スル」つまり祭りをことほぎ歌う人は時に典礼形式の語り手として現われるかと思えば、神聖劇の演出家であり、また供犠をとり行なう人であり、そのうえ魔法使いでもある。時にはただの宮廷詩人であり、雄弁家にすぎないようにもみえる。彼の仕事は「道化師」（scurra）と言われてもぴったりするくらいだ。これに関連する動詞「シリア」（thylja）は宗教的誦文を空んじて唱えること、魔法をかけること、ぶつぶつ言うことなどを意味する。「スル」はあらゆる神話的知識およびあらゆる詩的伝承の守り手である。彼は歴史と伝統を知る賢い老人であり、祭りの催しの時には語り手として英雄貴人の系譜を数え上げることができた。彼の特別の仕事というのが物語や万般の知識に関する競技だ。この役割で我々の関心を惹くのは「ベーオウルフ」の中のウンヴェルスだ。先に述べた「男くらべ」、つまりオーディンと巨人、もしくはドワーフとの知恵の争いも「スル」の活動範囲に属している。有名なアングロサクソン時代の詩「ウイドシズ」や「さすらいびと」も多彩な活躍を示す宮廷詩人の典型的作品と思われる。これらの特徴はすべて、ごく自然に原始古代の詩人の姿とぴったり合致する。彼の役割は常に祭儀的であると同時に文学的でなければならなかった。聖別されていようとなかろうと、このような機能はいつの時代にも遊びの形式の中に根を降ろしている。

さらに、「ウァーテース」(詩人兼予言者)の原始ゲルマン的タイプについて一言すれば、「スル」の後継者は封建中世においては一方では大道芸人、吟遊楽人の中に、他方では紋章官の中にも見いだされると考えてもあながち無謀なことではないと思われる。後者についてはすでに悪口合戦のところで少し述べてきたが、彼らはその仕事の最も主要な部分を古代の「祭祀祝詞役」と共有している。彼らは歴史、伝統、系譜の守り手であり、おごそかな儀式の語り手であり、なかんずく公認のほら吹き屋であり、口喧嘩屋なのである。

## 詩作は遊びに始まる

詩《ポエジー》は初期文化形成の原動力としての本源的機能においては遊びの中で遊びとして生みおとされた。それは清められた遊びだが、その神聖さに浸りつつ、遊びは絶えず放埒、冗談、娯楽と隣り合わせに境を接している。美的衝動の意識的満足についてはまだまだずっとあとにならなければ問題にならない。ただこの衝動は、人知れず聖なる行事の体験の中に閉じ込められていて、詩の形で表現されたにしても、奇蹟、お祭り気分の陶酔感、有頂天として感じられている。しかし、こういう形がすべてではない。なぜなら、これと同時に詩的活動は愉快で感動に満ちた集団遊戯や古代社会の各グループの激しい興奮を呼ぶ対抗試合の中から芽ばえるのだ。詩的表現の成長し、充実する場所としては、なんといっても春の祭りとかあるいは種族の他の祭日の際に祝われる楽しい行事での男女の親しい交際にまさるものはない。

今、述べたばかりのこの観点は、つきつめればこうなる。詩とは昔から粋な察しのよさと手練手管で若者と乙女がひかれ合ったり反撥し合ったりすることを絶えず繰り返す遊びがついに言葉に定着した形なのだ。これこそ疑いもなく詩のもつ祭祀的機能と同じように古く根源的なものだ。デ・ヨセリン・デ・ヨング教授が東インド諸島のブル島およびバーバール島の探検旅行からもち帰った豊富な資料は、本来、独自の働きをもつ文化的遊びに類するものだが、すでに洗練されていて立派な社会的、闘技的詩と名づけてよいものでもある。彼の好意により私はまだ未公刊の彼の労作から二、三の事例を拝借させてもらった。(5) 中央ブル、もしくはラナの住民は「インガ・フカ」(inga foeka) と名づけられた祭礼用の掛け合い歌を伝えている。男女が互いに向かい合って坐り、太鼓を鳴らしながら歌をうたうが、それはみな即興か、その場で作り直したものだ。この「インガ・フカ」は少なくとも五種類ある。それは一句ごと交互に歌い、相手に切り込むと切り返され、問えば答えられ、挑戦すれば反撥されるといった形で成立する。時にそれは謎の形式に近づく。一番重要な種類は「先発と後続のインガ・フカ」といわれるものだ。それはちょうど子供の遊びに似て、すべての節が「誰もが続く、誰もが後追う」という文句で始まっている。形式的に詩の体裁をなしているのは母音のみ合わせる押韻法だ。それは同じ語の繰り返しやその変化形を並べて、一つの主張と反対の主張を結びつける。詩的要素といえば当てつけ、思いつき、ほのめかし、言葉のあやや、かけ言葉遊びなどで、この場合、意味が全く失われてもかまわない。こうした詩は遊びの専門用語だけで綴られている。それは作詩法のきまりの作る洗練された体系を忠実に守っている。その内容はエロティシズムをほのめかしたり、あるいはまた、生活の知恵の垂訓や皮肉、嘲笑などである。

確かに伝承された「インガ・フカ」の詩句の演奏目録はあるのだが、しかしなお、即興的なものが次々に行なわれる。既成の唱句は巧みな挿入や替え歌で補正される。当意即妙の名人芸が最も尊ばれるが、凝った技巧も欠けてはいない。翻訳された歌の情趣と効果はブル島の文学と全く無関係とは言いきれないマラヤの「パントゥーン」を思い出させる。しかもさらに遠く隔たった日本の俳諧の形式をも偲ばせるものがある。

この本来のインガ・フカのほかに、これと同じ形式原理にのっとった別の形の詩がラナで知られている。たとえば、結婚式で儀式的な贈り物交換をする際に花婿と花嫁の氏族同士が「先発と後続」の型どおりにきわめて冗長な意見の交換を行なうのである。

デ・ヨセリン・デ・ヨング教授は南東方面バーバール諸島の中のヴェタン島で完全に変形した詩型を発見した。ここでは全くの即興だけが行なわれる。バーバール島の住民はブル島の人々より、大勢でいようと、一人で仕事をしていようと、かまわず歌うことが多い。ココナッツヤシの木のてっぺんに登り樹液をとる作業をしている男たちは、時に憂鬱な歎きの歌をうたったり、時には隣の木に登った友だちを種にして嘲笑の歌をうたう。これが場合によっては激しい歌あらそいに発展し、昔だったらそれから殺害や流血の惨事まで引き起こした。歌の方はすべて二行でできており、一つは「幹」、一つは「頂」、あるいは「梢」といって区別されているが、問答掛け合い形式はもはやはっきりと、もしくは全く、認められない。このバーバール島の歌で特徴的なことは、その効果がおもに歌の調子やメロディの変化をもてあそぶ点におかれていて、もはや言葉の意味や音の響きには求められないことだ。

マラヤの「パントゥーン」は交錯した韻をふむ四行詩だが、初めの二行はあるイメージあるいは事実をはっきりと歌い上げ、後の二行はそれとはかなり遠くかけ離れたほのめかしで結ばれている。要するにこれは知恵くらべの特徴を帯びている。「パントゥーン」という言葉は一六世紀までは一般に寓話とか格言を意味し、第二義的に四行詩をさした。最後の行のことをジャワ語では「ジャワブ」(Djawab)というが、これは答え、解決の意味だ。「パントゥーン」は決まった詩の形をとる前は明らかに問答遊びの一種だった。解決の糸口は押韻の響きの中にヒントとして隠されている(6)。

これと実によく似ているのが、一般に俳諧と呼ばれる日本の詩であることは疑問の余地がない。これは近代では連続して五、七、五の音節群を三行にまとめた小さな詩で、多くの場合、風にそよぐ木の葉や動物の生態、自然と人間のたたずまいに触れて感じられたかそけき印象であり、ある時は抒情的な憂い、もしくは郷愁の吐息を伴い、また時には軽妙な諧謔の味も漂わせる。今、二つの実例を示す。

もろ〳〵の心柳に任すべし　〔『校本芭蕉全集』第二巻、発句篇（下）角川書店、二八六ページ、涼莵作〕

無き人の小袖も今や土用干　〔同右、第一巻、発句篇（上）一五五ページ、芭蕉作〕

その初めの頃は俳諧も、一人が詠んで、次の人がこれを受け継いでゆく、連鎖式の語呂合わせ遊びであったに相違ない(7)。

遊びながら詩をつくる形式の典型的なものはフィンランドの「カレワラ」の伝統的な朗詠方法である。その時、二人の歌い手はベンチに向かいあって坐り、手と手を堅くつなぎ合い、交互に前と後に揺れながら一節ごとに暗誦の競争を続ける。同じような習慣はすでに古代北欧の「サガ」の中に書かれている(8)。

社会的遊びとしての詩作で、しかも意識的に美しく見せようとはほとんど、もしくは全く考えないで作る詩なら、どこでもいろいろな形式で存在している。めったに欠けることがないのは競技的要素だ。この要素は一方では掛け合い歌、歌合戦、歌の手合わせ《トーナメント》、他方ではなにかの禁制から解放されるための課題としての即興詩を支配している。この最後の主題が先に述べたスフィンクスの謎とはなはだよく似ていることは誰の眼にも明らかだ。

これらの形式はすべて東アジアで豊かに花開いた。グラネは古代中国の文献を自らくまなく渉猟し、鋭い解釈をもってみごとに再構成してみせてくれるが、その中に、問いと答えを交互に歌う合唱の実例を示してくれる。こうした歌をうたいながら古代中国の若い男女は四季の祭りを祝ったのだ。現在もアンナンになお続いているこうした風習についてはニュイエン・ヴァン・ヒュイエンが前に引用した本の中に採録している。そこでは時々、求愛の詩的問答が一連の諺をもって組み立てられる。つまりその諺が非の打ちどころのない証明として議論の支えとなるのだ。これと全く同じ形式をもったものとして、すべての章句を諺でしめくくる討論《デバ》（Débats）が一五世紀フランスでよく行なわれている。

## 愛の法廷

こうして、一方には中国文学やアンナンの民衆生活の中で詩の形を借りて登場する祭儀的愛の論戦を置き、他方には古代アラビアの悪口合戦、自慢競争、さらにエスキモーが裁判の代わりとする悪意と誹謗の太鼓競争などを置くとすれば、実にトルバドゥールの時代に発する宮廷的な「愛の法廷」（Cour d'amour）もこの系列に属することは明らかだ。トルバドゥールの詩自体を愛の法廷の経験から説き起こしたり、解釈したりしようとする古い主張は棄てられてまさに当然だが、それがロマン語の文献学に一つの論議の的になる問題を残していった。いったい、この愛の法廷は実際に行なわれていたのか、それとも単なる詩的空想とみなさるべきなのか。多くの人は後者の考え方に傾いている。しかし、それもまた行きすぎであることに疑いない。[9] この愛の法廷をたしかなところ、いくらか実践的価値をもった詩的な裁判遊びだとしてみれば、それは極東地方や北欧の場合と同様に、一二世紀ラングドック地方の風習にもよく適合する。全体の雰囲気はどの場合もみな同じだ。そこでは常に愛の問題を遊びの形式にのっとって、論争的、決議論的に処理することが扱われる。エスキモーも多くの場合、女の問題から太鼓を叩いた。その主題は愛の難問《ジレンマ》と愛の教理問答であり、その目的は名誉そのものと同一視された良い評判の維持である。誰もが類似の実例や先例による論証をもってできるだけ厳密に訴訟に似せようとする。トルバドゥールたちの歌の種類の中には、「非難」(castiamen)、「論争」(tenzone)、「交誦歌」(partimen)、「問答遊び」(joc partit)[10] があって、愛の弁論と密接な関係をもっている。これらのそもそものはじめといえば、本来の訴訟でもなく、自由な詩的衝動でもなく、純粋な社会的遊戯でもなく、それは愛にからんで名誉を争う大昔の競技なのだ。

この闘技的基盤に立って遊ばれる文化という観点から光を当ててみると、なおいくつかの詩歌遊びの形式が観察される。苦境に立たされた人に、即興で詩を歌えば自由になれるという課題が提出されたりする。こんな習慣が毎日の平凡な生活に付随して起こるような文化的時代はいったいどこのどの時代だ、というようなことは、ここでは問題ではない。大事なのは人間精神が常に繰り返して、「首の謎」からも切り離しえないし、罰金遊びとも根本において同じような、遊びの動因《モティーフ》の中に生活闘争の一表現を見つけていることだし、また詩の機能は、必ずしも意識して美の創作に立ち向かわなくても、芸術としての詩の開花のための豊かな土壌を特にぬきんでて遊びの中に発見することだ。ここでまず愛に関する領域から一例をあげておく。タンなにがしという博士の弟子たちは学校への道すがら、先生の近所に住む少女の家の前をいつも通っていた。ところが彼らはそこを通るたびに、うるさいほど「君はかわいい」「君は本当に宝物」というのだった。しんから怒った少女は彼らを待ち受けて言った。「まあ、皆さんは私を好いていらっしゃる。それは結構です。ただ私が皆さんに一句進呈しますから、どなたでもこれに相応じた句で答えてください。その方と私は愛で結ばれましょう。しかし、答えられなければ、これからは私の戸口を通るのを恥じなければなりません」。彼女がその一句を唱えた。弟子たちの中で誰一人としてそれに答えるすべを心得たものはなかった。その結果、彼らは先生の家に行くのにずいぶん遠回りをしなければならなくなった。これはアンナンののどかな田園詩＝田舎の学校物語に形を借りた一種の古代インドの叙事詩の「婿えらび《スヴアヤムヴアラ》」(svayamvara)、もしくは、ゲルマン伝承のブリュンヒルトの求婚話である。(11)

陳王朝〔一二二五〜一四〇〇年の間、ヴェトナムを支配した王朝〕の頃、ハン・ドゥは重大な過失によってその位を追われ、チ・リンで石炭業を営む身となった。皇帝は遠征の途上、たまたまこの地方に立ち寄り、そこで昔の官吏だった彼に会った。皇帝は彼に「石炭売り」について詩を作るよう命じた。ハン・ドゥはたちどころに一句ものして吟じた。皇帝は感じ入り、すべての称号を再び彼に許してやった[12]。

対句法にのっとって即興で詩を作ることは、全極東地方においてほとんど欠くべからざる才能の一つとされていた。北京宮廷に行った安南使節の成功が、その正使の即興的作詩能力の賜だったということが時々あった。彼らは常時、皇帝や大臣たちから下される問いかけや何千もの煩瑣な謎に答えるべく構えていなくてはならない[13]。つまり、遊びの形式を踏まえた外交だ。

一連の有益な知識がすべてこうした詩の形式で問答体にまとめられ、人に伝えられる。ある一人の娘が結婚に承諾の意志を表わしたとする。若者と一緒に店をやっていくつもりだ。若者は彼女に薬の名をすべて数え上げるよう要求する。それから続いて、ありとあらゆる薬局方の知識が暗誦されていく。こんな方法で算数、商品知識、農事用暦の利用法などがこのうえなくみごとに伝えられる。他の場合は恋人同士が相手をためすありふれた知恵だめしだったり、文学知識に関することだったりする。教理問答《カテキズム》の形式が謎かけ遊びと直接に結びつくことはすでに述べておいた。このことは、これまで極東社会に異常に重要な役割を果たしてきた選考試験形式にも、まさしくあてはまることだ。

## 教訓詩

詩の形式は、たとい美的要求の純粋な満足には逆立ちしても追いつかぬものであれ、社会生活での重大なこと、生き生きとしたことなど、すべてを表現するのに役立つものであり、こうした原始古代的詩のあり方ははるかに進歩した文明においても長く維持されてきた。どこでも文学的散文に比べて詩の形式が先行するものだ。神聖なもの、おごそかに儀式的なものは詩の中で歌われる。讃歌もしくは『箴言』のみならず、浩瀚《こうかん》な論文もまた通常の韻律を帯びたり、あるいは節ごとにそろえた詩の形式で述べられる。たとえば古代インドの経典「スートラ」（讃）や「シャーストラ」（讃歌）もそうだし、またギリシア哲学の初期の作品もそうだ。エンペドクレスは彼の哲学を詩の形でまとめ、ルクレティウスもまた彼をまねた。ほとんどすべての古代の教説がこうした簡潔な詩の形をとる動機として、本のなかった時代ではこの方法がテキストを覚えるのに最も適していたという実用的理由をもち出すのは部分的にあたっているだけだ。肝心なのは、文化の原始古代的段階においては生活自体が韻律的で節回しをつけて形成されたという点だ。詩は今でもまだより高められた事態を扱うのに自然な表現方法である。日本では一八六八年の明治維新の時まで、真面目な国家公文書の要旨が詩の形で表わされるのを常としていた。法制史では特にゲルマン的地盤に発見される「法の中の詩」の痕跡が特別の関心を集めている。古代フリジア法[14]のある条文の中で、孤児の相続財産売却もやむなしとする規定が急に抒情的な頭韻を踏んで展開されるのは、広く知られているところだ。

「第二のまさかの時は、その年ものみな高くなり焼けただれし飢餓が全土をおおい、その子も餓えて死ぬばかりの時、母はその子らの相続財産を競売に売りさばき、その子らに牝牛や穀物その他を買い与えるべし。第三のまさかの時は、その子着物と家とともになく、冷たい霧と寒い冬に襲われし時、しかも他人は誰もが館や家に立ち帰り温かきねぐらにこもり、野獣とても木の洞、山の風なき陰に己れの生命を守らんと努める時、かの幼き子は泣き、わめき、裸の体と身寄りなき身を歎き、その父を思う。その父は餓えや霧深い冬の寒さに必ずや幼子を守り育ててくれしならん。その時その父は四本の釘とともに樫の木の下、大地の下、いと深く、いと暗く、封じられ、おおわれてあるに」

私見によれば、ここで大事なのは遊びの空想から文章を意識的に飾ったことではなく、おそらく法の叙述がまだ崇高な精神領域に属していたという事実だ。そこでは詩的言い回しが自然な表現方法であった。実際、突然にこうして詩に変わる点ではフリジアの例が特に典型的であり、ある意味ではアイスランドの贖罪唱文（Tryggðamál）よりもさらにいっそう目だっている。この後者、贖罪唱文は頭韻を踏んだ句からなり、平和の確立をうたい、罰金の支払いを公けに公示し、新しい争いを厳重に禁じ、平和を乱すものは、どこにおいても法律の保護外に置くことを明らかにした。この「どこにおいても」をどこまでもどこまでも引きのばして一連のイメージに託して歌われている。

人の狼を
狩りするかぎり、

キリスト教徒の
教会にもうでるかぎり、
異教徒の犠牲を
聖所に捧げるかぎり、
火の燃えるかぎり、
野の緑なすかぎり、
子の母を呼ぶかぎり、
母の子をはぐくむかぎり、
炉辺にたく火の絶えぬかぎり、
船の進むかぎり、
楯のきらめくかぎり、
日の輝くかぎり、
雪の降るかぎり、
樅の木の生い立つかぎり、
長き春の日
もろの翼に
激しき風をはらんで
大たかの舞うかぎり、

天の聳えるかぎり、
畑の耕されるかぎり、
風のうなりたけるかぎり、
水の海にそそぐかぎり、
作男の種まくかぎり。

この場合はしかし、特定の訴訟を純文学的に潤色していることは誰の眼にも明らかである。実際に役に立つ文書としてはこの詩は今まであまり用をなさなかったはずだ。にもかかわらず、それは我々を詩と聖なる判決との原始的一致の境地に連れ込んでくれる。実に、この関連性こそ問題にしているところなのだ。

詩と名のるものはすべて遊びの中から成長する。神の讃美の聖なる遊び、求愛の祝祭的遊び、自慢、悪口、嘲弄を競い合う腕だめしの遊び、知恵と勘の遊びなど、皆そうだ。いったい、詩のもつ遊びの性格は文化が発展し、専門分化していくなかで、どの程度まで保たれるものだろうか。

## 神話の詩的内容

神話はたといどんな形で現われようと、それは常に詩である。詩的形態と想像力の助けを借りて神話は実際に起こったと思われることを物語る。それは森厳にして不可侵とされる意味をも込めることができる。それはおそらく合理的には決して表現されえないような関連性を表現する。神話がその対応する文化段階の中でもつ固有の神聖にして神秘的性格にもかかわらず、また人々がそれを受け取る時の絶対的真面目さを認めたうえでも、なお、神話はいったい真底から真面目といわれえたかどうか、疑問が残るのは当然だ。神話はまさしく詩が真面目でありうる限りにおいて、同じく真面目なのだ。詩と神話は論理的に考量された判断の限界を越えるすべてのものとともに、相並んで遊びの領域に活躍する。それはしかし、より低級な分野を意味するものではない。むしろ神話は理性の追求しえない高さにまで遊びながら舞い昇ると、言えるだろう。

考えられうることと考えられえないことを区別する境界線は文化の発展に伴ってはじめて人間精神の観点から徐々に引かれたものだ。あまり論理性にたよらないで世界を秩序づける未開人にとっては、すべてがまだ本来的に可能なのだ。神話はばかばかしさと異常な無軌道ぶり、桁はずれの誇張と話の筋の混線、無神経な矛盾と気まぐれな変化など備えながらも、それは未開人をなにかありえないことのように悩ませるにはまだ至っていない。しかし、一応次のような疑問は当然投げかけられるだろう。いったい、未開人にとっても神聖な神話への信仰はその初めからいくぶんかユーモラスな観念の要素を帯びていたのではなかろうか、と。神話は詩とともに遊びの領域に発生する。そして、未開人の信仰は彼の全生活がそうであるように、その半ば以上が同じこの領域に属しているのだ。

## 文化の遊びの局面としての神話

神話は文学になるにつれ、つまり言いかえれば、未開人の想像力で描いた世界から切り離された文化によって確固たる伝統的形式にもち込まれると、いやおうなしに、真面目と遊びの区別の枠をはめられるようになる。それは神聖だ、とすれば真面目でなければならない。しかし、神話は相変わらず未開人の言葉で語っている。つまりこの未開人の言葉は、いうなれば、まだ遊びと真面目の対立が根をはっていない形象のイメージを表現するものなのだ。我々は昔からギリシア神話の諸形象にずいぶん親しんできたし、またエッダ伝承を浪漫的驚異の思いで眺めるのに相当慣れているので、つい我々はこの二つの神話がいかにたくましく野蛮なものであるかを見のがしてしまいやすい。ところが、我々の心情になじみの薄い古代インドの神話の題材や民族学が世界各地から寄せ集めて我々の眼前に次々に展開してくれる荒々しい幻想の形象群にふれてみると、初めて我々は次のような推察を抱くようになる。綿密に観察すると、ギリシアおよび古代ゲルマンの神話の想像したイメージはその論理的、審美的性格において——ただし倫理的には話は別として——古代インド、アフリカ、アメリカ、あるいはオーストラリアの神話の題材の不羈奔放《ふきほんぽう》な空想と全く、もしくはほとんど区別できない、と。これらは一般的には我々の標準に照らしてみれば（といっても、最終的判断というのではないが）、前者の場合と同様に、様式に欠け、へたくそで、洗練されていない。ヘルメスの冒険のすべてでも、オーディンやトールのそれと同じく未開人の語り継いだものだ。しかし、神話的諸形象はもはや標準的形式で伝承が行なわれる時代においてはそこで到達された精神的水準につり合わなくなってくることもなんら疑問の余地のないところだ。そこで神話は文化の神聖な要素としての名誉を保とうとすれば、神秘的に解釈されるか、あるいは純粋に文学として練り上げられていくか、いずれかでなければならない。神話から信仰の要素がしだいに薄れていくにつれ、もとから備わっていた遊びの響きがしだいに音高くなってくる。ホメロスはとうに信仰の匂いをもたない。にもかかわらず、神話は神々に関する事柄の詩的表現形式として、すでにそこで理解されていたものの適切な再現としては価値を失ったのちにおいてもなお、純粋に美的機能のほかにまだもう一つの重要な機能を保ち続けている。プラトンにおいてそれは霊魂の神話であり、アリストテレスにおいてそれは自ら動かずに世界を動かすものに対してこの世の事物が抱く愛の観念である。

神話に固有の遊びの調子を知るための最も明解な実例といえば、新エッダの第一篇「ギュルヴィの欺き」、第二篇「詩人の用語」を措いて他にはない。それは神話的題材を扱いながら、全く文学であり、しかも異教的内容のために表向きは禁止されながら、文化財として尊重され、研究されている文学だ[15]。書いた人はキリスト教徒でしかも聖職者だった。彼は冗談もユーモアもまちがいなく含めた調子でこの神話的事件を書いた。しかし、その調了は信仰をかざしてかの破滅に瀕した異教を見下し、いくぶんそれを馬鹿にした態度をとるキリスト教信者のそれではなく、また過去を悪魔の暗闇とみて忌み嫌う転向者のそれでもない。それはまさに半ば信仰をもち、半ば真面目な調子といってよく、あたかもそれは、おそらく古くから神話的思考に属していて、古き良き異教時代にもあまり変わらない響きを伝えた調子といってよい。不合理な神話学的主題、純粋な野蛮人の空想——たとえばフルングニル、グロア、アウルヴァンデイルの物語など——が適当に発達した詩作技術と融合することは、常により高級な表現形式を求める神話の本質と一致する。最初の物語の題、「ギュルヴィの欺き」はいろいろと考えさせるものを多くもっている。それは宇宙論問答という古くから我々に周知の形式を備えている。同じような会話はウトガルド・ロキの館でトールによって行なわれた。ネッケルは正しくもこれを遊びと言っている。[16] ガングレリがすべての事物、風、冬、夏などについてその起源をたずねて古くから伝わる神聖な問いを出す。答えは一般にただ奇妙で神話的な形象が解答として与えられる。「詩人の用語」の書き出しのところはどうみても遊びの領域に属している。そこに展開するのは、馬鹿な巨人と悪役になるずる賢いドワーフ、粗野で笑いを誘う事件、結局のところは気の迷いとしてけりのつく不思議なことなど、原始的で無形式な空想である。これは疑いなく最終段階にたどりついた一種の神話だ。しかし、それがあまりにも味わいに乏しく、ばかげており、ありふれた空想になり下がっているからといって、これらの特徴を英雄的で神話的な観念が後世において新たに堕落したものとみなすことはあたらない。反対に、それらはまさにその無形式性の中で、文句なく初めから神話に属しているのだ。

## 詩的形式は常に遊びの形式だ

詩にはいろいろな形がある。韻を踏んだもの、節に分かれたものなどがあり、詩的道具だてとしての押韻、一母音のみの対応、節の交換、リフレイン、表現形式としての劇、叙事詩、抒情詩などだ。その形式は多種多様だが、しかし、同じようなものは世界中どこへ行っても見ることができる。このことは詩の主題についても言えるし、一般的な話しかけによる伝達方法についても言える。一見したところ、その数は膨大だが、しかしいたるところで時代を越えて繰り返し現われているものだ。この形と動きはあまりにも我々に親しいものなので、その存在を自明なものと考え、あえて普遍的な理性に訴え、それがほかならぬそうしたものでしかない理由を問うことはめったになかった。我々の知りうる時代のすべての人間社会において詩的表現が広く同一性を保っていることの理由は、本質的には次のようなことに求められるべきだと思われる。つまり、この常に形式を踏む言語表現としての詩はあらゆる文化生活の中でより古く、より根源的な機能に根ざしている。この機能が遊びだ。

ここで遊びの本来的な特徴と思われるものを今一度数え上げてみよう。それは時間、空間および意味の一定限界内で行なわれ、誰の眼にも明らかな秩序の中で、自由意志で受け入れた規律に従い、物質的利益や必要を度外視した行為だ。遊びの情趣は熱中と陶酔だ。それが神聖なものであるか、あるいは単にお祭り的なものであるかによって、遊びは聖なる儀式となったり、あるいは娯楽になったりする。その行為は昂揚と緊張の感情を伴い、やがて喜びと解放感をもたらしてくれる。

詩的形式を踏むあらゆる表現活動、たとえば、語られたり歌われたりする物語の韻律的旋律的組み分け、脚韻と母音押韻との鮮やかな畳み込み、意味を隠した婉曲な言い回し、詩句の精緻な組み立てなどは、そもそもの性質上からして遊びの領分に属することはほとんど否定すべくもない。もし、ポール・ヴァレリーに同調して、詩は一種の遊び、つまり、言葉と言語をもってする遊びだと言う人がいたら、その人は意味を振りかえて比喩的に使っているというより、むしろ詩という言葉の最も深い意味において言いあてているのだ。

ところで詩と遊びの関連性はただ物語の外面的形式にのみとどまるものではない。本質的にもその関連性は形象化の諸形式、主題脚色、表現の中に明らかに見られる。ただ、たといそれが神話的形象《イメージ》であろうと、あるいは叙事詩的、劇的、抒情詩的形象だろうと、また古代の伝承だろうと、近代の小説であろうと、そこには常に言葉をとおして緊張を高め聴衆（あるいは読者）を魅了しようとする意識的もしくは無意識的な目的がはたらいている。ここで大事なのはある効果を生み出すことだ。そして常に土台となるのは、緊張を伝えやすい人間的生活環境もしくは人間的心情の働きだ。ただこうした環境や働きは決してどこにもころがっているものではない。もっとも広義の意味で戦いと愛、もしくはこの二つの合わさった状態がその大半を占めている。

## 詩は競技の中で養われる

こうして、我々は遊びという範疇の中核的意味内容を構成すると思われる領域、すなわち競争の領域に近づいた。たいていの場合、詩、あるいは文学一般の題材の中心的主題は主人公がやり遂げねばならぬ課題、試みねばならぬ試練、克服せねばならぬ困難などの中に置かれている。一つの物語の中で活躍する人物につける主人公（held　英雄の意味でもある）とか主役（protagonist　主たる闘技者の意味）という名称はそれだけで意味深長だ。課題はほとんど不可能と思えるほどむずかしくなければならない。しかも、それは多くの場合、挑戦や希望の達成、あるいは、試練、誓い、約束などを背負わされる。かくして、すぐに我々はこうしたすべての主題が闘技的遊びの領域に我々を引きずり込んでいくのに気づくのだ。緊張をかもし出す主題のもう一つの系列は、主人公が身元を明かさないことによって起こる。彼は本当のことを隠したり、自分でも知らなかったり、姿形を取り替えたり、変形したりして、自分自身がどういう人かは知られないままだ。一口で言えば、主人公は仮面の人だ。彼は変装して現われ、身辺に秘密を帯びている。こうなると、人は奥義に通じたものにのみ姿を現わすという隠れ神の古い神聖な遊びの領域に再びごく近く立つことになる。

ほとんど常に相手より優越しようという意図を秘めて行なわれる競技としての古代の詩は、神秘的奥義の謎や論理の謎で争う太古の戦いとあまりはっきり区別されえない。ちょうど、謎かけ競技が知恵を生み出すように、詩の競争は美しい言葉を生み出す。両方とも神聖であるか、詩的であるかを問わず、専門用語とシンボルを定めた遊びの体系的規則に支配されている。多くの場合、二つは共存している。謎かけ競技も詩もともに、そこで語られる特殊な言葉を理解しうるような奥義を窮めた人々の集団を前提としている。解答の妥当性はいずれの場合もそれが遊びの規則に合致しているかどうかの一点にかかっている。詩人は特別に雅びな言葉を語りうる人である。詩の言葉は誰にも理解できるものではない特異なイメージをわざと使う点で日常の言葉と異なっている。すべて言葉はイメージを描く手段だ。そこに在ることとそれを知ることとの間隙はただ想像力の火花の飛躍によってのみ埋め合わせることができる。言葉でがんじがらめにされた概念が生命流露の流れそのものとは適合しないのはいかんともしがたい。イメージを生む言葉は事物を表現の衣でおおい、観念の透視光線で照らし出す。一方、日常的言葉は実際的で誰にも通用する道具としてあらゆる用語から絶えずイメージ創造の力を磨滅させている。そのうえ、それは一見厳格な論理的自立性を身につける。他方、詩は言葉のもつイメージ創造の力を意識的によりいっそう開発しようと常につとめている。

そもそも詩的言語がイメージを弄ぶことは一種の遊びである。そのイメージは様式をこらした序列で並べられる。そしてそこに秘密が秘められる。こうしてイメージは、遊びながら謎に答えを出すのだ。

## 詩人の言葉は遊びの言葉

詩人の言葉は原始古代文化ではまだ傑出した表現手段である。そこでは詩は文学的抱負の満足よりも、もっと広く、もっと生き生きとした機能を果たしている。それは儀式を言葉の中にもち込み、社会的関係に決定を下し、知恵と法と醇風美俗の担い手となる。こうしたことがいくら重なっても詩の本質を損なうことはない。なぜなら、原始文化の枠はそのまま遊びの領域内に入っているからだ。そこでの行動は大部分が共同体の遊びの形式で行なわれる。実用的活動ですら好んであれやこれやの遊びと関連性をもっている。文化が精神的にも物質的にも発達を遂げるにつれて、遊びが自由にふるまえた領域は犠牲にされ、それにつれて遊びの徴候などもはやほとんど、あるいは全く認められない領域が広がった。文化は真面目なものとなり、法律、戦争、経済、技術、それに学問は、遊びとの関連性を失ったように見える。また、かつて神聖な行為の中で遊びの形式にのっとった表現に広汎な活動分野を提供していた祭式も、この移行の歩みに同調しているかのように思われる。ただその時でも詩の芸術は花香る高貴な遊びの砦として残り続けている。

詩的隠喩の性格ははなはだ明瞭だから、くどくどとその根拠を述べたり、多くの実例をあげてみせることはほとんど必要ないだろう。古代文化に対して詩の果たしたその欠くべからざる価値を思えば、詩の技法が厳密さと洗練の度合において最高の段階にあったとしても、なんの不思議もない。むしろそれは詩というより、強制的効力をもって変幻自在に応用される遊びの規則が厳格な体系でことこまかに書きつらねられている教典といえないだろうか。この体系は高貴な学問として守りとおされ、伝承された。こうして芸術の洗練された発展が遠く隔てられた二つの民族、たとえば古代アラビアとエッダやサガ時代のアイスランドの間に同じように見受けられても、それは決して偶然ではない。この両者は相隔たること遠いうえに、より豊かな、より古代的な文化とほとんどか、もしくは全く接触がなく、当然ありえたはずの文学的影響を受けていないのにそうなのだ。韻律法や作詩法の個々の細かいことは、ここでは棚上げにしてよかろう。一つの雄弁な実例をもってこの説明にかえよう。それは古代スカンジナヴィア語の「雅びな言いかえ語法」(kenningar) だ。たとえば、舌の代わりに「言葉のとげ」、大地の代わりに「風の広間の床」、風の代わりに「木の狼」と言ったりする。すると聞き手には詩的謎が掛けられたことになり、静かに心の中で解かれるものとされる。詩人とその取り巻き連中はこれらの言葉を何百となく知っていなくてはならない。最も重大なもの、たとえば金などは、約一〇個の異名をもっている。新エッダの第二篇、「詩人の用語」の中には無数の詩的表現の用語が列挙されている。こうした言いかえ法(kenning) は人が神話を知っているかどうかをためすために少なからず役に立つ。すべての神がそれぞれいくとおりもの異名をもち、それはその神の冒険やその姿形、あるいは宇宙との関係への暗示を含んでいる。「通称へイムダルまたの名は何といわれる」。——「人呼んで、母親九人の子、神々の見張り手、白いアーゼの神、ロキの敵、フライアの頸飾りの探し役、と呼ぶ」。このほか、まだまだたくさんあるのだ[17]。

芸術としての詩と謎との間の密接な関連性は今なお多くの痕跡をとどめている。古代スカンジナヴィアの詩人であるスカルド詩人〔スカルドは本来、詩人の意味で、ノルウェーの王や豪族に仕えた宮廷詩人。八世紀から一二世紀まで二〇〇人も知られている〕の間では、あまりにも単純明快なものは技術的欠陥をもつと見なされた。詩人の言葉が神韻縹渺《しんいんひょうびょう》としていなければならないというのは、ギリシアでもかつて通用したような古くからの要求だ。トルバドゥールの芸術は他に類をみないほど社会的遊びとしてその機能を鮮明に打ち出しているが、彼らの間では「閉ざされた詩《トロバル・クルス》」(trobar clus)、つまり隠された意味をもつ詩が特に名誉ある才能とされていた。

近代抒情詩の傾向は好んで一般的に通用することを求めず、言葉の意味をわざと欺く使い方をもって創作の要諦としている点で、その芸術の本質に完全に忠実である。彼らの言葉を理解するか、あるいは少しはかじるくらいのごく限られた範囲の読者とともに、彼らははなはだ古めかしいタイプの閉鎖的文化団体を作る。しかし、これを取り巻く文化がいったいこの詩を十分に評価できるだろうか、また、彼らがその芸術の存在理由ともいうべき生き生きした機能を発揮しうるような地盤を形成することを認めるかどうか、疑問である。

# 第八章　形象化の機能

ある状況や事件を記述する際に、隠喩が動く生命体を使って効果を上げるということは、とりもなおさず、擬人化の道に向かっていることだ。肉体をもたず、生命のないものを人格として表現することは、あらゆる神話創造の本質であり、極言すれば、あらゆる詩の本質でもある。正確には、こうした表現に至る過程は今述べた順序で起こるものではない。まず肉体をもたない、あるいは生命のないものとして考えられたものを、あとから生きものの概念の表現で追いかけたというたぐいのものではない。まず生きた実体として知覚され、その形象化したものが最初の表現なのだ。このことは知覚したものを他人に伝える必要が生じるとすぐ始まる。観念は形象化されたものとして生まれるのだ。

生きた実体から想念の世界を創造するという、こうした精神本来の、絶対的に不可欠な傾向を精神の遊びと呼ぶことは行き過ぎだろうか。

最も初歩的な擬人化としては、迷うことなく、世界と森羅万象の生成についての神話的想像図があげられる。その中でのできごとは、ある種の創造神の手によって世界巨人の肉体の一部が役立てられた形で想像される。この観念は特にリグヴェーダや新エッダ〔スノリ・ストゥルルソンがスカルド詩人のために一二二〇年から三〇年の間に書いた詩学の教科書。これとは別に、後に（一六四三年）より古い写本が発見されたが、それは古エッダと呼ばれる。したがって前者はこれと区別して新エッダとかスノリのエッダとか呼ばれる」でよく知られている。いずれの場合も、この物語の書かれたのは比較的新しい時期に属すると考えられる。リグヴェーダ讃歌一〇の九〇では供犠司祭の神秘的、儀式的空想をとおして、誰でも知っているのが当たり前の古い物語素材の要約が展開されているのは明らかだ。原始存在としての「プルシア」(Purusha)、すなわち原人は、宇宙のための材料に使われる。彼の体からすべてのものが形成される。「空や森や村にすむ動物たち」はもちろんのこと、「月は彼の心の思いから生まれ、眼からは太陽、口からはインドラとアグニ、気息からは風が生じた。臍《へそ》からは空界、頭からは天、両足からは大地、耳からは方角が生まれ、かにかくに、彼ら（神々）[1]は世界を造り給うた」。彼らは「原人《プルシア》」を犠牲獣として焼いてしまう。この讃歌は原始的で神話的主題と思索的で神秘的な主題との継ぎはぎ細工でできている。この歌の第一節では我々にもなじみの問答形式が飛び出してくる。「彼らがプルシアを分解したとき、彼らはいったいいくつの部分に彼を分けたのか。彼の口は何に、彼の両腕は何になったか、彼の両腿は、彼の両足は、何と呼ばれるか」。

　同じようなことをスノリ・エッダの中でガングレリは尋ねている。「始まりは何であったか。どんなふうに始まったか。それは昔、何だったか」。種々雑多な主題が山のように積み重ねられたなかで世界創造の話が続く。まずはじめ熱い空気の流れと氷の層がぶつかって原始巨人「ユミル」(Ymir)が出現する。神々は彼を殺し、その肉から大地を、血から海と湖を、骨から山を、頭髪から木を、頭蓋骨から天を造る、といった具合だ。スノリ〔スノリ・ストゥルルソン。一一七九～一二四一。アイスランドの学者。エッダを編纂。政治的にも活躍した〕はさまざまな詩から個々の事例を引用している。

これらのどこを見ても生き生きした神話の最古の本源的記録はほとんどない。少なくともエッダの場合、伝承された題材が扱われていて、それは祭儀の領域からほぼ完全に文学の領域に落ち込んでおり、次にくる世代にとっても尊ばれるべき文化として後世の精神によって護持されてきた。前にも述べたが、たとえば「ギュルヴィの欺き」の物語では、これらすべてが歴然としており、そのすべての構成、調子、傾向において古い主題を伴った真面目な遊びより以上のものではほとんどない。それにしても、この形象群《イメージ》の登場する分野は、実は初めからある種の遊びの性質をそれ自身に備えていたのではないだろうか。言葉をかえて言えば、（このことは先に神話についての一般的説明として言ったことだが）いったい、インド人にせよ古代ゲルマン人にせよ人間の肉体の一部から世界が誕生するといったできごとを本気で信じていたのだろうかと疑問がもたれる。いずれにせよ、実際の信仰はたしかめられない。それはありそうもないことだ、とまでは言えるだろう。

我々は抽象概念の擬人化を後世の衒学的工夫の産物とみなすように普段から慣らされている。つまり、それはあらゆる時代の造形芸術や文学で使い古された様式上の手法としての寓意《アレゴリー》だとする。そして事実、詩的比喩が真の原始的神話の次元には踏みとどまれず、神に捧げられる行事の一部でなくなるとたちまち、その擬人化の信仰内容は幻と消え果てるとまでいかなくても、疑わしいものとなる。擬人化は、たとい神聖な概念に形を与えるために行なわれたとしても、実は詩的な方便として完全に意識的に利用される。まず一見したところ真っ先にこの判定に該当すると思われるのは、ホメロスにみられる着想だ。たとえば、瞞着《アーテー》は人の心の中にすべり込み、すぐその後から醜くて目つきの悪い哀願《リタイ》がやってくる。この二人とも、ゼウスの娘なのだという。同様に、ヘシオドスの場合はたくさんの擬人化がやや漠然とだが明らかに人工的に考えられている。彼は一連の抽象的概念を不和の女神エリスの子孫として登場させる。それは辛苦、忘却、飢餓、苦悶、殺人および謀殺、不和、欺瞞、嫉妬の面々だ。オケアノスの娘、ステュクスが巨人族《ティーターネス》のパルラスと結婚して生んだ一人の子供、クラトスとビアーはその名を「権力」、「暴力」と呼ばれるのだが、ゼウスが住む所に一緒に住み、ゼウスの行く所へいつでもついてゆく。(2) これはいったい、単なる色あせた寓意《アレゴリー》だろうか。ただ想像して描き出された空想像なのか。おそらくそうではあるまい。こうした種類の擬人化は、未開人が自分を取り囲むエネルギーや力をまだ完全には人間的な形で考えるまでに至っていなかった、太古の宗教的造形表現に属している、と考えるのがもっともらしいと思われる。まだ人間の形をした神々の姿が思い浮かべられなかった時には、人々は自然と人生で出くわす不思議なこと、奇怪なことに生き生きした感動を受け、彼らを打ちくじいたり、昂揚させたりするものに、わけのわからない名前をつけていた。彼らはそれをなにかしら本質的なものとみなしたが、まだほとんどその姿を思い浮かべることはなかった。(3)

　この根源的な精神活動から、半ば原始的な半ば衒学的な装いを帯びた空想的形象が生み出される。エンペドクレスが冥土の国に住まわせたのもこのたぐいだ。「それは喜びの尽き果てたところである。そこには、謀殺と憤怒と、その他まが罪の神々が群をなし、すべてを貪りくらう疫病、腐敗、解体の営みなどがこの不運の牧場の闇の中を徘徊している[4]」。「そこには、『母なる大地の女神』と光り輝く『太陽の処女』、血の匂いのする『戦』、静かで真面目な眼つきの『調和』、『美』の夫人と『醜悪』の夫人、『せっかち』な夫人と『のろま』な夫人、そして愛らしい『真実』と黒い瞳をもった『不明瞭』がすんでいた[5]」

## 擬人化される抽象観念

ローマ人は独特の原始古代的宗教意識をもち、現代人にはまさしく抽象と思われるはずの諸観念を直接的具象像で表わすという原始的機能を保有し続け、それを「インディギタメンタ」(indigitamenta) といわれる行事の中で祭儀的技術なみに守ってきた。それは社会的に激しい興奮をまき起こした時、そこに生ずる悲しみや激情をなだめるために、新しい神の形象を創り出す慣習的行事なのだ。かくして、「パルロル」(Pallor) と「パウオル」(Pavor) は「蒼白さ」と「恐怖」として知られ、「アイウス・ロクティウス」(Aius Locutius) はガリア人を驚かした声の主として、また、「レディクルス」(Rediculus) はハンニバルを引き上げさせたものとして、「ドミドゥカ」(Domiduca) は家路に無事に導くものとして祭り上げられる。旧約聖書には抽象的概念を擬人化した空想が盛り込まれている。それは『詩篇』

第八五の中に出てくる話で、慈悲と真実と正義と平和が集まって接吻を交わす。また知恵の書〔旧約外典の書〕の中の知恵の場合もそうだ。カナダのブリティッシュ・コロンビア州のハイダ族の仲間では「物もち夫人」と呼ばれる女神のことがよく語られているが、実はそれは一種の運の女神で、富を贈ってくれるという(6)。

これらすべての場合に、当然のことながら一つの疑問が残る。いったい擬人化の機能はどの程度まで確固不動の信仰ともいえるほどの精神的態度から発し、あるいはその結果として生じたものなのか。案外、こうした空想像は始めから終わりまで精神の遊びではあるまいか。比較的新しい時代の実例がこの結論に我々を近づける。アッシジの聖フランチェスコは敬虔な惚恍状態の中で、このうえなく神聖な愛情を込めて清貧を己れの花嫁として崇めた。ただ、もし冷静な質問を出す人がいて、いったい彼は清貧と呼ばれたある天上的な精神的実在、つまりそれゆえに実際に清貧の理念だったものの実在を信じていたのかと問うたなら、我々は答えに窮してしまう。こうした冷静な言葉で問題を問いかけること自体が、すでに表象観念からそこに盛られた感情を奪いとってしまうことになる。フランチェスコはそれを信じていたとも言えるし、信じていなかったとも言える。教会は彼のこうした信仰をほとんど、あるいは少なくともはっきりとは公認しなかった。清貧の観念のもつ雰囲気はちょうど詩的空想像と誓願を立てた教義《ドグマ》との二つの領域の間を、どちらかといえば後者に引かれながら漂っている状態だ。こうした精神状態を最も適切に表現すれば次のようになるだろう。聖フランチェスコは清貧という心象と遊んだ。このアッシジの聖者の全生涯はいわば純粋な遊びの要素と心象に満たされていて、しかもそれらが彼の最も美しい部分を形づくっている。同様に一世紀のちにハインリッヒ・ゾイゼは彼の甘く抒情性に富み、神秘的でもある想像の世界で永遠の知恵と恋人のように遊んでいる。しかし、聖者や神秘家が遊ぶこの遊びの園は合理的思考の領域を越え、論理的概念に縛られた思惟では到達しえない領域に属している。遊びと神聖の二つの概念は常に相ふれ合う。詩的空想と信仰との関係もまた同じだ。

中世の詩人、幻想家、神学者たちの寓意的形象がもつ理念としての価値については、私は論文『アラヌス・デ・インシュリスにおける詩的なものと神学的なものの融合について』[7]の中で詳しく述べておいた。詩的、寓意的擬人化と天上的――もしくは地獄的――実在性に関する神学的概念との間には厳密に限界線を引くことは不可能だ、と私は思う。アラン・ド・リール〔アラヌスのこと。一一二八頃～一二〇二〕のような詩人兼神学者に対して、もし彼の『反クラウディアヌス論』や『自然の悲哀について』のありとあらゆるイメージの宝の山を単純に文学的な「遊びごと」と規定してしまったら、それは彼に対して不正を犯すことになる。それにしてはあまりにも彼の想像力は彼の深遠な哲学的思索と互いに織り合わされている。別の面から言えば、彼はこうした観念の空想的性格を自分でちゃんと承知している。ヒルデガルト・フォン・ビンゲン〔一〇九八～一一七九。聖女。ベネディクト派修道会に属す修道女。神秘家〕でさえ彼女の幻想に現われる徳の形象を形而上学的実在として認めるよう要求してはいない。むしろ彼女はそのような観念を戒めている[8]。徳自身とそれに見立てたイメージとの関係は「意味する」という関係、つまり表示する（designare）、提示する

(praefigurare) など、明示する (declarare)、示す (significare)、予示する (praefigurare) などの関係だ。にもかかわらず、それらの形象は幻想の中で完全な生きた実在としてふるまっている。根本的には神秘的体験として示された幻想の中にも完全な真実性の主張は述べられていない[(9)]。ヒルデガルトにおいても、アラヌスにおいても、詩的想像力が常に確信と幻想の間を、遊びと真面目の間をさまよっている。

最も祭祀的なものから、もっとも文学的なものまで含んだもろもろの諸形象、たとえばヴェーダの原人《プルシア》からポープ〔一六八八～一七四四。英国詩人。かつてシェイクスピアに次いで人気があった〕の『髪の毛盗み』に出てくる魅力的な小精霊像に至るまで、そのどれをとっても擬人化は人間精神の非常に重要な表現形式であると同時に、また遊びの機能でもあった。近代文化においてもまた擬人化は決して単なる人工的で恣意的な文学活動だと決めつけてしまえるようなものではない。擬人化は日常生活においても決して涸渇することのない一つの精神的習慣である。誰でもよく経験することだと思うが、ある生命のない物体、たとえば手に負えないカラーの飾りボタンに向かって声を荒らげ、まるで生きるか死ぬかといった真剣さで、あたかも人間的性質をもったものに対するように語りかけたりする。そのうえボタンに反抗的意志を認めたように、ボタンを非難し、その恥ずべきひねくれ根性を、こいつめ、こん畜生め、などと叱ったりする。しかし、そんな時でも彼はボタンを一つの本質としてとか、あるいはある理念として信ずることを告白したわけではない。彼は彼自身の気持ちがどうであろうと、まさしく遊びの境地に入りこんでしまったのだ。

## 一般的習慣としての擬人化

生活に関係する事柄を擬人化して眺める日常の現実的精神傾向が、もし遊びの心構えに根ざしているとしたら、ある重要な問題が浮かび上がってくる。しかし、それについてここではただ触れておくことしかできない。遊びの傾向は人間的文化や言語能力および表現力が確立するより以前にすでに存在していなければならないということだ。人間になぞらえて想像する作用の基盤は太古の時代から備わっていた。民俗学や宗教学は未開時代もしくは原始古代の祭祀生活の最も重要な要素として、神および精霊の世界を動物の姿で想像することが大切だと教えてくれている。この獣神的形象は結局、トーテミズムとよばれるすべてのものをその基礎においている。種族のうちの半分はカンガルーか亀かで「ある」ことになっている。この獣の形をした形象は全世界的に広まっている変身《ウエルシペルリス》(versipellis)の観念、つまり時によって動的に姿を変える人間、たとえば狼人間などによく見られる。それはまた、エウロペやレダの事例でのゼウスの変身からも、さらにエジプトの万神殿の中の人間と動物の混淆形体からも明らかにされる。これらすべての場合、人間的なものが動物的なものに空想的に姿を変えていると考えなくてはならない。ここでなんの疑念もなく言えることは、未開人にとってこうした聖なる動物の概念は正真正銘の大真面目なものであることだ。子供の場合とよく似ていて、彼らは人間と動物の間にはっきりした区別をつけない。しかし、彼らが恐ろしげな動物のマスクをかぶり、動物として登場するときは、やはり根本においては「真によく」その区別をわきまえている。我々のような、もはや決して未開とはいえない人間が彼らの精神状態をいくらかでも理解しうる唯一つの解釈は、こうだ。未開人にとっては遊びという精神領域が、ちょうど我々の子供の世界で見られるように、彼らの全存在、つまり最も神聖な感情から子供じみた気ばらしに至るまでを、すべて包含しているのだ。そこで一つ提案をしてみたくもなろうというものだ。つまり、祭祀、神話、宗教講話における獣神的要素は、遊びの心構えを出発点とすることによって最もよく理解されるのではなかろうか。

擬人化や寓意の考察はさらにこれをきっかけとして一段と根本的な問題を引き起こす。今日の哲学や心理学は寓意という表現手段を全く棄ててしまったのだろうか。あるいは、時には心理学的衝動や精神傾向につけられた術語の中に古い古い寓意が忍び込んでいることはないだろうか。しかし、それにしても本来、比喩をもって語る言語がそもそも寓意なしに成立するのだろうか。

## 詩の基本要件は遊びの機能である

詩の基本要件とその道具立ては本来、遊びの機能だとしてはじめて最もよく理解される。なぜ人は言葉を拍子、抑揚、リズムに従って並べるのだろう。美のためとか、感動に駆られてと答える人はただ問題を手の届かないところに押しやるだけで、それはなんの解答にもならない。しかし、人は共同社会の中で遊ぶ必要に迫られて詩を作るのだ、と答える人は的を射ているといえる。韻文というものはただ共同社会の遊びとしてのみ成立する。そこに韻文の機能や価値があるのであって、共同の遊びがその祭祀的、儀式的、祝祭的性格を失うにつれて、詩の機能も失われる。押韻、対句、二行連立詩はただ挑戦と応酬、盛運と衰退、問いと答え、謎かけと解き明かしなどの永遠の遊びの姿の中において、初めて意義をもってくる。詩はその本来の起源から歌、音楽、舞踊の原理と離れがたく結びついていて、すべて一緒に遊びの根源的機能の中に含まれている。詩の中の意識的な資質としてやがて認められてゆくものすべて、すなわち美しさ、神聖さ、魅惑の力などは、はじめはまだ初歩的な遊びの性質の中にからみ合ったままひそんでいる。

不滅のギリシア的典型にしたがって詩を大きく分けて（抒情詩、叙事詩、劇の三つとして）みると、その中で抒情的なものが最も多く根源的な遊びの領域にとどまっている。抒情詩はここでは極めて広い意味に使われ、ただ本来的な抒情詩のジャンルを示すにとどまらず、むしろ詩的情緒を示すと同時に、また一般的にその感情がどこから、どんなふうにやってこようと、一種の陶酔を感じさせるものをすべてその領域内に事実上含んでいる。抒情的なものは論理的なものと相隔たること最も遠く、踊りや音楽とは最も近い関係にある。神秘的思索、神託、魔術の言葉は抒情的だ。この形式で詩人は外からやってくるインスピレーションを最も強く感覚で受けとめる。ここにおいて彼は最高の知恵に最も近いものになるが、しかしまた無意味とも背中合わせになる。合理的意味の完全放棄は未開民族の祭司用語および神託用語の特徴であり、彼らの話は時によると完全な戯言《たわごと》になってしまう。エミル・ファゲ（Emile Faguet）〔一八四七〜一九一六。フランスの批評家〕はどこかで、「近代的抒情に不可欠な一粒のナンセンス」と言っている。この言葉は今日の抒情詩文にあてはまるだけでなく、本来、論理的理解の制約を越えて作用する抒情詩の本質そのものにもあてはまる。抒情的形象の根本特徴は、つい我を忘れた誇張に走る傾向だ。詩とは途方もないものでなければならない。飛びきり奔放なイメージの中でリグヴェーダ的謎の宇宙開闢説的、神秘的幻想とシェイクスピアの比喩が出会うのだ。シェイクスピアは古典主義と寓意のすべての伝統を渉猟しつくして、しかもなお、原始古代的「予言詩人《ウァーテース》」の衝動を保ち続けている人だ。

その量にしろ質にしろ、はかりしれぬほどの幻想をもって驚天動地の観念を展開させてみようとする試みは、ただ詩的機能としてのみ、あるいはまた抒情的形式でのみ現われるわけではない。なにか途方もないものに対する要求は一つの典型的な遊びの機能なのだ。それは子供に固有のものであり、精神疾患者にも見いだされるし、(10)同様にまた神話や聖人の生涯の物語作成者にも、常にごく愛すべき形で備わっていたものだ。古代インドの伝説は行者チャヴァナが苦行《タパス》修練の最中で蟻塚に取り囲まれてしまい、ただ眼ばかりを燃え立つ炭火のように光らせていたと伝えている。ヴィシュヴァーミトラは一〇〇〇年もの間、つま先で立ち続ける。この驚くべき規模と数量が遊びと結びついたものとして考えられるのが、神話からガリバーに至る一連の巨人ないしドワーフの物語だ。トールとその部下はある大きな寝室の脇に別室を見つけ、そこで夜を明かした。次の朝、起き出してみると、別室と思ったのは巨人スクリューミルの手袋の拇指にあたる所だった。[11] 大きさとか釣り合いを際限なく誇張したり、混乱させたりすることで驚異的効果を上げようとする試みは、たとえそれが信仰体系の構成要素をなす神話の中であろうと、あるいは純粋に文学の中であろうと、あるいは真の子供の空想の産物であろうとおかまいなく、正真正銘に真面目なものと受け取られるはずがないと私は思う。これらすべての場合において人々は同じ精神の遊びの衝動に従って行動しているとしなければならない。我々は原始古代の人が自ら創造した神話に寄せる信仰を思わずしらず、いつもながらあまりにも多く近代科学的、哲学的、教条的確信の規準で勝手に判断している。半ばふざけた要素を真の神話から切り離すことは不可能だ。そこにはプラトンが述べた[12]「詩の欺瞞的な部分」が常にある。驚異的なもの、奇怪なものへの要求の中にこそ、神話的イメージを解明する基盤が大部分備わっている。

## 遊びとしての劇

このように、もしも詩が根源的な言葉、つまりギリシア語のポイエーシスなどのような広義の意味において常に遊びの領域に入るとしても、ただ、詩が本質的に遊びの性格をもつという意識がどこにもかしこにも行き渡っていたわけではない。叙事詩がもはや祝宴の席上で暗誦されなくなり、ただ本を朗読するだけになった時、ぷっつりと遊びごととの縁が切れてしまった。抒情詩にしても、ひとたび音楽との結びつきが失われてしまったら、もはやほとんど遊びの機能としては理解されなくなるのだ。ただ、劇だけが所作をするという不変の特質によって遊びとの固い連繫を維持している。言葉もまたこの結びつきを裏書きしている。特にラテン語とこのラテンの国にその起源を発する諸言語がはっきりこのことを示している。そこでは劇は遊び（spel）と呼ばれ、それはまさに遊ばれて（gespeeld）行なわれている。注目すべきは、先にも述べたことで明らかにしたのだが[13]、ギリシアでは劇が最も完全な形で創造されながら、ただその上演についても、あるいはまた戯曲についても遊びという言葉が用いられていないことだ。すでに述べたようにギリシア人は遊びの全領域を包括する言葉を考えつかなかった。このことはある意味で次のように理解されるべきではなかろうか。ギリシア人の社会はすべての表現活動において何から何まですっかり遊びごと的にできていたので、もはや遊びがなにも独自で特別なこととは考えられなくなってしまった。

悲劇においても喜劇においても、ともにその起源を遊びに発していることは常に明らかだ。アッチカ風の喜劇はディオニソスの祭りの自由奔放な行列《コモス》から発展した。それが文学的作為になったのはずっと後期になってからだ。アリストファネスの時代においてすら、まだディオニソス的、祭儀的な昔の痕跡がいろいろと残っている。いわゆるパラバシス、つまり合唱隊の行列では観客の方を向いて悪罵と嘲笑が投げつけられ、しかも槍玉にあげられた犠牲者が指でさし示される。俳優の男根をかたどった衣装や特に動物の顔をかぶった合唱隊の仮装ははるかに古い時代からの特徴である。ハチや鳥やカエルを扱ったアリストファネスは聖なるものを動物の形で想像する伝統に忠実に従っているのだ。公然たる非難、嚙みつかんばかりの侮蔑を伴った古喜劇はすでに述べたような悪口応酬で挑発し合い、しかもなお祝祭的だった交唱歌の分野に属するものだ。ギリシア喜劇の発展とそっくりそのままの形で並行する発展をゲルマン民族の場合に考え、一応仮説ながら、それを高度に信頼しうるよう非常な説得力をもって再構成してみせるのが、ロベルト・シュトゥンプフルの著した本、『中世演劇の起源としてのゲルマン人の祭礼遊び』(14)である。

悲劇もまた同様にその起源においてはある人間の運命の一幕を故意に文学的に再現したものではなく、聖なる遊びであり、舞台のための文学ではなく、遊ばれた奉納行事であった。それが神話のテーマを演ずることから、しだいに対話や物まねを用いてある一貫したできごとという観念、つまり物語の再現へと発展した。しかし、ここではギリシア演劇の起源に関してまで、あえて進言を呈することはさしひかえておくにしくはない。

悲劇と喜劇はともに初めから競技の領域に属するもので、それはすでに説明したように、どうみても遊びと呼ばれるべきものだ。詩人たちはディオニソスの祭りの競演のために張り合って作品を作った。国家はこの競演を主催してはいなかったが、指導権を確保していた。二流三流どころの詩人たちは群をなしてせり合った。絶えず比較されれば批判もきわめて辛辣になる。観衆のすべてがどんなことでもよく理解し、内容や様式の微妙な味わいにぴったり息の合った反応を示し、さながらフットボール試合の観客と同じように競技の緊張を分かちあった。胸をときめかせながら、人々は新しい合唱を待ち受けていた。そのために、これを演ずる市民たちは一年中その下稽古に追われる有様だった。
劇そのものの内容、特に喜劇の内容もまた闘技的性格をもっている。その中では争いごとが公然ともち出され、ある人、あるいはある立場に向けて攻撃がなされる。アリストファネスはソクラテスやエウリピデスに向かって嘲笑を浴びせかけている。[15]
劇の雰囲気はディオニソス的有頂天だったり、お祭り気分の狂騒やディティランボス的熱狂だったりするが、そのなかで俳優は観客を前にして身につけた仮面により日常的世界の外に引き出され、全く別人の私に変身したという自覚に達する。彼はもはや演じている、というよりむしろ再現し、現実化しているのだ。彼は観客をもこの感情に引きずり込む。アイスキュロスが想像したり表現したりする時の異様な、常軌を逸した言葉の力は遊びの神聖な性格とまさしく一致し合うところがある。それは神聖さから芽ばえたことなのだ。
ギリシア演劇の育った精神的世界では、真面目と不真面目との区別が完全に見失われている。アイスキュロスにおいてはおそろしく真面目な体験が遊びの形式と内容で表現されている。エウリピデスにおいてはその基調は重厚な真面目さと遊びの軽薄さとの間を揺れ動いている。プラトンはソクラテスの口をかりて次のように語らせている。真の詩人は悲劇的であると同時に喜劇的でなければならない。人間的生活のすべては悲劇であると同時に喜劇でもあるとみなされるべきだ。

# 第九章　哲学のもつ遊びの形式

## ソフィスト

我々が遊びという概念で描き出そうとする意味領域の中で、その真中に位するのがギリシアのソフィストの諸群像である。ソフィストは今まで我々が順ぐりに、原始古代的文化生活の中心人物としてあげてきた予言者、シャーマン、幻視者、奇蹟の人、詩人など、つまりは予言詩人（Vates）という最適の名を与えられてしかるべき人々とは少し筋の違った後継者だ。いちばん良いところを見せびらかしたい、そして好敵手を晴れの舞台で打ち負かしたい、この二つの要望こそ社会的な遊びの二大原動力だが、これがソフィストの機能の場合は明確に表面に打ち出されている。アイスキュロスにおいてはソフィストの名がプロメテウスやパラメデス〔知恵でオデュッセウスの偽りの狂気を見抜き、トロヤ戦争に参加させた。アルファベット文字や貨幣、婦人装身具の考案者といわれる〕のような賢い英雄たちにもつけて呼ばれていることを思い起こそう。二人とも人間に役立てようとして発明発見したいろいろな技術を誇らかに数え上げている。このように知識を自慢する点はまさしく、ヒッピアスのような後期ソフィストに似ている。このヒッピアスは大の物知りで、記憶の芸術家であり、技の魔術師でもあったが、身につけるものはすべて自分で作る経済的自給自足の英雄であることを自慢の種にしていた。彼はオリンピア近くの故郷の市場のいたるところに姿を現わし、あらかじめ用意した最も良いところを見せびらかすべく民衆に語りかけ、投げかけられるすべての質問に答え、彼よりすぐれたものは絶対に見当たらぬと断言した。(1) これこそまさしく、ブラーフマナにある謎とき祭司、ヤージュニァヴァルキアのスタイルにそっくりそのままだ。

ソフィストの行動は、いうなれば「見せびらかし」(Epideixis) であり、表示であり、展示であり、演技である。彼はすでに述べたとおり、上演用のレパートリーを用意している。その場で任意の報酬が払われるが、時にはプロディコス〔前五世紀のギリシア哲学者。ソフィストに属す〕の五〇ドラクマ講話のように一定の料金の出し物もあったと伝えられている。ゴルギアスは非常に高い心づけを取っていたので、デルフォイの神に自分自身の巨大な黄金像を奉納することができた。プロタゴラスのような地方巡業をするソフィストは伝説的な大成功を記録に残している。有名なソフィストが町に入るとなれば、それはいつも一つの事件だった。彼らは奇蹟を行なう人のようにただ茫然と仰ぎ見られ、レスリングの選手なみの扱いを受け、いわばソフィストの行動は完全にスポーツの領域に入りこんでいた。観衆は奇抜なテーマに喝采し、笑った。それは純粋な遊びで、お互いにまるで議論の網で捕え合い(2)、相手に「ノックアウト(3)」パンチを加え、答えはいつもまちがいとなってしまうような巧妙な難問しかもち出さないことをもって誇りとしていた。

プロタゴラスがソフィスト的論法を「旧来の技術《テクネーパライア》」τέχνη παλαιά (téchene palaia) ときめつける時[4]、彼はまさしく問題の本質を把えているのだ。これは知恵比べの古い遊びであり、原始古代の文化において、また最も源に遡った時代においてすらも、絶えず神聖なものから純粋な娯楽までの間を変化し、時に最高の知恵の域に達したかと思えば、時には単なる遊びの競技に終わっている。ヴェルナー・イェーガーは「ピタゴラスを一種のまじないで病気をなおす呪術師の仲間に数える新しい傾向」を反論にも値しないと見なしている[5]。しかし、彼は、この病気なおしの呪術師が哲学者やソフィストたちと肩を並べる存在で、しかも本来、歴史的にはそれらの長兄にあたるものであり、またそのようであり続けていたことを忘れている。そのうえ、こうした連中は古く血のつながり合うものであった特徴を今なお残しているのだ。

ソフィストたち自身が彼らの活動の遊びの性格については十分承知していた。ゴルギアスは彼の『ヘレネ礼讃』を「自分の遊び《エモンデパイグニヨン》」(ἐμὸν δὲ παίγνιον) と名づけ、彼の論説『自然について』を修辞的遊びと宣言した[6]。これに反対するという人[7]がいたら考えてもらいたいのだが、ソフィスト的論法の全領域の中で遊びと真面目の間に明確な境界線を引くことはできないし、遊びという性格規定はこれらすべての根源的性質をまことによく言いあてているのだ。プラトンがソフィストたちを描いた姿はカリカチュアだとかパロディだといわれるが[8]、そういう人はソフィストたちによって代表される文化形態のもつ遊びがてらで純粋でない特徴のすべてが、その原始古代的本質と離れがたく結びついていることを忘れているのだ。ソフィストは本来の性質からいって、多かれ少なかれ旅で稼ぐ連中の側に属するものだ。彼はちょっとした生まれながらの土地放浪者、居候といったものなのだ。

しかし同時に、教育と文化のギリシア的理念を具体的に仕上げるその素地をつくったのもソフィストたちだ。ギリシアの知識や学問は決して（我々の意味でいう）学校で育ったのではない。それは実用的もしくは実利的な職業訓練の副産物として獲得されたものではない。それはギリシア人にとって自由な時間《スコレー》（σχολή, scholē）から実った果実であり、自由人にとっては国家の役職、戦争、祭礼のために要請されない時間はすべて自由時間だった。[9] 学校（school）という言葉は実に変わった前歴の持ち主なのだ。自由人の自由な時間という環境の中で初めて思索と探究の生活の代表者となったのは、なんといっても古くからのそれを仕事としてきたソフィストたちだった。

表現形式のような技術的側面からソフィストの典型的労作、つまり詭弁を眺めてみればすぐにわかることだが、それは前に我々がソフィストの先駆者、つまり予言詩人《ウァーテース》でお日にかかったような、素朴な太古の遊びと相関連するものである。詭弁は謎とごく近い関係にある。それは一種の芸の細かい戦闘技術だ。「問題《プロブレーマ》」という言葉には二つの根源的で具体的な意味があるが、その一つは、人が自分の身を護るために前に構えたり、前に置いたりするもの、たとえば楯であり、他の一つは、人が相手に向かって受け止めさせようと投げてやるものだ。この二つの意味は、ソフィストの技術にあてはめてもまことに隠喩的にぴったりくる。[10] ソフィストの質問と議論は、まさしく本来的な意味において問題《プロブレーマ》だ。ある計略を仕組んだ質問で相手を罠にかける知性の遊びはギリシアの会話で重要な役割を果たしていた。いろいろなタイプの罠仕掛けの質問にはそれぞれ専門的名称がつけられ、独自の体系をなしていた。たとえば、連鎖三段論法《ソリテス》、明言拒否暗示論法《アポパスコンウーテス》、否定論法、虚言論法《プセウドメノス》、逆用論法《アンティイストレポオン》などだ。アリストテレスの弟子の一人、クレアルコスは謎の理論について書いているが、それは賞品もしくは懲罰が与えられるおもしろおかしい問答で、「グリポス」と呼ばれる種類のものであった。「どこへ行っても同じもので、しかもどこでも違うものは何か」。答え、「時間」。「私であるものはお前ではない。私は人間だ。従ってお前は人間ではない」。これに対してディオゲネスは次のように答えたそうだ。「もしお前がこのことを真実だと言いたいなら、まず相手の私について推理することから始めてくれ[11]〔お前であるものは私ではない。お前は人間だ。したがって……となる〕」。クリシッポスはある特定の詭弁について長大な論説を書き残している。こうした罠仕掛けの推理論法はある条件の下で成立するのであり、そこでは論理的妥当性の領域は遊びの範囲に限定され、その中で相手に立つ人はディオゲネスがやったように「それはそうだがしかし……」などという言葉を投げつけて遊びをぶち壊したりすることはせずにふるまうよう注意される。このような命題は様式的にはリズム、反覆、並行を伴えば芸術様式にまで拡大されうるものだ。

　このような「戯れの遊びごと」、つまりソフィストにとっての重要な話術とソクラテス的哲学的対話との間の移行は徐々に行なわれた。詭弁は一方では手なれた、娯楽向きの謎々とごく近い関係にあり、他方また神聖な天地創造論的なぞなぞともごく近い関係におかれている。エウテュデモスは時に子供じみた文法的、論理的詭弁を弄するかと思えば[12]、時には宇宙論、および認識論の謎と同じ程度の質問を仕掛けたりする[13]。最も深い意味を含んだ初期ギリシア哲学者の言葉、たとえばエレア派の「多数は存在せず、運動は存在せず、生成は存在せず」といったような結論は、質問と解答の遊びの形式の中で生まれたものだ。一般化した命題は成立不可能である、といった抽象的結論ですら連鎖三段論法の表面的形式で自覚されるに至った。「大量の穀物を注ぎ落とした時、最初の一粒がこの物音を立てるのか」。「否」。「では第二のか」。「否」等々。

## 哲学的対話の起源

ギリシア人は、どんなに深く自分たちがすべてのことにおいて遊びの世界にかかわっているかを十分承知していた。『エウテュデモス』の中でソクラテスは、ソフィスト的難問のからくりを教育ゲームだとして拒けている。彼に言わせれば、人はこんなことをしても物事の本質について何一つ学ぶわけではない。むしろそれは、ただ言葉のあやで人を物笑いの種にすることだけを学ぶにすぎない。つまり、人をつまずかせたり、椅子を急に後に引いたりするたぐいのいたずらだ。「君たちがたとえば若者たちを賢くするのだと言う時」、とさらに言葉を続けて、「いったい君たちは遊んでいるのかね、それとも真面目なのかね[14]」。プラトンの

『ソフィステス』の中で、テアイテトスはエレアからの異邦人に対し、ソフィストは一種の旅芸人に属するものであり、文字どおりに言えば、「遊びにたずさわる人」だとしている[15]。パルメニデスは無理矢理に存在に関する問題について何か述べるよう強いられて、この課題をいわば、「ひどく難しい遊びを演じてみせること」[16]だときめつけたうえで、存在に関する最も深遠な根本問題に取り組んだ。しかもこれはすべて問いかけと返答の遊びの形式で行なわれた。「一」はいかなる部分ももちえない。それは無限定であり、それゆえに無形式であり、それはどこにもないもので、運動しないものであり、時間にしばられず、知りえないものだ。それから逆に推理し、次にこれをさらに逆に推論し、またもう一度逆から論証する[17]。この議論はまるで機織の梭のようにあちらこちらへと行き来する。そして知識は高貴な遊びのこうしたやりとりのなかで形式を整えていく。こうした遊びをするのはソフィストたちだけではない。ソクラテス、プラトンにしてもそうだ[18]。

アリストテレスによればエレア派のゼノンこそ最初に対話を書き、しかもメガラ派やソフィストたちに特有のものとなった問答形式を初めて用いた人だといわれる。これは相手を取り押さえる技法だった。プラトンは特に物まね笑劇作家ソフロンに従って対話を書いたといわれる。またアリストテレスも対話を物まね笑劇、擬曲《ミーモス》[19]の一つ、つまり喜劇の一形式であると考えている。アクロバット、大道芸人、奇蹟術師のたぐいを一括して考えれば、そこにソフィストが入るのはもちろんだが、ソクラテスやプラトンだとてそこに入れられることを避けられない[20]。これだけではいくらなんでも哲学の遊びの要素を明らかにするのには不十分だというなら、それはプラトンの対話篇自体の中にも見いだすことができる。対話は一つの芸術形式だ。それは仮構《フィクション》なのだ。実際のギリシア人同士の会話がどんなに高級だったとしても、対話という文学的形式に完全に対応しうるものでは決してない。対話はプラトンにおいては常に軽妙な遊びに似た芸術形式であり続けた。『パルメニデス』の小説的構成、『クラテュロス』の出だしの部分、およびこの二つに限らず他の多くの対話の軽やかで打ちとけた調子を考えてみるがよい。物まね笑劇とのある種の類似性は見誤るべくもない。『ソフィステス』の中では古い哲学者たちのさまざまな根本原理が諧謔的にあげつらわれている(21)。『プロタゴラス』の中ではエピメテウスとプロメテウスの神話がまるっきりユーモラスな調子で語られる(22)。『クラテュロス』の中ではソクラテスが次のように言う。「これらの神々の形や名前について真面目な説明もあるし、ユーモラスの説明もある。なぜなら神々もまた戯れごとがお好きなのだから(23)」。同じ対話篇の別のところでプラトンはソクラテスに次のように言わせている。「もし私がプロディコスの五〇ドラクマの講義を聞いたなら、すぐにもあなたはそれに気がついたでしょう。しかし、私はただ一ドラクマ講義しか聞いていないのです(24)」。そのうえ、またこれと同じ調子で、明らかに作為的なナンセンスと皮肉でかためた語源遊びの中で次のように言う。「さて私が解きえないすべてのことにはトリックを使うから注意したまえ(25)」。そして最後には、「私は前から自分自身の知恵に驚かされどおしです。しかも、それでいて信じているわけではないのです」と言っている。『プロタゴラス』が観点を逆さまにして終わったり、あるいは『メネクセノス』の追悼演説がはたして真面目なものかどうか議論されるようになると、いったい我々はなんと言うべきなのだろう。

プラトンの対話人物自身は、その哲学的作業を優雅な気ばらしと呼んでいる。そもそも若者の議論熱は老人の名誉欲とどっこいどっこいだ。[26]『ゴルギアス』の中でカリクレスは次のように言う。[27]「それはたしかに本当だ。そしてこのことを君たちは、より大きなことのために哲学に暇をくれてやる時に理解するだろう。なぜなら、哲学というものは、人が若い時、度を過ごさずにやっているぶんには楽しいものだが、もし、度を過ごして長くそこに入りびたると、その人間にとっては身を滅ぼすことになるだろう」。

つまり、知識と哲学のための不変の基礎を後世に残した人々自身が哲学を若者の遊びとみなしていたのだ。プラトンはソフィストたちの根本的誤謬や彼らの論理的欠陥を時をえらばず見せしめにするために、あえて自由のきく対話の気軽なスタイルを敬遠しなかった。なぜなら、彼にとって哲学はどんなに深くきわめられようと一つの高貴な遊びだった。プラトンのみならずアリストテレスも、ソフィストの詭弁や言葉の遊びを論ずるにたるものとして実に生真面目に吟味したが、実はこうしたことが起こるのも、彼らの独自の哲学的思考もまたいまだに遊びの領域から袂を分かつに至っていなかったからなのだ。いったい、哲学がそれをすることがあるだろうか。

## ソフィストと修辞家

哲学の諸段階が連続して発展した経緯は、およそ次のようにみることができよう。まずそれははるかな太古の時代に聖なる謎かけ競技や弁論合戦から始まったが、しかもその際、祭りの余興の機能をも果たしていた。奉納式の潔められた側面からウパニシャッドやソクラテス以前の思想家の神智学や愛智学（哲学）が生まれ、余興の楽しみの側面からはソフィストの活動が生まれた。この二つの側面は完全に分離しえない関係にある。プラトンは哲学を真理への最も高貴な努力として、彼にしか達しえないほどの高みへと導いた。しかし、いつもそれは軽妙な形式の中においてであり、そこに彼の本領があった。しかしながら、それは同時にまた、より低い次元の形態をとって詭弁、知恵比べ、言葉のトリック、修辞などとして綿々と続いていた。ギリシア的な世界では闘技的要素がはなはだ強かったので、修辞学は純粋な哲学を犠牲にして広く流行し、より広汎な集団の文化として哲学を日陰に追いやり、まさに窒息せしめるばかりだった。深遠な知識に背を向け、きらびやかな言葉の力を讃美して、それを濫用したゴルギアスはこうした頽廃文化の典型である。極端に走った競技と哲学の規格品化が手に手を携えて横行した。これは決してただ一度しか起こらないことではない。物事の意味を求めた時代は、次に言葉と形式に満足する時代に取って代わられる。

この現象の遊戯的内容は、明確に区別して明らかにするべき性質のものではない。かたや子供らしい「遊びごと」と、かたや時として、このうえなく深い真理をすれすれにかすめる倒錯した理性との間にすっきりした限界線を引くことはできない。ゴルギアスの有名な論文『非存在について』は極端なニヒリズムの立場からあらゆる真面目な知識を全く否定しているが、これは彼自身が名づけていう『ヘレネ礼讃』と同じく、遊びと理解すべきものだ。遊びと知識との間にはっきりと意識的な限界が引けないことは、ストア哲学者がただ文法的に罠をかけた無意味な詭弁とメガラ派の真面目な論証をひとまとめに扱っていることでも明らかだ[28]。

討論と演説はわが世の春を謳歌していた。この後者、すなわち弁論術は常に公共競技の一種目だった。語ることは言葉で見せびらかし、自慢し、飾り立てることだ。ギリシア人にとって言葉の争いはむずかしい問題の再検討と判断のために最も適した文学形式だった。トゥキュディデスは戦争か平和かの問題をアルキダモスやステネラダスの演説の中で展開してみせ、他の問題もニキアス、アルキビアデス、クレオン、ディオドトスたちの演説の中で取り上げている。また同様に彼は力と正義の争いをメロス島の中立侵犯をめぐって展開されるソフィスト流の質疑応答形式の討論で扱っている。アリストパネスは『雲』の中で正しい論理対不正な論理という修辞学的対決の形で行なわれる公開討論への熱狂ぶりを戯画化している。

ソフィストたちによってかなり愛用された「矛盾論理」あるいは二重証明などの意味は、ただその形式の遊戯的価値にだけ根ざしているのではない。それは同時に、人間的判断の永遠の曖昧さを含みの多い方法で表現しようとする意図をももっている。つまり、人はそれについてああも言えるし、こうも言える。これが弁論の遊戯的性格であり、これは勝ちを制する技としての言葉の技術をある高さまで純粋に保つことになる。もしソフィストが、ちょうど「主人道徳」を提唱したカリクレスのように(29)、彼の言葉と概念の技術を本気で不道徳なもくろみに結びつけたなら、そこで初めてソフィストの言葉は偽りとなる。ある意味では、闘技的意図がそれ自ら真理の感覚を犠牲にして気ままにふるまうかぎり偽りとなる。ソフィストや修辞家と呼ばれるすべての人々にとって、その貫き目ざすところは真理への衝動ではなく、私的、個人的正しさの主張である。この気がまえが原始古代から競技に生命を吹き込んできた。もし実際に、二、三の人が望んでいるように(30)、ニーチェは哲学の闘技的立場を再びとったと考えるべきだとすれば、彼はそれによって未開文化の中での発生当初の最も古い領域の中に哲学を引きもどしたことになる。

## 論　争

我々はここでは深く根本的な問題にはかかわりたくない。たとえば我々の理性という手段は、結局どこまで遊びのきまりという性格を帯びているのか。つまり、それはただ人が遊びのきまりを義務として受け入れる、ある精神的枠組みの中でのみ妥当性をもつものなのか。こういう問題にはかかわりたくない。一般に論理、なかんずく三段論法においては、常に遊びの暗黙の了解が成り立っていて、名辞や概念の妥当性は、ちょうど将棋盤の駒や枡目のように尊重されているのではないだろうか。誰か他の人がこのことを明らかにしてほしいものだ。ここではただあっさりとギリシア文化盛期に続く、それ以後の各時代の論争と弁論のやりとりの中にある、まぎれもない遊びの資質について触れることにとどめたい。それにこの現象はいつもほとんど同じ形式で繰り返されるし、さらに西欧文明のうちでの発展に関するかぎり、ギリシアの模範にほぼその大部分を依存しているから、これを詳しく大々的に取り上げる必要はあるまい。

まずクインティリアヌス〔三〇～一〇〇以前。スペイン生まれの修辞家。教育の目的は雄弁家の育成にありとした〕が修辞学と弁論術の奥義をラテン文学の中にもち込んだ。ローマの帝政時代には弁舌の争いや言葉のあやに妍《けん》を競う催しが学校以外でも盛んだった。修辞家ディオ・クリソストムスは街頭哲学者について次のように伝えている。この手合いは一種の零落したソフィストとしていたずらずくめの演説やそのものずばりの機智をもった格言の寄せ集めで、奴隷や船乗りをも振り向かせるほどだった、と。そこではまた明らかに煽動も行なわれていた。というのは、ウェスパシアヌス皇帝があらゆる哲学者をローマから追放する勅令を出したことで証明される。また常に真面目な思索家は詭弁の風潮の過大評価をいましめねばならなかったが、紋切り型の詭弁の見本は相変わらず流通していた。聖アウグスティヌスも相手を陥れるための有害な競争心や子供じみたショーについて述べている[31]。一種のトリック、「あなたは角をもっている。なぜなら角を失ったことがないからだ。だから、まだ角をもっている[32]」というような言いまわしは学校教育用図書を通してふたたび流行した。この論理的欠陥をこの種の本では純粋な冗談にしてしまっているが、それを眼に見えるようにはっきりさせることは明らかに容易なことではない。

西ゴート族がアルミニウス派からカトリック信仰に変わったそもそものきっかけは、紀元五八九年にトレドで両派の高僧たちがものものしい神学のトーナメント式論戦をやったことに端を発している。中世初期の哲学のスポーツ的性格を示すはなはだ適切な例は、のちに教皇シルウェステル二世となったジェルベールが九八〇年にラヴェンナの皇帝オットー二世の宮廷で論敵マグデブルグのオルトリクと相対したときの物語だ(33)。大聖堂つきスコラ学者だったオルトリクはジェルベールの名声を嫉《ねた》み、ある男をランスに派遣し、ジェルベールが正しくない意見に凝っているときめつけるため、彼の教え方をこっそり盗み聞きさせた。このスパイはジェルベールの説を誤解して受け取り、自分で聞いたと思ったことを宮廷に告発した。翌年、皇帝はこの二人の学者にラヴェンナに集まるよう命じた。そして大勢の聴衆の前で論争を行なわせた。それは一日いっぱいをかけたもので、聴衆の方が参ってしまった。この主要な論点は何かといえば、オルトリクが論敵ジェルベールは数学を自然学《フィジカ》の一部と呼んだとして非難した点だ(34)。実際にはジェルベールは数学が自然学と同じものであるが両立しうるものだと呼んだのであった。

## カール大帝のアカデミー

一度は見直してみるだけの手間をかける価値があると思われるのは、いわゆるカロリング朝ルネサンス、つまりかの学識、詩才、敬虔さのもったいぶった綜合作業において、本来、遊びの性格がその本質的なものではなかったか、という疑問だ。この営みに参加したものは古典や聖書からの名前で自分を飾った。たとえば、アルクィンはホラティウス、アンギルベルトはホメロス、カール大帝自身はダビデと呼ばれた。そもそも宮廷というところが特別に遊びの形式を可能にする。その範囲は自ら小さく限られている。皇帝陛下の前でこみ上げる畏敬の念からしてすでに、否応なしに各種の規則や擬制の維持を余儀なくさせる。カール大帝の「宮廷学園《アカデミア・パラティイナ》」は公けに宣言していた理想、「新しきアテネ」に実際の姿を与えたものだが、そこでは敬虔な意図にもかかわらず、その情趣は高尚な楽しみのそれだった。人々は作詩術で争い、また相互の嘲弄で競い合った。古典的優雅を目ざす努力はその際でも原始的特性を締め出してしまうものではない。「文筆とは何か」とカール大帝の息子、若きピピンが問う。そしてアルクィンが答える。「学のまもり手」。——「言葉とは何か。——思想の密告。——誰が言葉をもたらすのか。——舌。——舌とは何か。——空気の鞭。——空気とは何か。——生命のまもり手。——生命とは何か。——幸福な人の喜び、不幸な人の痛み、死に臨んだ人の期待。——人とは何か。——死の奴隷、ただ一地点の客、過ぎ去る旅人」。

これはわれわれにとって聞きなれない響きではない。ここにあるのはまたしても、常に変わらぬ問答遊び、謎かけ競技、「雅びな言いかえ話法」の答え方であり、要するに、すべて我々がヴェーダ時代のインド人、アラビア人、スカンジナヴィア人の間に見いだしてきた知恵比べ遊びの特徴なのだ。

## 一二世紀の学校

一一世紀末に向かうにつれて、存在そのものおよび存在するものすべてについて知りたいという広汎な願望が湧き起こってきた。それはまもなく大学を殻とし、スコラ学を果実として結実することになるのだが、各地で活発な精神運動へと成長し、その結果、それは時に文化改新運動の本来的なものとして現われるような、熱狂的ともいえるほどの盛り上がりに達した。その際、闘技的要素が不可避的に前面に強く押し出されてくる。議論で相手を叩くことがまさしくスポーツとなったが、それは多くの点で武器をもって行なう戦いと同一線上に並ぶものであった。最も古く、流血をも辞さないトーナメント流の馬上槍試合形式が始まったのは、たといそれが種々の地方代表としての集団で行なわれたにせよ、あるいは、相手を求めて遍歴する戦士個人の戦いであるにせよ、まさしくちょうど、(昔のギリシアのソフィストに似た) 討論弁士や遍歴論客が世に現われて、己れの術を吹聴し、勝ち誇り、おまけにかのペトルス・ダミアニまでがその害毒を歎いた、その時と驚くほど時代を同じくしているのだ。一二世紀の学校では悪口と中傷に満ちた競争がまっ盛りだった。教会の著作家たちはこの学校生活の情景を垣間見させてくれるが、その中では、重箱の隅をつつくような詮索《せんさく》好きとあらさがしの屁理屈根性が歴然と読み取れる。人々はお互いに何千とも知れぬ策略や陰謀で相手をたぶらかそうとし、言葉のあやに落とし穴を掘り、綴字の陰に網を張って待っている。誰もが高名の諸先生方を追い回し、その御方を見たことがあるとか、その御方の弟子として仕えたことがあるとかを自慢の種にするようになった[35]。諸先生方はまさしくかのギリシアのソフィスト同様に、莫大な金を儲けていた。ロスケリヌスは怒りを込めた誹謗の文章を書き、その中で、あるアベラール像を伝えているが、それによると、アベラールはまちがった講義で得た金を道楽につぎ込むため、毎晩のように数え直すのを常としたという。アベラール自身が自ら言明したところによると、彼は金を儲けるために研究にいそしみ、それで現実に多額の金を得た。彼は友人から挑戦され、今まで自然学《フィジカ》、すなわち哲学しか教えていなかったのに、聖書の講釈をまるで芸当をやるかのように一か八かの賭けをしてやってのけた[36]。昔から彼は戦の武器よりもむしろ弁証法の武器を好んで取り上げ、各地を回って華々しく活躍したのち、聖ジュヌヴィエーヴの丘の上に「学び舎の陣地を築き」、パリ占拠を続ける論敵を「包囲する」構えを見せた[37]。これらすべて弁論と戦争と遊びの混合した特徴はイスラム教神学者の煩瑣な学問論争にも見られるものだ[38]。

スコラ学および大学の発展のすべてをとおして見ると、闘技的要素はすばぬけて目立っている。実念論と唯名論の二つに割れた哲学論争の中心テーマ、普遍問題のとだえることを知らぬかのごとき人気は、論争の問題点をめぐって党派を形成しようとする原始的欲求と関連するものであることは疑いない。それは各精神文化の成長とも不可分の関係にある。中世の大学生活のいっさいは、すべて遊びの形式をとっていた。学問的口頭談話の形をとる果てしない討論、華麗に飾りたてた儀式、各国民別の集団組織、あらゆる分野における分極対立、これらすべては多かれ少なかれ競争と遊びの規則の領域の中に入るものだ。エラスムスはこの間の事情をさらに明確に感じていて、たとえば頑迷な論敵ノエル・ベディエに送った手紙の中で自ら歎いているが、それによると、学校では偏狭にもただ先輩の残してくれたものしか扱われず、意見を戦わせても学校で取り上げた根本命題から出発するだけだ。「私見によれば、学校の中で皆が城攻め遊びやトランプ遊び、さらにはさいころ遊びと同じことをする必要なぞ毛頭ないのです。なぜなら、遊びでは人々が規則で一致しない時は、もはや遊びではなくなってしまいますから、気をつけねばなりません。しかし、学問的論争においては、誰かが何か新しいことを皆の前に投げ出したとしても、それは前例のないこととか、危険なこととみなすべきではないのです(39)」。

## 学問の闘技的性格

学問は哲学を含めてその本性上、論争的であり、論争的なものは闘技的なものから切り離しえない。大きな新事態の発生した時代には闘技的要素が強烈に前面にせり出してくる。一七世紀において科学が輝かしい再興を遂げ、その支配領域を拡大し、古代と信仰の一大権威に攻撃をかけたのが、その典型的な例だ。すべてのものが常に相分かれて戦い、もしくは党派に分裂した。人はデカルト主義者になるか、もしくはその体系の反対者になった。「古代」の味方になるのを選ぶか、あるいは「近代」の側についた。学界からはるかに隔てられたところでもニュートンに賛成か反対かで分かれ、大地が扁平かそうでないか、種痘に賛成か反対かが論じられた。一八世紀は活発な精神的交流をもちながら手段に制限があったので滅茶苦茶な氾濫にまでは至らなかったが、それでもひときわぬきんでたペン合戦の時代とならざるをえなかった。それは音楽、かつら、安直な合理主義、ロココの優雅、サロンの魅力とともに、特に強烈で明白な一般的遊びの性格の構成要素の一つを形づくっていた。一八世紀については誰もこのことを否定しないだろうし、我々は時としてそこに嫉妬さえ覚えるのだ。

# 第一〇章　芸術のもつ遊びの形式

## 音楽と遊び

我々は詩の本質の中に遊びの要素が本来的に備わっているのを見てとったし、また、詩的なものがとる形式はすべて遊びの構造にはなはだ強く結びついていることも明らかにした。だから、この二つの内的結合関係はほとんど分かちがたいものであると言わねばならないし、また、その結びつきの中では遊びにしても詩にしても、それぞれの言葉が独立の意味を失う恐れさえあるといえる。同じようなことは遊びと音楽の関係においてより高度に当てはまる。すでに述べたことだが、いくつかの言語においては楽器を奏することを「遊び」といい、かたやアラビア語でそうだし、かたやゲルマン諸言語および二、三のスラブ系言語、それにフランス語がそうなっている。ここに挙げたヨーロッパ諸言語とアラビア語の語義的一致は、どうみても借用に由来するとは考えられないから、この事実は遊びと音楽との結びつきを決定づける深い心理的基盤からの一つの外的しるしとして理解されてよいだろう。

それにまた、音楽と遊びの連関性が自然の既成事実としていかに豊富に我々の眼に触れても、その連関性の根本理由から明確に規定された概念を構成することは容易なことではないだろう。二つの概念に共通の条件を確認する努力でまずまずことたりるとしたい。我々は次のように言ってきた。遊びは実際生活の道理の枠外にあり、必要や利益の範囲を越えている、と。音楽的表現と音楽的形式もまたそのようなものだ。遊びは理性、義務、真実の規範の外でその真価を発揮する。このことは音楽についても当てはまる。音楽のもつ形式や機能の妥当性は、概念の世界や見たり触れたりできる形態を飛び越えた彼岸の規範によって決定される。その規範はただ独特な固有の名称でのみ呼ばれうるが、それの名前はちょうどリズムやハーモニーのように音楽にも遊びにも同じように通用する。リズムにしてもハーモニーにしても完全に同じ意味で遊びの要素であり、かつまた音楽の要素である。詩は言葉の作用をもってするゆえに部分的に純粋な遊びの領域から概念や判断の世界へと引きもどすが、生粋の音楽的なものは常に完全に遊びの領域の内にとどまり続ける。原始古代文化において詩の言葉が強い祭儀的、社会的機能をもつわけは、この段階で言葉を唱えることが音楽的演奏からまだ分化していなかったという事実と密接不可分の関係にある。すべての純正なる祭儀は歌われ、踊られ、遊ばれるものだ。後世、文化の担い手である我々にとって、聖なる遊びという感覚に自らひたり切るためには音楽的愛着より以上に適したものはない。また、形式化された宗教的概念がなくても、音楽を楽しむことの中には、美の知覚と聖なる霊感が一つになって流れている。この融合の中に遊びと真面目の対立は解消してしまう。

## プラトン、アリストテレスにおける音楽

今、論じている問題の文脈の中で、ぜひともはっきりさせておきたい大事なことがある。それは、我々が遊び、仕事、芸術の楽しみといった時に考える諸概念は、ギリシア的思考にとっては我々になじみ深いものとは全く異なって、堅く密着し合った概念であるということだ。ギリシア語の音楽《ムーシケー》（μουσική）という言葉は我々近代人よりはるかに豊かなものを意味していることはあまねく知られている。それは単に歌や楽器の伴奏を伴った踊りまでも含むにとどまらず、一般にアポロンやムーサイ（詩歌女神）たちの司る技芸や知識にまでおよぶものである。これらすべてはムーサイの学芸と呼ばれ、ムーサイの支配領域以外にある造形的、機械的なものとは対比される。この音楽的なもののすべては、祭礼儀式に密接な関係をもっており、特にその中で本来的機能をもつ祝祭と結びつきが強い。おそらく祭式と踊りと音楽と遊びとの結びつきをはっきりと描き出した点でプラトンの『法律』の右に出るものはあるまい。プラトンに言わせると、[1] 神々は災いのために生まれついた人間への同情から、その心痛に安らぎを与えるひとときとして感謝祭を行なわしめ、そのうえ人間の祭り仲間に詩歌女神たちや詩歌女神たちの長としてのアポロン、そしてディオニソスを加えられた。そしてこの神々の参加する祝祭共同体によって、人間の支配する物の秩序は絶えず新たに維持され直すのだ。これに続いてすぐプラトンの遊びについての解釈としてよく引用される一節

があって、その中で、いったいどうしてすべての若者が体を動かさずにはいられず、声を挙げずにすまされないのか、いかに彼らは喜びのあまり動きまわり、叫び、飛んだり、跳ねたり、踊ったりして、ありとあらゆる音を立てずにいられないかを述べている。ところが、動物はすべてそうした時にリズムとかハーモニーと呼ばれている秩序と無秩序の区別を知らない。我々人間には神々が踊り仲間として加わってくれたおかげで、楽しみを伴うリズムとハーモニーの区別が与えられている。——かくしてここに遊びと音楽との直接的結合関係が可能な限りはっきりと提示される。しかしながら、この着想はギリシア的精神の中ではすでに指摘したとおり、語義の上から明らかな事実によって阻害されてしまう。つまり、ギリシアにおいては遊び《パイディア》（paidia）という言葉には語源的な起源からして子供の遊びとか、たわいないことという意味があまりにも深くしみつきすぎている。遊び《パイディア》という言葉はより高級な遊びの形式を意味するために、ほとんど使用するに堪えない。子供のニュアンスがあまりにも付着して離れないのだ。したがって、より高級な遊びの形式は闘技《アゴーン》（agōn）、自由な時を過ごす《スコラゼイン》（scholazein）、道楽《ディアゴーゲー》（diagōgē）などの一面的に限定された言葉によって表現されることになった。このようにギリシア人の精神には思いつかなかった構想なのだが、実はギリシアのこうしたいくつかの概念はちょうどラテン語の遊び《ルードゥス》（ludus）や近代ヨーロッパ諸言語の場合のように明確に構想されれば本質的に遊びという一般的概念の中に統一されてしまうものなのだ。そして、音楽は遊びより高尚なものか、またどの程度高尚なのかという点をはっきりさせる困難にプラトンもアリストテレスもあえて直面しなければならなかった。

プラトンは前に述べた箇所に続いて次のように述べている。[2]

利益にもならず、真理であるわけでもなく、比喩としての価値もなく、まして害になるものも含んでいないものは、せいぜいその中に秘められた魅力《カリス》（χάρις）、およびそれのもたらす楽しみの度合によって評価されうる。このようにあえて取り上げるほどの災いも利益ももたない楽しみを遊《パイディアー》びという。注意すべきは、これがここではまだ音楽の演奏について当てはまることだ。――しかし人は音楽の中に楽しむというよりもっと高尚なものを求めずにはいられないのであって、プラトンはそれについてさらに論じており、そのことは後で詳しくふれる。アリストテレスに言わせれば、[3]音楽の本性は容易に定めがたいし、音楽の知識のもつ利益も同じく定めがたい。一方、人が音楽を求めるのは睡眠や飲酒を求めるのと同様に、遊《パイディアー》び――ここでは「楽しみ」と翻訳してもよいのだが――と休息のためではなかろうか。この睡眠や飲酒はともに同じくそれ自身には重要性はなく、真面目なもの《スプダイア》（σπουδαῖα）でもないが、気持ちのよいもので、心配を追い払ってくれる。何人かの人はこのように音楽を利用しており、さらにこの睡眠と飲酒と音楽の三つに踊りを加えたりする。あるいは我々は次のように言うべきだろうか。音楽は体操が身体を鍛えるように品性《エートス》を育て、正しい方法で楽しむように習慣づけるかぎり、徳に導くものである、と。あるいは、音楽は、アリストテレスの言う三番目の見方からすれば、精神的休息《ディアゴーゲー》――διαγωγή――と知恵のために貢献するものなのだろうか。

この休息（diagōgē）は、ちょうど今、論じている問題の筋にとって大事な言葉だ。その意味は文字どおりには時間を「つぶす」「浪費する」、つまり「ひまつぶし」のことだが、これを「娯楽」「道楽」と言い換えることが認められるのは、ただ労働と自由時間（ひま）との対立に関するアリストテレス的理念にそって考えた時だけだ。アリストテレスに言わせれば[4]、このごろの大多数の人は楽しむために音楽にいそしんでいる。しかし、昔の人はそれを教育（paideia）になると考えていた。なぜなら自然自体が我々によく働くことができるだけでなく、立派にひまを過ごすこともできるように要求しているからだ[5]。というのも、このひまであることこそ万物の原理なのだ。ひまこそ労働より望ましく、労働の目的《テロス》（τέλος）である。これは我々の日頃の諸関係から見れば逆のことだが、側面から光を当て、賃労働からの解放がギリシア自由人の常であること、彼らは高貴な教育的仕事に従事することにより、生の目的を追求することができたことなどを頭に入れて理解すべきだ。問題はいかにして自由な時間《スコレー》（σχολή）を過ごすかだ。遊びながらではいけない。なぜなら、もしそうなら遊びがわれわれにとって人生の目的になるだろう。それは不可能だ（アリストテレスにとっての遊び《パイディア》はただ、子供の遊び、楽しみを意味するにすぎないのだから、無理もない）。遊びはただ労働の疲れ休めにのみ役立つのであって、それは一種の薬として、心の緊張をとき、憩いを与える。しかし、ひまであるということは、それだけで喜びと幸せと生の楽しみを含んでいるようにみえる。この幸せ、つまりもち合わせないもののために努力しなくてよい幸福、がテロス——つまり人生の目標だ。しかし、喜びはすべての人にとって同じものではすまされない。喜びはそれを楽しむ人が最良の人であり、彼の志向が最高のものである時に、最上のものとなる。だから人はひまを過ごすにあたって[6]何かを学び、自らを作り上げていかねばならないことは明らかだ。そして、人が学んだり、あるいは自ら育成するものは労働のための必要からというより、むしろそれ自体のためにほかならない。それゆえに、先人たちは音楽をパイデイア（paideia）――つまり、教育、人間形成、教養――の中に数え入れ、読み書きのように必要だからとか、役に立つからとかでするのではなく、ただ自由な時間のひまつぶしに役立つものとみなしたのだ。

ここで述べられる遊びと真面目の境界線の説明やその二つの価値づけの規準は、我々の標準に照らしてみると、かなりずれている。ここではいつの間にか、ディアゴーゲー（休息）が自由人にふさわしく知的で美的な仕事であり楽しみである、という意味を獲得している。アリストテレスによれば[7]、子供はまだディアゴーゲーの資格をもたない。なぜなら、これは最終目的であり完成なのだ。まだ未完成のものにとって完全なものには到達しえない。かくして、音楽を楽しむことは行為の最終目的[8] *τέλος* に近づくことである。というのは、それが未来の善のためではなく、それ自体のために求められるからだ。

この考え方は音楽を高貴な遊びとひたすら楽しむための独立独歩の芸術享受との中間に位置せしめようとしている。しかし、ギリシア人の間ではこの見方に対し、別の信条が真っ向から対立してくる。つまり、音楽は積極的に技術的、心理的、道徳的機能を担っているというのだ。音楽はミメーシス的、あるいは模倣的芸術とみなされ、その模倣の効果は肯定的か否定的かのいずれかを問わず倫理的感情を刺激する。(9) 歌い方、調子、あるいは踊り方がそれぞれ何かを映し出し、何かを誇示し、何かを体現していて、そこに表現されたものが良いか悪いか、美しいか醜いかによって、音楽自体の質のよしあしを決定する。ここに音楽の高い倫理的、教育的価値が秘められている。模倣（の歌）を聞くことが、そこに真似られている感情を目覚めさせる。(10) オリュンポス〔伝説上の笛の名人〕のメロディは熱狂を呼び醒まし、他のリズムや様式は怒り、慈しみ、勇気、冷静を連想させる。一方、味や嗅いの知覚にはなんら倫理的作用は認められず、視覚にはほとんどいうにたりないぐらいのものしかないが、メロディそれ自体には初めから品性《エートス》の表現が含まれている。さらにこの点がより強力に現われるのは、鮮烈な倫理的内容を伴う調子やリズムの場合だ。ギリシア人がそれぞれの調子に独自の効果を認めていたのはよく知られていることだ。たとえば、あるものは悲しみを掻き立て、別のあるものは静けさに沈ませる。同じことは楽器についても言われており、フルートは心を燃え立たせる、といった具合だ。(11) この模倣という概念を使ってプラトンはひとくちで芸術家のあり方を定義している。彼によると、模倣者《ミーメーテース》（μιμητής）はそれすなわち芸術家であり、作曲家であれ、演奏家であれ、その点にかわりはない。彼自ら再現するもののよしあしについては全く関知しない。模倣再現《ミーメーシス》（μίμησις）は彼らにとって遊びであって真面目なことではないのだ。(12) このことはまた悲劇詩人たちにも当てはまる。彼らはまさに模倣する人《ミーメーティコイ》（μιμητικοί）に過ぎない。このように、どうみても明らかに芸術創作活動を軽視している傾向は、ここではほうっておいてかまわないだろう。それは完全に明解なものではない。ここで大事なのは、プラトンが音楽を遊びとして捉えたという事実なのだ。

## 音楽の価値

ギリシア人の音楽評価を詳しく述べたなかで明らかにしえたのは、音楽の性質や機能を意図的に明確にしようとする考え方がいかに純粋な遊びの概念の周縁に絶えずまとわりついているかという点だ。すべての音楽的行動の本質をなす性質は遊びである。たとえ、このことが判然とは表現されないにしても、基本的事実は現実にどこにでも認められる。仮に音楽が楽しみと喜びに仕えるものだろうと、あるいは高度の美を表現していようと、またあるいは聖なる典礼の宿命を担うものであろうと、常にそれは遊びにとどまるのだ。特にすぐれた遊びの機能としての踊りと内的に結びつくのもまたしばしば祭礼、儀式の中であった。音楽の特質を見分け、それを書き残す点に関してはより古い文明の時代は素朴で不完全だった。聖なる音楽による陶酔は天使の合唱に比せられ、天国の主題によって表現された。宗教的機能のほかには音楽は主として高貴な気ばらし、驚嘆すべき腕の業、あるいは単なる愉快な楽しみとして評価された。個人的、感情的芸術体験としての評価が大手を振ってまかり通るのは、少なくとも言葉に表わされたかぎりではるか後世になってからだ。音楽の定評ある機能は高貴で盛り上がる社会的遊びの機能ときまっていた。その際の肝心かなめの点はまれにみる技倆の腕前の瞠目すべき演奏振りの中に見いだされる。しかし演奏者についてみるかぎり、音楽は長い間、特にきわだって隷属的であり続けた。アリストテレスは職業音楽家を卑賤の民と呼んでいる。久しい間、楽師は旅芸人の仲間だった。一七世紀の末になってもなお、各君主はちょうど馬小屋を備えるように音楽を備えていた。宮廷楽団には長らく特別な家僕的性格が滲み込んでいた。ルイ一四世の「王宮楽団」にはれっきとした作曲家が専属のひもつきになっていた。王の「二四のヴァイオリン弾き」は半ば舞台俳優だった。音楽家ボカンは同時に舞踊教師を兼ねていた。ハイドンもエステルハーツィ侯のお抱え人であり、彼の命令を毎日受けていた。昔は一面においては教養ある聴衆の玄人《くろうと》的感覚が極度に開発洗練されていたと思われるが、他の一面においては、芸術の偉大さとか演奏家の人格とかに対する尊敬はきわめて少なかったと思わざるをえない。完璧ともいえる神聖な静粛と指揮者に対する魔術的敬意をそなえた今日の演奏会なるものは、ごく最近になって始まったことなのだ。一八世紀の演奏を描いた絵画には、優雅な会話にふける聴き手の姿がいつも見受けられる。フランスの音楽生活では、三〇年ぐらい前にはまだ、オーケストラや指揮者に対する批判的妨害が飛び出すのは異常なことではなかった。音楽は主として気ばらしであって、それにとどまるものであった。感嘆の声は、少なくとも表現されたものについて見るかぎり、名人芸に向けられた。作曲家の創作はまだ完全に神聖不可侵のものになっていなかった。自由な結尾装飾独奏部《カデンツァ》には無分別な濫用が横行し、これを制限しなければならなかった。プロイセンのフリードリッヒ二世は、歌手が自分勝手な装飾音符をつけて曲を変えることを禁じた。

アポロンとマルシュアスの争い以来、今日に至るまで、人間のやる稽古ごとで音楽におけるほど競技の要素が明らかにみられるものはほかにない。歌合戦や親方歌人《マイスタージンガー》の時代より下ってより新しい時代からいくつかの例を挙げれば、一七〇九年、枢機卿オットボーニはヘンデルとスカルラッティにハープシコードとオルガンの競演をさせた。一七一七年、ザクセン選帝侯でのちにポーランド王となったアウグスト二世〔一六九六～一七六三。一七三三年よりポーランド王。豪勇侯〕はJ・S・バッハとJ・L・マルシャン〔一六六九～一七三二。リヨン生まれのオルガニスト。ドイツを旅行してバッハと会う〕に競演させようとした。しかし後者はついに姿を現わさなかった。一七二六年、ロンドン社交界はイタリア女流歌手ファウスティナとクッツォーニの歌合わせをめぐって大変な騒ぎだった。大勢の人々が殴り合い、口笛を吹き立てた。党派別がこれほど簡単に発生する分野はほかにない。一八世紀は音楽的党派の争いに満ち満ちていた。ボノンチーニ〔イタリアの音楽家。ジョバンニ・バッティスタ・ボノンチーニがヘンデルと対抗〕対ヘンデル、道化芝居対オペラ、グルック対ピッチンニ〔一七二八～一八〇〇。グルックに対しイタリア純正喜劇をとなえる〕といった具合だ。音楽の党派争いは往々にしてワグナー崇拝派とブラームス擁護派との確執に見られるような、仇敵同士といった性格をもちやすい。

多くの点で我々の美的鑑賞意識の育成者であったロマンティシズムは常により広い分野に向け、音楽の高い芸術内容と深い人生価値の認識を浸透させてきた。とはいってもそれによって古い機能もしくは評価が脱落してしまったわけではない。音楽生活の闘技的性質は古代

においてそうであったように、今も残っている。(13)

## 舞踊は純粋な遊びだ

我々は音楽に類するものすべてを、たえず本来的に遊びの限界内にあるものとして扱おうとするのだが、実はこのことは音楽とは切っても切れない双子の芸術ともいうべき舞踊によりいっそう深く当てはまる。踊りといえば、未開民族の聖なる踊り、もしくは呪術の踊り、ギリシアの祭礼儀式の踊り、ダビデ王の契約の櫃の前の踊り、各時代、各民族の祭りの踊りなどいろいろあるが、とにかく言葉の完全な意味において踊りは遊びであり、しかもそれが遊びの最も明瞭で最も完全な形式を表現しているといえる。ただ当然のことながら、この遊びの特質はすべての踊りの形式において完全に優位に立っているわけではない。それは一方では輪舞やフィギュア・ダンス、他方ではソロの踊りに最もはっきり認められる。つまり、メヌエットやマドリガルのように踊りが展示、描写、象徴、もしくはリズミカルな組み合わせや運動を示す時がそうだ。ところが、円舞や輪舞、フィギュア・ダンスがすたれ、それに代わってワルツやポルカのように円く踊るにせよ、ただ現代風に前へ出る踊りにせよ、とにかく二人がペアで踊る踊りが進出することは文化の弛緩と貧相化の現象と見るべきではないだろうか。この主張は、舞踊の歴史をそれ自体が生み出した美と様式の高度の展開に則してひもとき、芸術舞踊の注目すべき近代的復活に至るまでを通観する人にとっては、十分理由のあることだ。今日の舞踊形式の中ではまさしく本質的に固有のものであった遊びの性格が反古同然にされてしまったのは確かなことだ。

舞踊と遊びの結びつきはなんら問題にならない。それは実に明解だし密接で完全だから、舞踊の概念を遊びのそれに大きく統合一致させることは無理にここで説明しなくてもよいだろう。舞踊の遊びに対する関係は、ただ関係があるというのではなく、その一部を成しているということで、つまり、本質的一致である。舞踊はこのようなものとしての遊び自体の特別な、完全無欠の形式である。

## 詩歌女神の芸術、造形芸術、そして遊び

詩、音楽、舞踊から造形芸術の分野に眼を転ずると、遊びとの関連性は今までよりずっとはっきりしないものになってくる。美的制作と美的認識の二つの分野を区別する根本的相違はギリシア的精神において十分納得されていたことであって、学識や技芸の作品群には詩歌女神の支配を認めるが、一方、我々が造形芸術として一括する作品群にはその威光がさしとめられている。手の仕事と結びつけて考えられる造形美術には詩歌女神は割り当てられなかった。ここでなにかしら神の支配に服することが話題になるとすれば、それらすべてはヘファイストスかあるいは職人の保護神、アテナ・エルガネの下に属していた。造形芸術の制作者は、詩人に捧げられるような注目と尊敬を長い間味わうことがなかった。

それにしても芸術家に捧げられる名誉と敬意は、音楽の場合とそれ以外とで厳密に仕切りのできるものでない。音楽家の社会的名誉が低かったことの例としてはすでに述べたところで明らかだ。

大きくみて詩歌女神の司る芸術と造形芸術との間の著しい相違に対応するのは、前者がさきに述べたような遊びの特性をもつのに対し、後者が遊びの要素を欠いていることだ。この対立の主要原因を求める必要はない。詩歌女神の司る芸術では事実上の美的活動は演ずることにおいて成立する。もちろん、その芸術作品はあらかじめ作られ、研究され、あるいは注釈されもする。それでもやはり演ぜられ舞台にのせられ、聴衆の前にもち出されて鑑賞に供され、はじめて生きたものとなる。つまりそれは文字どおりproductio（前に引き出されたもの）であり、この言葉は今も英語の中で生きている。詩歌女神の司る芸術は行為であり、それが何回繰り返されてもその度に演じられる行為として味わわれる。詩歌女神は九人もいて、その中に天文学、英雄叙事詩、歴史を司る詩歌女神のいることは、今述べていることと食い違うように見える。しかし、考えてもらいたい。詩歌女神に職務分担をさせたのはより後の時代になってからのことであり、また少なくとも（カリオペやクリオの司る）叙事詩や歴史は、初めは全く「憑かれた予言詩人」（Vates）の仕事に委ねられていたし、また荘重華麗な旋律をつけた舞いを伴う演技をもってしてこそ最もよく受けとめられた。実に詩的芸術享受がこの聴かせる演技から自分で詩を読むスタイルへと変わったにしても、根本的に行為するという性格は変わらない。詩歌女神の司る芸術を味わう行為それ自体は遊びと呼ばれてしかるべきだ。

これが造形芸術になると、たいへん勝手が違ってくる。素材の制約や材料のもつ形式上の可能性の限界からして、すでにそれは上天の霊気の中をところかまわず飛び回れる詩や音楽ほど自由に「遊べる」ものではない。舞踊はその点で限界領域に立っている。それは詩歌女神《ミューズ》的であると同時に造形的だ。詩歌女神的というのは動きとリズムが主要な要素をなしているからだ。その全体の活動性はリズミカルな動きで成り立っている。しかし、また同時に素材に縛られている。人間の肉体は直立にせよ運動にせよ、それぞれの限定をもつ個別的差違をもって活動を展開し、その美しさは動く肉体自体の美しさである。それは像を描く点で彫刻と似ている。しかし、その似ているのは一瞬のことにすぎない。舞踊は伴奏し、指導する音楽に似て、繰り返しの工夫で生きているのだ。

これと同じく詩歌女神の司る芸術と全く異なるのが造形芸術のもつ効果である。建築家、彫刻家、画家、もしくはデザイナー、陶芸家、そして一般に装飾芸術家は美的衝動を熱心な長時間にわたる労働をとおして素材の中にしっかりと植えつける。彼の創作は持続的であり、かつ持続的に眼で見ることができる。その芸術の効果は音楽の場合のように彼自身また は他人による意図的な演奏や上演によって左右されるものではない。いったん作られてしまうと、動かずに、一言も発しなくても、それを見て眼の保養をする人々の存在する限り、効果を発揮する。造形芸術の作品は公共の催しの中で活用され享受されることがないために、本来、造形芸術の領域の内には遊びの要素の活躍の場がないように見える。芸術家はいくら創作意欲に駆りたてられても、手仕事の職人と同じように律儀に厳格さを守り、常に自分を確かめ過ちを正しながら作業をする。彼の陶酔感が胸の中では気の向くままに奔放自在に駆け巡っても、仕事に際しては物を作る手練の技に従わねばならない。そんなわけで、明らかに造形芸術の制作には遊びの要素が欠けている。さらにその鑑賞や享受の面では全くそれは発言の場をもたない。そこには見られる行為が全くないのだ。

造形芸術においては、それが物を作る労働であるという性格や、また勤勉な手仕事であり、工業であるという性格をもつので遊びの要素は出る幕を失っている。ところでこの傾向は、次の事実によってより強められる。つまり、こうした芸術作品の性格は多くの場合、実際的目的によって規制を受ける。しかも、その実際的目的は美的主題によって制約されることはない。制作者の課題は真面目で責任を帯びている。そこには遊びのあの字も聞かれない。彼が建てなければならない家は、祭祀、集会、居住に適していて、それにふさわしいものなのだ。あるいは彼が作るのが容器にしても、服にしても、絵にしても、それは象徴または模倣として彼が生命あらしめようとする理念に相応じたものでなければならない。

造形芸術の制作は、このように遊びの領域からは全くかけ離れたところで行なわれる。またその展示はただ副次的に祭儀、祝祭、娯楽、社会的行事に取り入れられるにすぎない。除幕式や定礎式、展示会などは芸術制作にはなんら寄与しない。それにこれらはごく最近、一般的現象に広まったことだ。詩歌女神の司る芸術作品は共同生活の楽しい雰囲気の中で生かされ、栄えるのに、造形芸術はそうではない。

## 芸術作品の祭儀的特性

しかし、この根本的対照性にもかかわらず、造形芸術の中にはいろいろなところに遊びの要素が指摘されねばならない。原始古代《アルカイック》文明の中では物質を扱う芸術品は、たとえば建物であれ、絵であれ、盛装した衣服であれ、飾り立てた武器であれ、祭礼儀式の中に広汎にその地位と使命を保っている。その芸術作品はほとんど常に神々を祭る世界の一部を分担していて、その潜在能力、たとえば、呪いの力、聖なる言葉、宇宙的なものとの暗示的一致、象徴としての価値、つまり簡単にいえば神への捧げ物をして身を浄める力を身につけている。ところで神に捧げ物をすることと遊びとは、すでに述べたように、はなはだ密接に関連しているので、もし祭礼儀式の中の遊びの性格が造形芸術の制作や評価になんらかの点で反映しないとすれば、それは奇妙なことになるだろう。いささか躊躇を感じないわけではないが、私はあえてギリシア文化の専門家に疑問を提示しておく。いったい、祭式と芸術と遊びとのある確かな語義的関連性はギリシア語で立像や神の画像を意味するアガルマ（*ἄγαλμα*）という言葉の中に表現されているのではないだろうか。この言葉は動詞の語幹から生まれたもので、その意味領域は「喜ぶ」、「意気揚々となる」、「小躍りする」を中心に、さらに「自慢する」、「威張る」、「祝う」、「飾る」、「輝く」、「嬉しがる」という意味までも含んでいる。その最も根源的意味は、装飾、見せもの、高価なもの、つまり、それによって人が喜び楽しむものをさしている。「夜の飾り《アガルマタニユクトス》」(ἀγάλματα νύκτος) とは星を意味する詩的用語である。したがって神の像の意味も神への捧げ物から発したものであろう。もし、ギリシア人が神に捧げられた芸術の本質を喜ばしい感情の高揚の領域からの言葉で最もよく表現したとすれば、それは我々が原始古代的祭りの儀式に固有のものとみなした、遊びの演技を神に奉納する気持ちとははなはだ近いものではなかろうか。私はこれ以上、積極的結論をこの観察のあとに続けようとは思わない。

造形芸術と遊びとの関係はすでに昔から、芸術形式の創作を人間の生まれながらの遊びの本能から解明しようとする理論の形式で扱われてきた[14]。上品には遊びの機能と呼ばれてもよいと思われるような、ほとんど本能的で無意識的な装飾欲は実際にこれより深く探究することのできないものだ。一度でも鉛筆を手にして退屈な会議に出たことのある人なら誰でも覚えがある。思わず知らず線を描いたり空白を塗ったりする半ば無意識の遊びの中に、時には人間や動物の気まぐれな姿がまぎれこんで、空想的装飾の動機《モチーフ》が成立する。心理学がこの退屈の芸術にどんな主要動機を、無意識的か潜在意識的かいずれにせよ、認めねばならないと考えているかは別問題として、我々は一般にこの機能を疑いなく遊びと呼ぶことができる。といっても、それは遊びの範疇の中のより低次の段階に属しており、生まれたばかりの子供の遊びにも見られるものだ。なぜなら、組織化された社会的遊びの、より高次の構造が全く欠けているからだ。しかし、この心理的機能は芸術上の装飾動機成立の説明の基盤としてはあまりにも不十分に思われるし、ましていわんや一般的造形芸術の創作については言わずもがなだ。無目的な手すさびの遊びからはなんの様式も生まれない。そのうえ、造形芸術の創作意欲は単に空白の平面を飾ることよりはるかにぬきんでたことだ。それは三通りあって、装飾、構成、模倣だ。およそ芸術を「遊びの衝動」(Spieltrieb) から説き起こすためには、その中に建築や絵画も含んでのことでなければならないだろう。旧石器時代の洞窟絵画は遊びの本能からの産物だろうか。これはいささか無法な精神の飛躍だろう。それに建築についてはこの仮説は当てはまらない。なぜなら蜂やビーヴァーの建築作業をみても美的衝動が完全に支配的だとは言いきれないからだ。我々は文化の要素としての遊びに根源的意味を認めるし、この本の目的を守るかぎりそれに違いないのだが、ただ、我々は芸術の起源を生まれながらの遊びの本能に結びつけることの指摘だけで解明したと考えることはできない。それはそれとして造形芸術のあまりにも豊かな形式の宝の山から生まれた多数の作品群に接すると、空想の遊びとか精神と手練の技の戯れにする遊びがてらの創造という考えに思いあたるのを抑えるのは至極むずかしい。未開民族の舞踊仮面の野生的気まぐれ、トーテムポールの図像の入り組んだ嚙み合わせ、装飾動機《モチーフ》の魔術を思わせる魅力的取り合わせ、人間や動物の図柄の戯曲的にしゃれたデフォルメ、などはすべて否応なしに遊びの領域との連帯性を目覚めさせる。

## 造形芸術における競技的要素

たしかにある面では、一般的に造形芸術の領域では詩歌女神があずかる芸術の領域におけるほど遊びの要素が芸術創作過程で表面に立つことは多くないといえる。がしかしまた他方では、眼を芸術制作のあり方から転じて造形芸術の社会的環境の中での受け入れられ方に向けると、状況は変わってくる。造形芸術の技術が他の人間能力の発表の場合とほぼ同じように、高度に競争の対象であることは明らかだ。すでに多くの文化領域において力強く働いているのが見られた闘技的本能は、この芸術の分野でも豊かな満足を見いだしている。芸術技術上の至難の業、もしくは不可能と目される課題を挑戦もしくは賭けで遂行しようという要素は文化の根源的層に深く根ざしたものだ。これは我々が知識、詩、勇気の分野で出会った闘技的試練と同じものだ。ここで直ちに次のように言えるのではなかろうか。聖なる謎が哲学の発展に対して意味したもの、また詩や歌の手合わせが詩の発展に対して意味したものは、造形的能力の起源においては芸術技術の試作品によって表現されるのではないだろうか。換言すれば、造形芸術もまた競争の中で競争をとおして発展したのではなかろうか。この問題については、まずなんといっても、何かを作る競争と何かを遂行する競争との間にはなんら厳密な境界線が引かれていなかったことを頭に入れておかねばならない。オデュッセウスが一二の斧を貫いて矢を射たように、力と熟練の手並みの披露は全く遊びの領域に入ることだ。これは決して芸術の創造ではない、がしかし、我々の言葉でいう芸の技である。原始古代文明において、またその後もずっと、芸術（もしくは芸）という言葉は人間能力のあらゆる分野において考えられている。この普遍的関連性に立てば狭義の傑作《マスターピース》、つまり腕自慢の技の恒久的創造の中に遊びの要素を再発見することが許される。今日でもちゃんとした行事として行なわれるローマ大賞（prix de Rome）などのような、最も美しい芸術作品を作り出す競争は、驚嘆讃美をまき起こす手腕によって、さらにはまたライバルよりたち優ることを示すことにより、すべての人に勝ち誇ろうとする太古の競争のしだいに洗練されてきたものである。芸術と技術、技と力は原始古代の文化においてはなお、凌駕したいとか勝ちたいという永遠の本能の中で未分化の状態にあった。社会的競争に委ねられる芸事のうちで、最も低い段階のものは、宴席で主人が客に対して冗談に出す「命令《ケレウスマタ》」（*κελεύσματα*）だ。けちをつけられたり罰金をとられたりする芸はこれと同一線上に並ぶもので、いずれも純粋な遊びである。結び目を作ったり、解いたりするのもこれとごく近い関係にある。この遊びの背景には疑いもなく神聖な儀式的習慣が横たわっているが、ここではそのことは論じないでおく。アレクサンドロス大王がゴルディアスの結び目を一刀両断に切って捨てた時、いくつかの観点からみて、彼は自ら真の遊びの破壊者としてふるまったのだ。

　しかし、このような関連性があったにしても、いったい競争がどのくらいまで実際に芸術の発展に貢献したのかという問題は解決されていない。ここで注目すべきは、どえらい技の課題の遂行が芸術史の歴史的事件としてより、むしろ神話や伝説もしくは文学のテーマとして、しばしば我々の前に登場してくる点だ。精神はあまりにも好んでとてつもないもの、驚くべきもの、不合理なものとたわむれるが、実はそのためにそれは現実になるのだ。不思議なことをしてのける芸術家に関する空想ほど、この遊びに豊かな土壌を与える場がほかにあるだろうか。あらゆる神話の伝えるところによると、昔の偉大な文化導入者は自己の命をかけた競争の中から新しく発明や制作を行なってきた。そしてそれが後の文化の宝となった。ヴェーダの神信仰は独特の創作の神（Deus faber）をもち、それをトヴァシュタル（Tvashtar）と呼んでいるが、これには作る人、製造者の意味がある。彼はインドラのために電光の矢、ヴァジュラを鍛え上げた。彼はまた、インドラの乗馬、アシュヴィンの車、ブリハスパティの聖牛を作った三人のリブ（Rbhu）〔リブは工巧の半神。『リグヴェーダ』一―一六一参照。筑摩書房「世界古典文学全集3」『ヴェーダ　アヴェスター』九一ページ〕の神と技を競い合った。ギリシア人はポリテクノスとアエドンをめぐる物語を伝えている。この二人はゼウスとヘラより愛し合っていると自慢していた。そこでゼウスはかの二人の所に争いの女神エリスを送り、あらゆる技仕事で彼らを競争せしめた。この系統に属するのが、北欧神話に出てくるドワーフの技芸の達人、鍛冶匠ヴィーラントだ。彼の剣ははなはだ鋭利で、流れにたゆとう毛の屑をも断ち切ったという。また同じくギリシア伝説に伝わるダイダロスもそうだ。彼の作ったものは迷宮《ラビリンス》、走る立像など数多い。彼は貝殻の渦巻に糸を通す課題を与えられると、蟻を引き手にして糸を通すことで問題を解決した。ここに見られるのは技巧的腕だめしと謎の結合したものだ。しかしこの二つには違いがある。つまり、良い謎では意外な感じでしかもつぼにはまった精神的納得の中に解決が見いだされるが、他方、技術的運だめしでは今述べたようなみごとな解決はまれで、一般には非合理の中で見失われてしまう。砂の綱とか、縫い合わせのための石の糸などは技術的伝承の想像力の生みだした道具である。[15] 古代中国の英雄的君主はありとあらゆる腕だめしや能力の証しによって自己の主張を認めさせねばならなかった。たとえば蚩尤《シイウ》と黄帝《ホワンテイ》との間に行なわれた鍛冶の競技がそれだ。[16] このように奇蹟的に遂行された腕だめしの観念と奇蹟とは、よくよく見れば明らかに直線的につながっている。奇蹟とはつまり技であり、それによって聖人が、生前か死後かを問わず、人間的名誉以上のものへ賭けた彼自らの使命と要求の真価を証明するものだ。あえて聖人伝説をひもといてみるまでもなく、一般に奇蹟の物語がまごうかたなき遊びの要素を露呈していることを、誰でも明らかに認めることができる。

　我々は芸の技倆を競うという主題をまず第一に神話、口伝、そして伝説の中に見いだすが、競争の要素は現実における技術と芸術の発展にも明らかに力を貸していた。ポリテクノスとアエドンの神話的技倆競争と匹敵するような歴史上の競争としては、アイアスとオデュッセウスとの争いの叙述をめぐってサモス島でパルラシウスとその競争者が争ったもの、あるいはピュティアの祭り〔アポロンをまつり、四年に一度、競技を行なう〕の時、パナエウスとカルキスのティマゴラスの間で争われたものなどがある。フィディアス、ポリュクレイトスその他の人々は、最も美しいアマゾン像を作る競争をした。このような競技の行なわれた歴史的現実を立証する格言詩《エピグラム》の証拠史料にも事欠かない。

ある二個の像の台座の上には次のような文章が読みとられる。「パイオニオスがこれを作った。……彼はまた神殿の破風彫刻を作り、それによって賞を得た」[17]。

およそ試験とか公開の討論などすべては、いかなる分野のものであれ、ある技仕事を課すことによって腕くらべをするという原始古代の形式から発している。中世の手職人生活も中世の大学と同じく競争に満ち満ちていた。個人的な試練が課せられるか、大勢の人が一つの賞を争うかは、べつに大した違いではない。組合《ギルド》の本質はその根を深く異教的、祭儀的領域に下ろしているので、そこでありとあらゆる種類の闘技的要素に出会っても、べつに驚くにはあたらない。親方になりたいとの要求を示す「親方作品《マスターピース》（傑作）」は確定した規則としては後になって初めて現われるはずのものだとしても、それは太古以来の競争の慣習に基づくものだ。組合《ギルド》の起源は周知のごとく、経済的領域によるのではない、というか、あるいはよるとしてもごく一部にすぎない。やっと一二世紀以後、都市の復活とともに職人的、商人的組合が中心的となった。また形の上でも会食や酒盛りなどの外面的形式の中に、まだ遊びの特徴を数多く残している。やっと徐々にではあるが、経済的関心がこれらを時代の流れにそわないものとしていく。

建築作業における競争の典型的な二、三の例は、一三世紀のフランス建築家ヴィラール・ド・オンヌクールの有名なスケッチブックの中に出てくる。その中のある図面については次のように述べられている。「教会堂内陣はヴィラール・ド・オンヌクールとピエール・ド・コルビーが互いに討論して考えた」。彼が提示した無窮動《ペルペトウウムモビレ》の試みについては、彼は次のように述べている。「幾日も親方たちはただそれ自身の力で車を回転させるために討論し合った[18]」。

全世界にわたる競争の長い前史を知らない人は、今日なお盛んな芸術分野でのコンクールの習慣をただ単純に有益と効果の動機からのみ企てられたと思うだろう。市庁舎のための懸賞課題が発表されたり、美術学校の学生に奨学金獲得を競わせるのも、なんのためかといえば、それによって発明発見を刺激したり、あるいは、もっとも期待される才能を開発したりして、最高に良い結果に到達しようとするからだ。しかし、こうしたコンクール形式を生んだ元の理由は、決してそんなに実用的目的からではなかった。その背景には常に本来の競争らしい競争がもつ太古以来の遊びの機能が備わっているのだ。特定の歴史的事件において、どれほど有用性の意味が勝ったか、あるいは闘技的情熱がまさっていたかは、誰にも言えないことだ。たとえば一四一八年、フィレンツェが大聖堂の円屋根を完成させるための競技を公表し、それでブルネレスキが一三人の競争者に勝って選ばれたのがいい例だ。純粋な有用性が隅から隅までこの円屋根の大胆なアイディアを支配していたわけではない。これより二世紀ほど前には、この同じフィレンツェには塔の森が林立していた。それによって貴族の家々は激烈をきわめる敵対関係に分かれ、互いに生命をねらい合ったものだ。今日、芸術史にしても戦争史にしても、フィレンツェの塔は真剣な防衛対策のためとしてよりむしろ、「飾りの塔」としてみられるべきことが認められている。中世の都市はきらびやかな遊びの理念に活躍の余地を残していた。

# 第一二章　「遊びの相の下に」立つ文明と時代

## 古代以後の諸文化における遊びの要素

社会生活を律するすべての偉大な形式の誕生にあたっては、遊びの要素が最も活動的で、最も実り豊かであったと論証することは決してむずかしいことではなかった。文化そのもののすべてに先んじた、社会生活の本能としての遊びながら張り合う競争は古くから生を充実させ、さながら酵母のごとく原始古代の文化の諸形式を育て上げた。祭礼は聖なる遊びの中で成長した。詩文の芸術は遊びの中で生まれ遊びの形で生きてきた。音楽と舞踊は純粋な遊びだった。知恵と知識は奉納競技の中で言葉の使い方を見いだした。法律は社会的遊びから発展した。武器をもって行なう争いの諸規定、貴族生活の慣習などは遊びの形式の中で基礎づけられた。結論は次のようになるはずだ。文化はその起源の段階においては遊ばれていた。文化は母の体から自らを切り離して生まれ出る生命の実のように遊びから生まれ出るのではない。それは遊びの中で遊びとして発展したのだ。

この見方が受け入れられたら――それを受け入れないことはほとんど不可能と思われるの

だが――次いで問題は先に進む。この文化生活における遊びの要素の診断は、我々がすでに全体として眼を注いだ原始古代の文化より、のちの一段と発達した文化の諸時代においては、いったいどれほど通用するのだろうか。すでに一度ならず古代文化の中の遊びの要素の典型は一八世紀もしくは現代からの対称例で説明されねばならなかった。まさしくこの一八世紀の姿こそ、遊びながらの冗談めいた要素を十分に意識したイメージとして現われてくる。一八世紀といえばどうみてもやっとおとといのことのような時代だ。我々はごく近い昔との精神的血縁関係をすべて失っているのだろうか。この本のテーマから次のような疑問が浮かぶ。ほかならぬ我々の時代、つまり現代世界を息づかせる文明の時代の、遊びの内容は何だろうか。

ここであらゆる時代をとおして文化における遊びの要素を扱う論説を展開しようというつもりは毛頭ない。ただ、現代に入る前になお、二、三、我々に親しい時代の歴史から例を引き、しかも今回は特定の文化機能を個々に眺めるのではなく、ある決まった時代の生活の中で遊びの要素を一般的に眺めてみよう。

## ローマ文化における遊びの要素

ローマ帝国の文明はギリシア文化との対比のためだけでも、ここで少しばかり特別の考慮を払う価値がある。一見したところ、古代ローマの社会生活はギリシアのそれに比較して遊びの特徴がより乏しいように思われる。古典的ラテン世界の性格は冷静、誠実、実務的で経済的、かつ法律的思考、かぼそい空想力、特色を欠いた迷信などの諸特性によってきちんとけじめを守っているように見える。古代ローマ社会が神の加護を祈願する場合の粗野で質朴な形式には畑や炉の焚火の匂いが漂っている。共和政時代のローマ文化の雰囲気はまだ、ほんの少し前にそこから成長してきたばかりの狭い氏族的、部族的血縁関係の雰囲気そのままである。国家に対する配慮は一門の守護神への家族的帰依といった特徴を帯びている。宗教的観念はほんの少ししか表現されていない。折にふれ心に触れる観念の完全な擬人化は、一見、高度の抽象の機能と思われがちだが、実はむしろ子供の遊びにごく近い原始的習性である。[1] 擬人化された豊饒（Abundantia）、調和（Concordia）、敬虔（Pietas）、平和（Pax）、美徳（Virtus）などのイメージは高度に発達した政治思想の徹底的に考えぬかれた概念ではなく、原始的社会の唯物的理想なのだ。つまり、このような社会はより高い次元の力をもつものと実際に交わることにより、自らの救済を確保しようとする。この救済確保と結びつくからこそ数多い年ごとの祭りが重要な地位をしめてくる。ローマ人の間で祭祀の習慣が常に「遊び《ルーディ》」（ludi）の名で呼ばれ続けたのは決して偶然ではない。なぜなら、これこそ遊びだからだ。ローマの場合をギリシアや中国の文化の場合と比べると、遊びの要素は華やかさ、いろどり、生命感に溢れるイメージなどの点でいささか見劣りするが、古代ローマ社会の度はずれた祭儀的性格の中には強烈な遊びの特性が秘められている。

ローマは成長して世界的帝国にまでなった。それは先行した古い世界の相続財産、つまり古代オリエントの半ばをなすエジプトとヘレニズムの遺産を受け継いだ。その文明は各種の外国文化の最も豊かな流入の上に培われた。その国家行政、法律、道路建設、戦争技術などはかつてみたこともないほど完璧に仕上げられ、その文学や芸術は実に巧みにギリシアの幹に接ぎ木された。しかし、それはそれとして、政治体制の基本構造は相変わらず原始古代的であり続けた。誰もが認めるローマ社会の存在理由は祭儀的連帯性の基盤に置かれたままであった。もし政治的野心家が全支配権を一手に掌握することにでもなれば、たちまち彼の人格と彼の権力の理念は聖なるものの領域に引き上げられる。彼はアウグストゥス（清められたもの）、神の力と本質の体現者、救済者、復興者、安全と平和の招来者、福祉と豊饒の贈与者、およびその保証人となる。未開民族の生命維持を気遣う不安気な希望のすべてが、絶えず神の生き写しであり続ける支配者に投影されている。これらすべては衣を新たにしただけの純原始的観念である。未開民族の生んだ英雄的文化伝播者のイメージは、プリンケプスとヘラクレスあるいはアポロンとを同一視する新しい着想の中で再生している。

ところで、これらの理念を掲げ、宣伝している社会は、たいそうよく発達した社会だった。現人神《あらひとがみ》としての皇帝を崇拝した知識人たちはギリシアの知恵と理性と趣味に洗練されつくして、懐疑と不信にまで行きついた人々だ。ウェルギリウスやホラティウスが彫心鏤骨《ちょうしんるこつ》の頌詩をもって新たに始まる時代を寿《ことほ》いだ時、彼らは文化の遊びを遊んでいた。

国家は決してただ単純に効用と利益だけの制度に終わるものではない。それは窓ガラスに咲く氷の花のように時代の断面の上に結晶したもので、それと同じように気まぐれではかないが、見かけだけは必然的に規定される。あらゆる種類の起源から発したばらばらなエネルギーを詰め込んだ文化的衝動が一つの力の集大成の中に自らを体現する、それがすなわち国家であり、こうしてできたその後から国家は自分でなんらかの存在理由を種族の栄光、民族の卓越などの中に探し求める。その自己の原理を表明する段になって、国家はいろいろなやり方で、時には馬鹿げた自己破壊的なふるまいまであえてして、その空想的性格を露呈する。ローマ帝国は神聖なものへの要求でおおいかくしたはずのその不合理な性格を、実際的にはこのうえなくよく示してくれる。その社会的経済的構造は水ぶくれの状態にあり、不毛だった。物資の供給、国家行政、文明の全制度は都市に集中していて、しかも市民権のない者や無産者たちの上にぬきんでた一握りの少数者のためのものになっていた。古代における都市的統一は社会生活と文明との核心であり、生活と文明の概念そのものを意味すべきものだったから、人々は絶えず何百という都市の選定および建設に従事して、砂漠のふちにまで達し、しかもそれが健全な民衆生活の自然の機関として発展していけるかどうかはなんら問いただそうとしなかった。この大規模な都市建設を物語る遺跡を見ると、いったい文化の中心としての都市の機能はその壮大華麗な見せかけとどれだけうまく釣り合っていたのかどうか疑問に思えてくる。後期ローマの文化的創造の一般的内容について判断すると、都市はその地取りや建築についてはいかに高く価値づけられようとも、その都市の中では、もはや古代文化の最上のものは全く行なわれていなかった、と思われる。神殿は勤行のためのものだが、その勤行が伝統的形式に堕落したうえに迷信に満たされていた。会館や公会堂《バシリカ》は国家行政と裁判のためのものだが、その国家行政と裁判が完全に一方的に偏った政治経済的社会構造において搾取と隷属との体系を支配することにより、しだいに腐敗し、窒息するに至っていた。競技場や劇場は血なまぐさい、野蛮な遊びと淫蕩な舞台のためのものとなり、浴場は体を鍛えるより先に軟弱にするためのものだった。すべてがこんなふうでは真の確固たる文明を作り出すことはほとんど不可能だった。それらは大部分、見せびらかし、歓楽、空虚な栄光のために使われた。まさしく空《うつ》ろな肉体というべきものこそローマ帝国の実体だった。誇らしげな碑文の見かけの偉大さで人を驚かす施与者の裕福も、実はこのうえなく貧しい基盤しかもっていなかった。ローマは最初の一突きで倒れねばならなかった。食料の供給は不十分なありさまでやっと保たれていた。国家は自分でその有機体から健全な繁栄の体液をしぼり取っていた。

この文明の全体を偽りのうわべの光沢がおおっている。信仰も芸術も文学もまるで繰り言のように、ローマとその子孫にとってすべては秩序正しく保たれ、豊かさはなんの憂いも知らず、勝利の力は疑いない、と誇張をこめて強調し、確認を繰り返さねばならなかった。これと同じ理念を語るのが堂々たる建造物、戦勝記念柱、凱旋門、浮き彫りつき祭壇、邸宅の壁画などだ。神聖なものと世俗的なものの表現がローマ芸術では完全に混ざり合っている。なにかしら遊びに通じる優雅さをもち、厳格な様式など知らぬげに立ち並ぶローマ生まれの神々の像は、そのまわりに心の平安をさそうアレゴリーを伴い、さらに世話好きの家の守護霊によって分配される繁盛とか豊栄という真面目で日常的な属性を身に帯びている。しかも、これらすべての中に一種の不真面目なもの、牧歌への逃避が潜んでいて、そこに文明の頽廃が顔をのぞかせている。それらのもつ遊びの要素は強く前面に押し出されてはいるが、もはや社会の構造や行動の中にはなんら組織的機能をもっていない。

　また皇帝の政治は、古式ゆかしい祭儀にのっとった遊びの形式で社会の繁栄を絶えず公けに布告する必要性と結びついていた。ローマ帝国の政治を決定づけるもののうちで、理性的目標はただその一部にすぎない。——実際、かつてそれよりほかの場合がありえただろうか。たしかに征服は新版図を獲得することで繁栄を確保し、国境を先へ押し拡げることによって安全を保障し、「アウグストゥスの平和」を守って微動だにしないために役立っている。しかし、その実利本位の動機はどんな場合でも神聖な理想の下に隷属する。凱旋式、月桂冠、軍事的名声はそれ自体が目的であり、皇帝が負わされた聖なる課題である[2]。その凱旋式において国家は自分の繁栄と立ち直りを体験する。闘技的理想はローマ帝国のような広大な世界においてすらなお、その歴史をとおして見受けられるのであり、そこではやはり威信がすべての基本的要素をなしている。どんな民族も自ら遂行したり、あるいは耐え抜いたりした戦争を、同じように生存のための名誉の戦いと主張するものだ。ローマはガリア人、カルタゴ人およびその後の蛮族と相対して、おそらくそのためのいくつかの理由をもっていたことだろう。しかし、多くの場合、生存を賭けた戦いの初めにあるのは、飢えではなく力と名誉への羨望だった。

　ローマ国家における遊びの要素は、民衆が国家に期待するものを表現した言葉「パンと見せ物遊びを」(Panem et circenses) の中にはっきりと示されている。現代の耳はこの言葉の中に失業者の生活の糧と映画の入場券を求める声より以上のものを聞こうとしない傾向がある。生活保障と大衆娯楽というわけだ。実はこの言葉はもっと多くのものを意味している。ローマ社会は遊びなしには生きていけなかった。遊びはローマ社会にとってパンと同じく存在の基盤だった。それは実に聖なる遊びであり、民衆はそれに聖なる権利をもって参加した。その本源的機能の中には達成された社会的繁栄を祝う気分だけでなく、また同時に、この聖なる行為をとおして未来の繁栄をも強化し、確かなものにしておこうという気持ちが働いていた。遊びの要素は全般的にはしだいに力を失っていたが、その原始古代的形式を保ってなお生き続けていた。ローマ自身にとっても、皇帝の物惜しみしない心の広さは実際のところ、どうみても憐れな都市プロレタリアートへの大がかりな施しと気ばらしになり下がっていた。祭礼遊び (ludi) になお欠くべからざるものであった宗教的精進は、明らかに多くの人々にとっても喜ばれるものではなくなっていたらしい。しかし、ローマ文化の機能としての遊びの重要性をより根強く物語るのは、どの都市の遺跡でも円形劇場がみるからに重要な位置を占めている事実だ。スペイン文化の基本的機能としての闘牛は、今日なおローマ的「祭礼遊び」の徴候を保っている。ただし、一昔前に行なわれていた闘牛は今の闘牛競技 (corrida) よりもっと剣奴の遊びとは違った形式のものであった。

## 公共精神とポトラッチ精神

都市住民へのこの気前のよい贈与は皇帝一人だけの責務ではなかった。初期帝政期を通じてはるかに遠い土地に住む人も含めて何千という市民たちが、会館、浴場、劇場の建立寄付、食料施与の行事、遊びの準備と実施に参加し、すべての面でしだいに規模を大きくし、なんでもかんでも後世の人のために誇らしげに碑文に書き残すということについて競争をした。これらすべてのことに人々を駆り立てたのはどんな精神だったのだろう。それはキリスト教的慈愛《カリタス》の先触れだったのだろうか。そういうことはほとんどない。物惜しみしない精神の対象物といい、その表明方法といい、いずれも全く異なった意味を物語っている。それならこれは近代的意味の公共精神だろうか。古代の慈善家がキリスト教的慈悲よりむしろ公共精神からそうしたことは疑いない。しかし、この公共的精神の本質は、それをポトラッチ精神と考えることによって、なおいっそうよく理解されるのではなかろうか。隣人にまさり、打ち勝つために、名声と名誉をかけた贈り物をすることは古代ローマ文化の祭儀的＝闘技的背景をなすものであり、そのことはすべてにおいてはっきり示されている。

ローマ文化における遊びの要素は、文学や芸術の諸形式の中でなおいっそう明瞭に現われてくる。凝りに凝った文体の頌詞やそらぞらしい修辞法は前者の特徴だ。造形芸術では、どっしりした構造のうわべをおおう薄手の飾りつけとか、通俗風俗画にうつつを抜かし、間の抜けたエレガント気取りに堕した壁画装飾とかがそれだ。このような本質的特徴がローマの古典的偉大さの最終段階に真面目一点張りとは言いがたい烙印を押しつけている。生活は文化的遊びとなった。そのなかで祭儀的要素は形式的に扱われてはいるが、しかし、神への奉仕は敬して遠ざけられた。より深い精神的衝動はこのうわべの文化から姿を消し、秘儀的宗教の中に新たな根を張っていく。最後にキリスト教がローマ文化を祭儀的基盤から完全に切り離すと、ローマ文化はたちまち萎えしぼんでしまう。

古代ローマにおける遊びの要素の強靭さを示す注目すべき証拠を挙げるなら、「祭礼遊び《ルーディ》」の原理をもって展開されるビザンティウムの戦車競技場での壮観をきわめた一大デモンストレーションである。それはたとい祭礼儀式の中の根本的基盤から切り離されても、相変わらず社会の焦点であり続けた。民衆の情熱はかつては人間や動物の血みどろの決闘に気ばらしを求めてきたが、今や走ることで満足しなければならなかった。それはもはや神に奉納する性質を欠いた祭りの娯楽に堕していたが、にもかかわらず、それは全民衆の関心をこの場内に引きつけることができた。この円形競技場（circus）は文字どおりの意味において競い合いの場の構造を示すのみならず、政治的、また時には宗教的な党派争いの場でもあった。馭者の四つの色合いから名づけられた競技団体は、ただ競技のみならず、公認された大衆組織でもあった。この組織はデーモス（組）と呼ばれ、その指導者はデーマルコス（組長）といわれた。将軍が勝利を祝う時は競技場の中で凱旋式が行なわれ、その際には皇帝が民衆の前に姿を現わし、また時にはそこで法の裁きが行なわれた。文明の諸形式を発達せしめた遊びと聖なる行事との原始古代的統一はもはやこの祭りの娯楽と公共生活との末期的混淆とはあまり関係がなかった。これは幕切れの余興にすぎなかった。

## 中世文化のもつ遊びの要素

中世文化のもつ遊びの要素については私は別の本でそれほど意図的ではないが、いろいろとことこまかに述べているので[3]、ここでは二言三言で十分ことたりるのではないかと思う。中世の生活は遊びでいっぱいだ。民衆の遊びは陽気に生気溌剌としていて、異教的要素を取り入れ、しかもそれは祭儀的意味をとうに失い、根っからの冗談ごとに化していた。また壮麗で重厚な騎士の遊び、宮廷風の雅びな愛の遊び、その他の数多くの遊びの形式があった。だが、これらの遊びの諸形式には、もはや直接文化を生み出す機能はほとんど備わっていない。なぜなら、この時代のもつ文化の偉大な形式、たとえば詩と祭り、知恵と学問、政治と戦争などは、すでに古く古典古代から相続されたものだ。形式はきちんと決まっていた。中世文化はもはや原始古代的《アルカイック》ではなかった。それはキリスト教的内容であれ、古典的内容であれ、伝承された素材の大部分をあらためて消化し、自分のものにしなければならなかった。ただそれが古代の根から生じたものでない場合や、教会的かあるいはギリシア・ローマ的な思想の息吹に養われたものでない場合は、遊びの要素の創造的活動にまだ余地が残されていた。いわばそれは中世文化がケルト・ゲルマン的、あるいはより古い固有の過去の上に築き上げられている場合だ。騎士道の起源の場合がそうだ。一般的な封建諸形式もある程度、これに該当する。騎士叙任、托身、トーナメント槍試合、紋章、騎士団、誓約などすべてに、たとい古代的影響が働いていたとしても、また、原始古代的なものが密着していたとしても、遊びの要素がもてる力を出し切って、真に創造的に働いているのがみられる。また別の分野、たとえば含蓄豊かな想像上の観念や奇妙な形式主義をもつ司法行政や裁判制度（たとえば動物裁判など）、ギルド制度や学校の世界などでは、遊びの情緒が中世的精神の上をきわめて豊かにおおっている。

## ルネサンス文化の遊びの要素

つづいてルネサンスと人文主義の時代にほんの少しだけ眼を向けよう。意識して俗世から身をひいているエリートが人生を夢の世界の完全無欠の遊びの中で把握しようと努力する時、その人はルネサンスの圏内に立つ。彼は絶えず遊びが真面目を締め出すものでないことを思い起こさせる。ルネサンスの精神は軽佻浮薄とはおよそかけはなれたものだ。古代の模倣は聖なる真面目そのものだった。造形芸術の創造や知的発見の理想に身を捧げることは、無類の激しさと深さと純粋さを帯びていた。レオナルドやミケランジェロより以上に真面目な人間像を考えることはほとんど不可能だ。しかし、全体としてのルネサンスの精神的態度はやはり遊びのそれだ。高貴で美しい形式を憧れる新鮮かつ強力な、しかも同時に洗練された努力こそは、とりもなおさず遊ばれた文化だ。ルネサンスのすべての装いは空想的、理想的過去の衣裳をまとった、楽しくもまた儀式ばった仮装である。神話的人物像や古くから恋いこがれられ、天文学や歴史の知識の重荷を担った寓意や象徴は、いわばせいぜいチェス盤上の駒に過ぎない。建築や図版印刷の装飾的空想は、ふざけ半分の思いつきを振り回す中世写本装飾絵師よりもはるかに意識的に古典的主題の応用にうち興じて遊んでいる。ルネサンスは特に二つの遊びの観念的生活類型、牧歌的生活と騎士道的生活とを揺り起こし、新しい生活、つまり文学的、祝祭的生活へと目覚めさせた。アリオスト以上に純粋に遊びの精神を体現した詩人の名を挙げることはむずかしいだろう。彼はまた他の誰よりも完全にルネサンスの基調と情緒を表現した人である。また、アリオストの詩ほどおおらかに遊びの絶対的領域を大手を振って闊歩した詩があるだろうか。悲愴で英雄的なものと喜劇的なものとの間にとらえがたく漂い、まさしく音楽的調和の中で完全に現実離れしていながら、明確なイメージに溢れ、とりわけその響きの楽しさは息つくひまも与えないほどだ。アリオストこそは遊びと詩の同一性の生き証人である。

我々は人文主義という言葉に、ルネサンスという言葉よりも一段といろどりの淡い、いってみれば、より生真面目な感じを想像するのが普通だ。しかし、より深く調べてみると、ルネサンスの遊びの性格について述べられた多くのことは、同じく人文主義にもあてはまる。しかもだいたいのところ、人文主義はルネサンスよりも斯道の達人とか研鑽を積んだ人の仲間に限られる率が高い。人文主義者は、厳密に形式化された生活の理想や精神の理想を開発した。彼らはキリスト教的信仰までも古代の異教的イメージや古典語自体で表現し切るすべを知っていた。しかしまた、それによってキリスト教信仰にわざとらしい、真底までは真剣でないという感じを与えることになった。人文主義の言語は実のところ、キリスト教的な響きを伝えようとするものではなかった。カルヴィンもルターも、神聖なことについて語る時の人文主義者エラスムスの調子に耐えられなかった。このエラスムスという人間の存在のすべてから、なんと遊びの情緒が発散されていることか。『愚神礼讃』や『対話集《コロキア》』のみならず、『格言集《アダジア》』、さらには書簡の軽妙に遊ぶ知性からも、はたまた彼の最も真面目な著作からもだ。

　ジャン・モリネ〔フランスの著述家。一四三五～一五〇七。ブルゴーニュ公シャルルに仕え、年代記を書いた〕やジャン・ルメール・ド・ベルジュ〔フランスの詩人。一四七三～一五二〇。ダンテ、ペトラルカを敬愛し、フランスに紹介した〕のような、まだブルゴーニュ的気風をもつ大修辞家《グラン・レトリクール》たちから始まって、ルネサンスの詩人群を総ざらいに頭の中に思い浮かべてみるならば、誰でも繰り返してその精神の本質的な遊びの性格に驚かされる。ラブレーをとっても、新しい牧歌詩人サンナザーロ〔イタリアの詩人。人文学者。一四五六～一五三〇。アラゴン王家に仕える。『アルカディア』を書き、牧人劇の一大流行をもたらす〕やグアリーニ〔イタリアの詩人。一五三八～一六一二。『忠実な羊飼』という作品で有名〕をとっても、あるいは英雄的浪漫主義を最高の境地に引き上げ、そこでセルヴァンテスの嘲笑と衝突するはずの『アマディス騎士道物語』をとっても、ナヴァル女王マルグリットの

『七日物語《エプタメロン》』が物語るみだらな話と真面目なプラトニズムとの奇妙な混淆をとっても、常にそこに遊びの要素が備わっていて、それはほとんど作品の真髄かと思われるほどだ。人文主義者や法律家の学校でさえ、法を様式と美に高めようとする試みの中に同じ遊びの感覚をもっている。

## バロックの遊びの内容

さらに進んで一七世紀をそこに含まれた遊びの内容について調べてみれば、すぐにもバロックという概念がごく自然に研究の対象として浮かび上がってくる。しかも、この言葉が最近の四半世紀の間に有無をいわさぬ勢いでしだいに取り込んだ、より拡張された意味においてだ。それは一般的な様式としての内容をもち、ただその時代の建築、彫刻にその表現を見いだすばかりでなく、同じくその時代の絵画、詩、さらに哲学、政治、神学の本質をも決定づけるほどの概念だ。たしかに、その初期におけるような一段と色華やかで、より盛りだくさんの形象《イメージ》に注目した時と後期になって硬さと厳めしさに焦点をしぼった時とでは一般概念に大きな差のあることは当たり前だが、しかし全体的にみれば、バロックという観念にはなお意識的な誇張、故意の壮麗、万人の認める仮構といった想念が焼きついている。このバロックの諸形式こそまさしく言葉の全き意味においての芸術形式であり、それに尽きるものだ。またそれが神聖なイメージを表現している場合でも、流行の美的なものがあまりにも強く前面に出てくるので、後世の人間はこの与えられた主題の表現を宗教的衝動の直接のうつしかえとして評価することに相当苦労するほどだ。

バロックに特有のこの誇張への要求は創作意欲のもつ濃厚な遊びの色合いからのみ理解されるべきだと思われる。ルーベンス、フォンデル〔オランダの詩人。一五八七〜一六七九。キリスト教をテーマとし、合唱隊をともなう悲劇をかく〕、ベルニーニをじっくり味わい、堪能するためには、その表現形式を完全に「本気なもの」とは受け取らないことから出発しなければならない。このことを詩やその他すべての芸術にあてはめると、ますますそれは文化のもつ遊びの要素の重要性を示すことになるし、また、すでに述べたこととも一致する。しかし、遊びの要素はバロックから特に明確に語りかけてくる。芸術家自身はいったい彼の作品を真面目なものと考えていたかどうかを問うても詮ないことだ。なぜなら、第一にそうしたものは測りようがないし、第二に、それぞれの主観的感情は必ずしも正しい尺度ではないだろう。一つの例を挙げてみよう。フーゴー・デ・フロート（グロティウス）はことのほか真面目な男で、ユーモアをほとんど知らず、ひたすら大いなる真理への愛に燃えていた。彼は彼の精神の不滅の記念碑たる傑作、『戦争と平和の法』をフランス王ルイ一三世に捧げた。その献呈の辞は誇張されたバロック風表現の典型であり、いたるところで礼讃される国王の正義をテーマとし、それはローマのすべての偉大さをも日陰に押しやるほどのものだといった。グロティウスはこれらすべてを本気で考えていたのだろうか。――それを実は偽っていたのだろうか。――彼は時代様式という楽器を掻き鳴らして遊んでいたのだ。

一七世紀ほどその時代の様式が精神の刻印を強く打ち出している世紀はほかにない。生活と精神と、それに外見的形までもバロックの鋳型に当てはめ一般的形態に造り上げる操作を最も鮮やかに示しているのは服飾の世界だ。男性の盛装は——なんといってもここでは誰もがスタイルを追求しなければならないので——一七世紀の間に一連の強烈な飛躍を成し遂げた。一六六五年頃、単純なもの、自然なもの、実用的なものからの逸脱はその頂点に達した。衣裳のスタイルは極端にまで誇張された。胴着はほとんど腋の下までつめ上げられた。シャツは胴着とズボンの間で人目をはばからずその四分の三をはみ出していた。ズボンときたら、たとえようもなく短く太くなり、いわゆるラングラーブ、つまり見たところでは一種のスカートと区別がつかなくなった。ありあまるほどの華美な服飾が重ね合わされ、リボン、ネクタイ、レースをついには脚にまで捲くに至って、この遊びの衣裳はその豪華さと尊厳さをわずかにマントと帽子とかつらだけでやっと救っていた。

近代ヨーロッパ文化の中で一七〜一八世紀に着用されたかつらほど遊びの文化的衝動を明示するのに役立つ要素は他に見いだされない。オランダでは慣用的にかつらの世紀という言葉を一八世紀に当てはめているが、歴史的見方としては不完全だ。なぜなら一七世紀こそこの点で本来、より特徴的であり、いっそう注目すべき世紀なのだ。デカルト、ポール・ロワイアル運動、パスカルとスピノザ、レンブラントとミルトン、不羈奔放な航海、海外植民、俊敏果敢な商取り引き、成長期の自然科学、モラリストの文学などの時代がかつらを生み出した時代なのだ。この世紀の二〇年代に短髪が長髪へと変わった。そのあとすぐに、この世紀の中頃にかつらが登場する、紳士と思われたい人は貴族、高級官吏、軍人、聖職者、あるいは商人など誰彼となく、すべてまもなく正装としてかつらをつけた。提督すら彼の儀式用の甲冑の上にかつらをつけた。六〇年代になるとすでに長髪かつらが贅美を尽くした形式に到達していた。これは様式衝動と美的衝動との突拍子もなく、滑稽ないきすぎだと決めつけることもできる。しかし、それですべてが言い尽くされたわけではない。文化現象としてのかつらはもう少し綿密な注意を払われてよい。つまり、長期にわたったかつらの流行の出発点は、ごく自然に次のような事実によっている。長めに髪を調える調髪法は多くの人が自然に伸ばしてふえるより、もっと多くの髪毛を必要とした。かつらは初めはたりない捲毛飾りの代用として、つまり自然の模作として登場した。しかし、このかつらの着用が一般的に流行すると、たちまち本物の髪と見せかける模倣の気取りは消え去り、様式要素となった。一七世紀においてはこの流行の初めから様式化されたかつらを論じなければならない。それはまさしく文字どおりの意味において、額縁にはまった絵画よろしく、顔面を飾る枠である(実はこの額縁の習慣もほぼ同じ頃に典型的な形をととのえた)。それは模倣に役立つのではなく、際立たせ、一段と高貴なものにし、高くもち上げるのに役立っている。だからかつらはバロックの中でも最もバロック的なものだ。長髪かつら《アロンジエ》ではかさが馬鹿に大きく張るが、しかし全体としてはゆとり、豊かさ、そして威厳の面影をも備えて、まさしくそれは若きルイ一四世の様式と完全に一致した。実に――あらゆる芸術論にたてついても認めざるをえないのだが――ここに美の一つの効果が達成されている。長髪かつら《アロンジエ》は応用芸術だ。それにしても心得ておくべきは、我々のように今に伝わる肖像画を見る人間は、生きてその息のかよった見本を眺めた当時の人々よりも、より大きな幻想を抱くということだ。我々は絵の中にこの効果が実物以上にもち上げられているのを見ているのだし、そのみじめな裏面、その不潔さを忘れがちだ。

かつらの装飾で注目されるのは、それが不自然で厄介至極なうえに不健康なものだったのに、一五〇〇年もの長きにわたって命脈を保ったことや、しかもそれが単なる流行の気まぐれに終わらなかったことだけではない。さらにそれが自然な髪の結い方からどんどんはずれていき、常により様式化していったことも注目される。この様式化は三つの手段によって遂行された。つまり、糊づけされた捲毛、髪粉、そして髪結の蝶形リボンだ。一七世紀から一八世紀に移ると、かつらは一般に白い髪粉をまぶして着用された。その効果はまた絵画像によって疑いなく高度に美化された形で伝えられている。この習慣についてどんな文化心理学的理由がつけられうるかは、容易に決定しがたいところだ。一八世紀半ばを過ぎたころからかつらの流行のスタイルはほとんどが糊づけされた捲毛で耳の上をおおい、前髪を高くもり上げ、後で髪を束ねて蝶形リボンで結んでいた。模倣された自然の面影はまるでなくなり、かつらは一種の装飾になった。

なお、二つの点に触れておく必要がある。女性は必要な時にだけかつらをかぶった。しかし、その髪飾りはおよそ男性の流行に従っていて、髪粉をつける点でも、様式の点でも、一八世紀の末にはもう極端なところにまで行きついていた。もう一つ問題になるのは、かつらの支配が決して絶対的なものではなかったという点だ。一方では劇場で古代の悲劇の主人公の役柄が当世風のかつらで演じられたが、他方では一八世紀の初めから、とくにイギリスでは大勢の人、しかも若者たちが自然の長髪で絵に描かれている。たとえばトロースト〔一六九七〜一七五〇。オランダの画家。肖像や舞台画で有名〕の「農夫のたくわえ」がそうだ。(4) これは自由闊達な軽やかさ、意識的な無頓着、純真無垢な自然らしさへの傾向を示していて、一八世紀、つまりワットーの時代をとおしてわざとらしさやみかけを飾りたてる風潮に対抗していた。この傾向を文化の他の分野でもあとづけてみることは興味のある重要な課題に違いない。そこで遊びとの関連性が明らかにされることだろう。しかし、それまですることは、ここでは行き過ぎとしなければならないだろう。(5) ここで問題としているのは次の事実、つまり長期にわたる流行としてのかつらの全現象を位置づけるとしたら、それを文化の中の遊びの要素の明瞭な現われとしてみるよりほかには位置づけようがないという点だ。

フランス革命はかつらの流行に弔鐘を打ち鳴らした。しかし、決してそれはぷっつりと終わったわけではない。しかし、文化史の一断面を示すこのかつらの発展については、ただここでは付随的に頭に入れておくだけでよい。

## ロココの遊びの要素

もしバロックの中に生き生きした遊びの要素を認めるとすれば、それに続くロココの時代にも同じことがいっそう有力な理由をもって認められる。なぜならロココの様式において遊びの要素はまさにみずみずしい生命を取り戻していて、それゆえにロココの定義自体が遊びがてらのという形容詞を避けて通るわけにいかないほどだ。遊びの性質は古くからこの様式の本質的特徴として注目されていた。しかし、様式それ自体の中にはある程度、遊びの要素が含まれているのではなかろうか。一つの様式の誕生には本来、構想力の遊び、もしくは精神の遊びが内在しているのではなかろうか。様式は遊びと全く同じもの、つまり、リズム、調和、交代、繰り返し、反覆、抑揚で生きている。様式と流行の二つの概念は正統派美学が認めるよりもずっと近い関係にある。流行においては生きた社会の美的衝動が情熱や情緒、なかんずく、なまめかしさ、虚栄心、誇りなどとまざり合っている。様式においては美的衝動が純粋さを保ったままで結晶している。様式と流行、さらには遊びと芸術がロココにおけるほどお互いに相接し合った例は、もしも日本文化にだってそんなことはないとなれば、他のどこにも類をみないだろう。ドレスデンの陶器、以前にまして一段と洗練され優雅になった牧人田園詩、室内装飾、ワットーとランクレ〔一六九〇〜一七四三。フランスの画家。ルイ王朝末期の画家〕、そしてトルコ、インド、中国の刺激的で感傷的な絵画をもてあそぶ素朴な異国趣味などを考えてみれば、誰だって徹頭徹尾遊んでいるという印象を片時も捨て去ることはない。

しかし、一八世紀文化の遊びの性質はさらに奥深く腰を据えている。政治、しかも政府部内の専断的政策、陰謀や冒険の政策などほど、真に遊びだったものはかつてなかった。個人で全権を握った宰相や君侯はさいわいにもその近視眼的行為の結果として、また権力機関の活動力の貧弱さやその手段の効率の低さに制約され、社会的経済的問題に頭をわずらわすことがなく、こうるさく割り込んでくる陳情依頼にも妨げられずに、典雅な微笑と宮廷風の言葉づかいで、まるでチェス盤の上にビショップ駒やナイト駒を動かすように、国家の力と繁栄を死の試練に賭けた。彼らは時には国の父という幻想でメッキされた個人的うぬぼれや王朝風の名誉心の哀れな動機に誘われて、相対的にはなお広大な権力の偉容をかさに巧妙な陰謀をたくらんだ。

一八世紀の文化生活をひもとくと、その一ページごとに我々はきまって、張り合ったり、徒党を組んだり、秘密めかしたりする無邪気な精神に出くわす。それは文学のサークルや星の運勢を同じくする人の集いでもよく見られるし、掘り出し物や博物の標本に熱中する蒐集熱、秘密結社への志向、サークル活動や秘密集会での楽しみなどの中にもあるのだが、これらすべては遊びの気構えの中に見いだされるものばかりだ。いったいどうしてこれらが無価値だなどといえようか。まさにその反対だ。遊びのいやがうえにも昂揚した気分（élan）と、なんのけれん味もなく没頭する献身の心情こそ、特にきわだって文化に実りをもたらしえた。文学的、科学的論争は、それに「仲間入り」する国際的なエリートたちを把えて夢中にさせるが、その精神は本質的に遊びのそれだ。フォントネルが彼の著作『世界の多様性についての対話』を著わしたのは当時の「話題」をめぐって党派をつくり論争に明け暮れていた優雅な上流人士のためだった。文学に出てくるすべての趣向も一種の純粋な遊びの言葉のあやである。たとえば青白い寓意的抽象名詞や空々しい道徳的言いまわしがそれだ。ポープの『髪の毛盗み』は遊ぶ詩人にふさわしい知性の傑作だが、それはこの時代に生まれるべくして生まれたものだった。

我々の時代は遅まきながら徐々に一八世紀芸術の高度な内容を認めるようになった。一九世紀は遊びの資質に対する感覚を失っていた。そしてさらにその奥に隠されていた真面目さも認めようとしなかった。音楽の装飾音におけるように、直線的なものをおおいかくすロコ的装飾の優雅な曲線や変則性の中に、一九世紀はただ不自然と軟弱しか見なかった。一八世紀の精神自らが意識的に創作精神の遊びの中に自然に帰る道を、しかも様式に溢れた形で求めていたことを一九世紀は理解しえなかった。また一八世紀に完成された数多くの建築の傑作において、その装飾は厳密な建築様式を全然そこなわずに、しかも建築全体には調和のとれた釣り合いの醸し出す高貴な品位を備えていたことを、一九世紀は全く見のがしていた。ロココほど真面目なものと遊びとを鮮やかな均衡の下で扱おうと心掛けた芸術上の時代はまれである。また一八世紀におけるほど造形的表現と音楽的表現のかくも調和協調する段階に達した時代はめったにない。

音楽一般における本質的な遊びの資質はここであらためて強調するまでもない。それは人間のもつ「遊ぶ能力」(facultas ludendi) の最高至純の現われだ。音楽の世紀としての一八世紀のなみなみならぬ重要性は、大部分この時代の音楽のもつ遊びの内容と純美的内容との調和によっているといっても過言ではない。

たんなる音響学的現象としての音楽はこの時代になってから楽器の改良、新楽器の発明、演奏における女声部の拡大などありとあらゆる方法で豊かに力強く、しかも洗練されていった。器楽が声楽の分野を征服していくにつれ、音楽と言葉との結びつきがあいまいなものとなり、それに従って音楽は独立芸術としての地位を強めていった。美的要素としての音楽の重要性もまた、さまざまなやり方で増大した。社会生活の世俗化に伴い、文化の一要素としての音楽の意義は深まった。音楽そのもののために音楽を学ぶことがより大きな比重をしめてきた。次に挙げる二つの現代との相違点が有利にはたらいたか、不利となったかは問わないでおこう。第一に、音楽作品はまだ教会典礼や世俗の祝祭と結びついた特定の機会にのみ作り出されるものと相場が決まっていた。バッハの作品を考えてみるとよい。もう一つは、芸術的音楽は後世になって与えられるような大衆性の水準を楽しむにはまだほど遠かった、という点だ。

さて、今までたどってきたように、音楽の純美学的内容と遊びの内容とを比べてみると、その区別はほぼ次のようになる。音楽的形式はそのまま遊びの形式を構成する。音楽は調子、拍子、旋律、和音などについての伝統的規則の体系に、自発的に従い、かつ厳密にそれを応用展開することで成立する（このことは今まで通用してきているすべての規則が廃棄されてしまったところでも通用する）。このような音楽的価値の体系は周知のように、時と場所によって異なってくる。東洋音楽と西洋音楽、あるいは中世音楽と現代音楽とを結びつける統一的、音響学的目標設定や形式創造はありえない。それぞれの文化は固有の音楽上のしきたりをもっていて、およそ聞き手の耳はただそこで演奏される音楽的形式にのみ耐えられる。この音楽の地域別多様性の中にこそ音楽はその本質において遊びであるという証明が含まれている。つまり、音楽は限られた範囲内でだけ通用する申し合わせであり、しかも、そのうえに完全に命令的規則でもあり、実利的目的はもたないが、快適、安息、喜悦、感興のときめきなどの効果を伴うものだ。厳しい訓練が不可欠なこと、容認されるものの規準がきちんと定められていること、美の標準として独自の妥当性をそれぞれの音楽が要求として掲げていること、これらすべては音楽の遊びの資質をいっそうよく示す特徴である。まさにこの資質のゆえに音楽は造形美術よりはるかに厳しく規則に縛られる。遊びの規則違反は遊びを破棄することになる。

原始古代において音楽は浄化する力として、心情の高揚として、そして遊びとして意識されていた。ずっと後になってやっと第四の意識的価値づけが加わった。つまり、意義深い人生の実相を示すものとして、生活感情の表現として、一口で言えば、近代的意味における芸術として価値づけられた。一八世紀はまだ天然自然の声の直接的再現こそ音楽的感動につながるとする解釈にとらわれて(6)、この最後の四番目の価値づけを言葉で表現する点で全く無能力だったのをみると、おそらく、さきに述べた一八世紀音楽の遊びの内容と美的内容とのバランスでもって何が意味されていたかは、おのずから明らかだろう。バッハやモーツァルトを取り上げても、彼らにはそれが気ばらし(アリストテレスの言葉によればディアゴーゲー)の最も高貴なもの、あらゆる技術の粋をつくした最高の精妙な芸、より以上のものだとは考えられなかった。だからそれを比類ない完璧さにまで高めたものは天上界の汚れを知らぬ清純さであった。

## 浪漫主義のもつ遊びの要素

我々がロココの時代に認めようとしている遊びの資質をそれに続く時代に認めないのは、当初この二つの時代が正反対にみえるからにもせよ、しかし、それは理由のないことだ。最初みたところではこの後の時代は新たに誕生しつつある古典主義や擡頭しつつある浪漫主義の時代であり、あまりにも沈鬱な真面目さ、哀愁、涙で満たされていて、そこへ遊びの要素を入れる場はないようにみえる。だがよく観察するとその逆が本当だということがわかる。今までに一つの時代の様式と雰囲気が遊びの中で生まれたとすれば、それは一八世紀後半以後のヨーロッパ文明の場合である。このことは新古典主義についても言えるし、同じように浪漫的精神の息吹にも当てはまる。ヨーロッパの精神は古代への復帰を繰り返し、古典文明の中から、まさしくその時代の性質に結びついたものを探し出し、見つけ出した。ポンペイは闊達で淡白な典雅を志向する時代にちょうどうまく時を合わせて発掘され、魅力的な古代の新しいモチーフでその時代を豊かに実りあるものにした。イギリスの建築や室内装飾で著名なアダム兄弟〔その中心はロバート。一七二八〜九二。イギリスの新古典主義建築家。室内装飾で「アダム様式」を始める〕やウェッジウッド〔イギリスの近代陶器の創始者。一七三〇〜九五。クリームカラーのものや古代趣味のものをつくる〕、それにフラックスマン〔イギリスの彫刻家。一七五五〜一八二六。挿絵にもすぐれる〕の古典主義は一八世紀の精神の遊びから生まれたものだ。

浪漫主義はその表現の調子がいくつかあるのに応じてそれと同じ数の顔をもっている。一八世紀における擡頭期をみれば、我々はそれをイメージとしての過去の世界に没入しようとする審美的情緒的生活にそくした要求であると定義づけることもできよう。そこでは形や姿ははっきりした線で描かれず、秘密めいた意味とぞっとさせる戦慄感を伴っている。すでにこのように理想的世界を特別に想定することからして遊びの感覚がのぞいている。しかし、さらに先へ議論を進めることも可能だ。歴史的事実それ自体にそくしてみれば、浪漫主義は遊びの中で、しかも遊びから誕生する。ホレース・ウォルポール〔イギリスの著述家。一七一七〜九七。ゴシック趣味で有名。その回想録は当時の文化を反映している〕の手紙は浪漫主義の誕生過程をあたかも眼前に彷彿とさせるかのようだが、それをよく読むと概念とか信念においては本来的に強く古典的傾向が保持されていることがわかってくる。浪漫主義は彼のもとで他のどこよりも早くまず形式をととのえたが、彼にとってそれは道楽にすぎなかった。彼は中世的恐怖小説のぶざまな見本、『オトラント城』(Castle of Otranto) を半ば気まぐれ、半ば鬱憤の情から書き上げた。彼がストロベリー・ヒルの自分の家にかつぎ込んだ「ゴシック時代の」古さをもつ骨董品は彼にとって芸術でも聖なる遺品でもなく、ただ好奇心の対象を意味したにすぎなかった。彼自身は彼のゴシック趣味に完全にのぼせ上がっていたわけではない。それは彼にとって鳴り物入りで言いふらすこともない些細なことであり、彼は別なところでこれを軽蔑している。しかし、彼はちょっとばかり雰囲気と遊んでみたのだ。

このゴシック趣味と時を同じくして感傷主義が一世を風靡した。この感傷主義の制覇は行動と思想が全く別のことを志向している世界の中で四半世紀、あるいはそれ以上も続いたが、それは一二～一三世紀における宮廷愛の理想の制覇と完全に比較される。エリート層の人々はことごとく人工的に、ひねりにひねった愛と人生の理想を楽しんでいた。しかし、一八世紀後半のエリート層はベルトラン・ド・ボルン〔一一四〇頃～一二一五以前。フランス修道士、トルヴァドゥール詩人の一人〕からダンテに至る封建的＝貴族的世界よりはるかに層が厚かった。市民的な要素と市民的な生活態度、ならびに精神態度とがすでに彼らの世界で優位を占めていた。そこに働いているのは社会的、教育的観念だった。しかし、文化過程自体は五世紀前のそれとよく似ている。揺りかごから墓場に至る個人生活の感情のすべてが芸術形式にまで鍛え上げられる。すべては愛と結婚をめぐる問題だが、しかしその中に自ら他の生活環境や生活関係が引き込まれてくる。たとえば教育、両親の子供に対する関係、病気と治癒への思いやり、死と死者への哀悼などだ。こうした感情が文学を自分の棲家にして現われる。しかし、現実の生活はある程度まで新しい生活様式の要求に自分から適応していく。

ここで再びどこからともなく疑問が起こってくる。「いったい、どこまで真面目なのだろう」。いちばん真面目にその時代様式の前で誓いをたて、それを守り抜く決意をかためたのは誰だろう。人文主義者とバロック精神の人々か、あるいは一八世紀の浪漫主義者や感傷家だろうか。疑いもなく、古典的理想の有無をいわさぬ規範的妥当性に対する前者の確信の方が、おぼろにかすむ過去の夢を追う幻想の手本と規範性に対する後者の信仰よりもはるかに強かった。ゲーテが自作の詩『死の舞踏』〔死を予告する骸骨の踊りをあつかった中世絵画の主題〕を歌った時、それは彼にとって明らかに遊び以上の何物でもなかった。しかし、感傷主義と中世的形式への憧れとでは事情が異なっている。一七世紀オランダの一議員は自分がもってもいない古代の服装で肖像画を描かせたり、自分をローマ市民の徳の権化として讃える詩を作らせたりしているが、それは一種の仮面劇であり、それ以上のものではなかった。古代の襞つき衣裳を着ることが遊びとして存在したのだ。その際、これを古代風生活の真面目な模倣であるというような話は聞いたこともない。これに反してジュリー〔ルソーの『新エロイーズ』(Julie ou la Nouvelle Héloïse, 1761)の主人公。恋愛感情から道徳感情への浄化をしめす傑作〕やヴェルテルの読者は疑いもなく実際に彼らの理想の心情や表現のしきたりどおりに生きようと企てた。言いかえれば、この感傷主義は人文主義やバロックの古代的ポーズよりもはるかに深く真面目であり、真摯な模倣(imitatio)であった。ディドロのようにはなはだ解放的な精神の持ち主がグルーズの『父の呪い』の強烈な感情露呈にすっかり参ってしまったり、ナポレオンがオシアンの詩に熱中した例などは、このことを証明するにたりると思われる。

それにしても、我々のみるかぎり、これまで論じられてきた遊びの要素は一八世紀の感傷主義の中に一瞬たりと沈んで姿を隠してしまうわけではない。感傷的に考えたり牛きたりしたいという欲望は必ずしも心の奥深くまで達しなくてもよいものだ。我々は自分たちの文化の時代に近づくにつれ、ますます文化衝動の内容の識別に困難さを増していく。真面目か遊びかという我々の疑問の中には以前よりずっと多く偽善と虚構への疑惑の思いが混じり合う。ところでこの「真剣な」ことと「しかしふざけている」ことの間の不安定な均衡状態と疑いない佯《いつわ》りの要素の存在はすでに原始古代文化の浄められた遊びにおいて観察したとおりだ。(7) 我々は神聖さの概念そのものの中から遊びの要素を取り上げたはずだ。さらにそれよりいっそう強い理由でこの両義性が神聖さをもたない文化体験の中で受け入れられねばならない。それゆえに真面目さの刻印を深くきざみ込まれた文化現象にも、あえて我々が遊びの烙印を押すことを誰も妨げることはできない。このことがどこかで問題になるとすれば、それは最も広い意味での浪漫主義に対してと、それが時として伴い、一世を風靡する驚くべき情緒肥大症、つまり感傷主義に対してだ。

## 一九世紀には真面目が支配する

文化過程の要素としての遊びの機能に対して一九世紀はほんの少しの余地しか残していないように思われる。それを締め出そうとする傾向はしだいに優勢となってきている。すでに一八世紀において生真面目で散文的な実用的観念（これはバロックの理念にとって致命的だ）と市民的福祉の理想が社会の精神の上に横溢するようになった。一八世紀末からは産業革命が常時増大する技術的成果を伴ってこの傾向を強め始めた。労働と生産は理想となり、いわばまるで偶像ともいえるものになった。ヨーロッパは仕事着を身にまとった。社会意識、教育熱心、それに科学的批判が文化過程の支配者となった。強力な産業的、技術的発展が蒸気機関から電気へと進展するにつれて、ますますその発展の中に文化の進歩があるという幻想が生まれてきた。その結果として経済的力と経済的利益が世界の歩みを規制し、支配するだろうというあつかましい誤解が拡がり、受け入れられた。社会と人間の精神における経済的要素についての過大評価は、ある意味ではナショナリズムと功利主義の自然のなりゆきだったが、それは神秘を殺し、人間を罪と苛責から自由であると宣言することになった。そして彼人はそれと同時に愚かしさや浅はかさから自由になるべきことを忘れてしまった。そして彼は固有の俗悪さの型にはまった世界を讃えるように規制され、運命づけられてしまったかのようだ。

このような一九世紀は最も悪い面からみた場合だ。その思想の主流は社会生活の中で遊びの要素とほとんど全く逆に流れた。自由主義にしても社会主義にしても遊びに滋養分を与えようとするものではなかった。実験的、分析的科学、哲学、政治的功利主義と改良主義、マンチェスター学派の思想など、これらすべては一様に真底から真面目な活動だった。そして芸術や文学において浪漫的感情が涸れつくした時、写実主義と自然主義、そして特に印象主義が表現形式を支配するようになったが、これはこれまでに文化の中で咲き誇ってきたいかなるものよりも、遊びの観念にとっていっそう縁のないものだった。かつてある一世紀が自己自身、およびすべての存在を真面目なものと受け取ったことがあるとすれば、それは一九世紀だった。

一般に文化が真面目になったことは一九世紀の現象としてほとんど否定しえないと思われる。文化はその前の時代の文化よりもはるかに「遊ばれる」度合が少なくなった。社会生活の外的形式はもはやかつての膝までのキュロットズボン、かつら、長剣が示していたような、より高い生活理想を「表現する」ことをしなくなった。男子の服装から空想的要素が消えたことより以上に、遊びの放棄を示すにたる注目すべき徴候は、他にめったにない。文化史ではまさしく稀有のこととみられる変化をもたらしたのはフランス革命である。かつて農夫、漁夫、水夫の服装としていたるところで使われ、またコンメディア・デッラルテ〔イタリア即興喜劇ともいわれる。職人喜劇ともいうべきもの。俳優の個人的技芸に重きをおいた。のちに各国の喜劇に大きな影響を与える〕の登場人物にもみられた長ズボンが突如として、革命の昂揚感を表現するザンバラ髪とともに紳士の服装となった[8]。執政官時代の伊達男《アンクロワイアブル》の行き過ぎた空想的服装の流行が人目を驚かしたり、またそれは（誇示的、浪漫的、非実務的な）ナポレオン時代の軍装の中に現われたにしても、遊びにふける貴族性の外的表現はすでに終わっていた。男子の服装はますます色彩に乏しいものとなり、形式ばることもなくなり、いつもほとんど変化しないものになった。従来の貴族紳士たちは大礼服に威光と品位を誇示したものだったが、今やただ真面目な男性になってしまった。衣裳の上で彼はもはや英雄を演ずることはなくなった。シルクハットをかぶる彼は真面目な人生の象徴とその冠を頭に載せている。一九世紀前半には男子の服装の遊びの要素はただ細身のズボン、ネクタイ、幅広いカラーなどの小さな変化と逸脱にのみ残されていた。しかも、この最後の装飾因子も失われていき、やっと礼服の中に弱々しい痕跡をとどめるだけとなる。明るい華やかな色合いは消え、布地もスコッチ産の粗い織物が幅をきかせ、フロックコートは式服や給仕人のお仕着せにまつり上げられ、その何世紀にもわたる発展の幕を閉じ、背広にその座をゆずった。男子服の流行の変化はスポーツの衣裳を除いてごくまれになった。一八九〇年の服装を今日見ても、ただこれを野暮といえるのは通の玄人の眼をもった人だけだ。

文化現象としての男子の服装の平均化と硬直化とを決して過小評価してはならないと私は思う。この中にはフランス革命以後の精神的、社会的変革のすべてが表現されている。

婦人の服装、いやむしろ貴婦人の衣裳、というのはここでは文化を代表するエリートを問題にしているからだが、それは男子の服装のようなお定まりの平板単調化を味わわなかったのは当然のことだ。美的要素と性的魅力は婦人の服装においてあまりにも根源的なので（動物では逆になるが）、そのことが婦人の服装の発展を全く別の問題にしてしまう。そんなわけで貴婦人の服装が一八世紀の終わり以来、男子の服装とは違う道をたどってきたことは驚くにあたらない事実だ。驚くべきは次のことだ。絶世の美女のモデルの流儀に引きまわされる矛盾と気まぐれは絵にもかかれ、言いはやされているにもかかわらず、実は中世初期以来の婦人の服装には男子にくらべて変化や行き過ぎがはるかに少なかった。このことはたとえば一五〇〇年から一七〇〇年にかけての諸世紀を考えてみれば明らかだ。男子の服装は激しく絶えず変化するのに婦人服はかなりの部分を変えていない。このことはある程度はごく自然のことだ。つまり、婦人服の主要部分である、足にまでとどくスカートや胸着などは身だしなみや行儀作法によって厳重な制限を加えられていて、男子の服装の諸要素より、はるかに変化に乏しかった。一八世紀の末に至って初めて婦人の衣裳も「遊び」を取り入れるようになった。ロココの霊感から尖塔型の髪形が生まれ、一方、浪漫主義はやるせない眼差し、ふさふさした乱れ髪、露わな腕を伴う「ネグリジェもどき」でその盛時を記念した（これは一五世紀にすでにあらわれたデコルテよりはるかに遅れてやっと出現した）。執政官時代の「驚くべき衣裳の女たち《メルヴェイユーズ》」以後は貴婦人の衣裳が変化と逸脱の点で男子のそれをはるかに追い抜いてしまった。一八六〇年頃の張鋼《クリノリン》ばりのスカートや一八八〇年のスカート腰当《トゥルニュル》のような行き過ぎはこれ以前の時代の婦人の衣裳にはほとんど見受けられない。この世紀から次の世紀への変わりめの頃になってやっと、一三世紀以後、見失われていた大いなる単純と自然性へ婦人服を引きもどそうとする最高に有意義な服飾運動が始まるのだ。

　大づかみに言えば、ほとんどあらゆる文化現象において遊びの要素が著しく背景に後退したことが確かめられる。社会の精神的、物質的構造がともに人目に立つ遊びの活動を妨げようとした。社会は自己の利益とその追求をあまりにも意識し過ぎるようになった。子供の靴をはくには大きくなりすぎたと社会は考えたのだ。社会は科学的企図をもって自己に固有の、この世の繁栄に寄与すべく活動した。労働、教育、民主主義などの理想は遊びの永遠の原理にもうほとんど活動の場を残してくれなくなった。

そこでいよいよこの省察の最後の質問が近づいてくる。遊びの要素は今日の文化生活においていかなる意味をもつのであろうか。

# 第一二章　現代文化のもつ遊びの要素

我々は現代とは何かという問題で時間をつぶす気はない。自明のことながら、我々が語っている時代はすでに歴史的過去であり、それはさらにそこから離れるにつれてますます背後へ崩れ落ちていく過去なのだ。若者の意識に「昔の時代」としてうつる現象が、老人には「我々の時代」の概念として残っている。それは彼らがそれについて個人的思い出をもつだけでなく、さらにまた、彼らの文化がそこにかかわっているからでもある。しかし、このことはただそれぞれの属する世代の差によるだけでなく、またそれぞれの抱く知識の差にもよる。一般に歴史的にものをみる人は瞬間の近視眼的見方になれている人よりも、より大きな区分で過去を区切り、「近代」とか「現代」とかを把えているようだ。それゆえ、現代文化という言葉はここでは一九世紀の中にまで遡る広い幅をもって使われる。

問題はこうだ。いったい、どの程度まで我々の生きている時代の文化は遊びの形式の中で発展していけるものか。いったい、どの程度まで遊びの精神はこの文化を体験している人々の上に立ってうまくやっていけるのか。すぐ前の時代はそれ以前のすべての時代が特徴としていた遊びの要素を手放してしまったと我々は考える。いったい、この欠損は回復されたのか、それともなおいっそうひどくなったのか。

## スポーツ

まず手始めにざっと見渡すと、ある最高に重要な穴埋め的現象が社会生活における遊びの形式の喪失を補ってあまりあるとみられる。スポーツこそは社会的機能として社会生活の中での重要性を徐々に拡大し、より多くの分野をしだいにその支配圏に引き入れてきた。

腕の冴え、力業、忍耐力などの競争は昔からそれぞれの文化の中で、ある時は祭礼儀式に際して、またある時は若者の遊びや祭りの余興として重要な地位をしめてきた。中世封建社会は本来、ただトーナメント式馬上槍試合にのみ特別の関心をよせていた。隅々まで劇的に仕組まれ、貴族風に飾り立てられたこのトーナメントをただスポーツといってすますことはできない。それは同時に劇場的機能も果たしていた。ただ少数のエリートだけがそこで思う存分に活躍していた。たとえどんなに大勢の中世の民衆が、いかに嬉々として遊びの手合わせを競ったかを無数の実例で民俗学が示してくれたにしても、一般的には教会の理想は体力作りの訓練や娯楽用の力業遊びを、ただ貴族教育の要因としてみる場合は除いて、低くしか評価しなかった。人文主義の教養の理想にしても宗教改革および反宗教改革の厳格な道徳的理想も同じように、遊びと体力作りの訓練に十分な文化的価値を認めるのには適していなかった。生活の中の遊びの地位の大変動は一八世紀になるまでいっこうに認められないままだった。

スポーツ競技の主要な形式はことの性質上ほぼ決まっており、しかもかなり古くからある。その中のいくつかにおいては、力や速さの試練がそのものずばりで正面切って取り上げられる。徒競走、スケート滑走競技、戦車もしくは競馬レース、重量挙げ、射的などがこれに属する。昔から競技の形式は最も激しく駆けたり、漕いだり、泳いだり、長くもぐったりする（ベーオウルフにあるように、故意に水中でお互いに摑まえ合ったりしている）ことを目指してきたが、しかし、組織化された遊びの性格をもつことはきわめてまれであった。にもかかわらず、それらのもつ闘技的原理のゆえに、それらを遊びと呼ぶことを誰も躊躇しないだろう。しかも、また自ら規則体系をもった組織的遊びへと発展する形式のものもあった。特に球技の遊びがそれにあたる。

ここで折にふれて行なわれる余興からほぼ組織化されたクラブ制度や競技制度への移行が問題となる。オランダの一七世紀絵画を見ると、若者たちが熱心にコルフ遊びをやっているが、そうした人々がクラブとか、あるいは意図的に催された競技会などの遊びの組織に属しているようなことを私はまだ寡聞にして知らない。そうしたきちんとした組織はチームを組んで対抗し合いながら演じられる遊びにおいて最も簡単にできるものであることは、いうまでもない。そうした経過はこの世界と同じくらいに古い。村は村同士、学校は学校同士、都市の区は区同士で対抗する。そうしたなかで特に常設され訓練されたチームの集団的遊びを要求するのは多人数でやる球技だ。そしてそこから近代的スポーツ制度が生み出された。この現象が一九世紀イギリスに始まったという事実は、そのことにまちがいなくあずかっていたはずのイギリス特有の民族性が、その由来やら、その証拠やらは、どうにもつかみがたいとしても、かなりの程度までは説きあかしてくれる。そのうえ、たしかにイギリス社会の特異性もあずかって力を貸していた。地方自治制度は地方的統一と連帯の精神を強めた。義務的で一般的な軍事教練のないことが自由な体力作りの訓練の機会とその必要に役立った。これと同じ方向で作用するのが学校制度の諸形式だったし、また他方、最後に共同放牧地(common)に最も美しく整った遊技場を提供した土壌の性質や土地の景観も大いに重要な役を果たしていた。

## スポーツは遊びの領域を去ってゆく

スポーツ制度は一九世紀の最後の四半世紀以来発展を重ね、遊びがしだいにより真面目に受け取られていく傾向をたどった。規則はより厳重になり、いっそう詳しい細則が練り上げられた。達成目標はより高められた。誰でも知っているとおり一九世紀前半の絵では、クリケットに興ずる人はシルクハットをかぶったままだ。この帽子がおのずからなにもかも語ってくれる。

遊びの体系的組織化と訓練強化が絶えず進むにつれ、結局は純粋な遊びの内容をなす何かが失われていく。このことは職業専門家と素人愛好家の分離になって現われる。もはや遊びが遊びでなくなった人々、つまり高い技倆をもちながらも真の遊ぶ人の下位に甘んずるべき人々が遊ぶ人々の集団から区別される。職業人の態度はすでに遊ぶ人のそれではない。任意性と天衣無縫の大らかさがそこにはもう見られない。近代社会ではスポーツはしだいに純粋な遊びの領域から離れていき、それ自身独自のものとしての一要素、つまり遊びでもないし真面目でもないものになってしまった。現代社会においてスポーツは本来の文化過程の脇にはずれて位置し、文化の歩みはスポーツとは無関係に行なわれている。原始時代の文化においては競争は聖なる祭りの一部を構成していた。それは神聖にして繁栄と福祉をもたらす行為として欠くべからざるものであった。祭祀との結びつきは近代スポーツにおいて完全に失われた。それは全く奉納されないものとなり、たとい政府権力がその訓練や実施をお膳立てしたとしても、その社会の構造とはなんら有機的に結びつかなくなった。それは実り豊かな社会的意義を担う一要素というより、むしろ闘技的本能だけをむき出して表現するものとなった。近代社会の技術は巨大な示威運動の効果を完全性の域まで高めるすべを知っているが、その完全性をもってしても次のような事実を改めることはできない。つまり、いくらオリンピックやアメリカの諸大学におけるスポーツの組織化やさらには声高に宣伝された国際競技が頑張っても、いかんせんスポーツを様式と文化の創造活動にまで高めることはできないのだ。それは演ずるものと見ているものにとってどれほど重要なものであれ、所詮は不毛の機能にしかすぎない。そこでは昔の遊びの要素は大部分、死滅してしまった。

この考えは、我々の文化の中でスポーツを遊びの要素として抜群のものだとする一般の通説と真っ向から対立する。実際にはスポーツは遊びの内容のうちの最良のものを失ってしまっている。遊びは真面目なものとされ、遊びの情趣は多かれ少なかれ抜きとられた。この真面目への転身が非体育的な遊び、ことにチェスやトランプ遊びなどの理知的な計算のきく遊びにも同じく累を及ぼしてきたことは注目に値する。

## スポーツとしての非体育的遊び

盤と駒を使う遊びは、すでに未開民族においてはなはだ重要視されていたが、（ルーレットのたぐいのような）チャンスをあてる遊びとしてもまた、真面目な要素を初めからもっていた。そこではしゃいだ声はほとんど聞かれない。ことに、チェッカー、チェス、西洋碁、西洋連珠などのような偶然になにも活躍の場を与えないものがそうだ。にもかかわらず、これらの遊びはそれ自体完全に遊びの定義に規定されたとおりのものである。やっとごく最近になって、公認の選手権制度、公開試合、記録の公式登録、独特な文学的スタイルによる新聞記事などによって広く一般に喧伝されて得た人気が、すべての知能の遊びを、チェスにしろ、トランプにしろ、スポーツに含ませてしまうようになった。

トランプ遊びは偶然を完全に締め出すことが不可能だという点においてのみ、チェスなどと異なっている。偶然の遊びである限りにおいて、トランプ遊びはその情緒および精神の打ち込みようにおいてさいころの賭けの遊びに相通ずるものがあり、クラブを作ったり、公開の競技会を催したりすることには難点がある。これに反して知能的トランプ遊びともなれば、十分発展することが可能だ。この場合、上り坂の真面目さが異常なほどはっきりと現われる。三人遊びのオンブルから四人遊びのカドリールへ、さらに組みをつくるホイストからブリッジへと移り変わるにつれ、トランプ遊びは洗練の度を高めていったが、ブリッジに至ってまさに近代社会技術がこの遊びをとらえる。入門書と競技規則、達人と職業的訓練師などとともにブリッジは恐ろしいほど真面目なものになった。最近の新聞記事はカルバートソン夫妻が年収二〇万ドル以上を上げていると見積もっている。いつまでもすべての人を虜にしてしまう狂熱の病のごとく、このブリッジは精神的エネルギーの莫大な量を、それが社会の福利となるか損失となるかはいざしらず、日ごと吸い尽くしてしまっている。ここで我々がアリストテレスの使った意味での高貴な気ばらし《ディアゴーゲー》について語ることは無理だ。つまり、それは精神的能力をただ一面だけ鋭敏にして魂の実りを忘れた完全に不毛の技倆であり、よりよく活用できたはずの知的、精神的緊張を相当量にわたって歪曲し、浪費してしまうものだ。しかし、おそらくこれ以上に悪いことに使われることさえあるだろう。外見的にブリッジが現代生活に占める地位は、ちょっと見るとわれわれの文化の中で遊びの要素がかつて見たこともないほど勢力を増したことを意味しているかのようにみえる。実際にはそういうことはない。真に遊ぶために、人は遊ぶ間だけでももう一度、子供に帰らなければならない。ところでその子供になることはあの極端に洗練された知能の遊びに没頭する時にも認められるだろうか。もちろん、否である。それならばつまり、この遊びはその最も本質的な性質を欠くことになる。

## 近代職業生活における遊びに類するもの

この混沌とした現代をそれのもつ遊びの内容に照らして検討しようとする努力は、我々を繰り返し繰り返し矛盾し合う結論へと導いていく。われわれはスポーツの中で遊びとして自覚され、認められた活動を扱った。しかし、それはある程度まで技術的組織、物質的設備、科学的配慮などを伴って行なわれるものであるから、したがってその集団的、公共的催しは本来的な遊びの情緒を失わせる危険をもっている。ところが、このように遊びを真面目なことに変貌させる傾向に対して、これと対立するような外観を示す現象が現われる。利益、必要もしくは欠乏などの理由から始まった仕事、したがって当初は遊びの形式にまるで関係がなかったはずの仕事が、どうみても遊びの性格というよりほかに考えられないような性格を副次的に発展させたりする。行為の妥当性は自己閉鎖的な領域に限られてしまい、しかもそこで通用する法則は普遍的究極性を喪失してしまう。スポーツの場合の遊びがこれに当てはまる。それは真剣そのものになりながら、なお遊びと考えられている。次いで、真面目な仕事が遊びに変質しながら、しかも真面目でとおっている。実にこの二つの現象は、昔とは違った形式でもってこの世を支配している、強力な闘技的意欲によって結びつけられている。

この世界を遊びの立場に駆り立てる闘技的精神が支配領域を拡げるについては、実は根本的には精神とも文化とも関係のない、ある外部的性質をもつ一要素が働いている。それは、あらゆる分野であらゆる手段を用いて人間同士の交流が極度に簡単になった、という事実だ。技術、公共的報道、宣伝が競争をいたるところで自由に行なわせ、その競争本能の満足を可能ならしめた。商業上の競争は根源的な、太古の聖なる遊びには属さない。それは商業取り引きがお互いに相手の上手を取り、すばやく立ち回らねばならない活動分野を作り出した時に、初めて現われてきた。制限つきの諸規則、つまり商業上の慣行がこの分野にもやがて欠くべからざるものになる。かなり後の時代まで取り引き上の競争は形の上で初歩的なものにとどまっていた。近代的交通、商業上の宣伝、そして統計学によって初めてそれは集約的なものになった。スポーツにおいて取り上げられた記録の概念がまた経済の分野でも幅をきかすのは当然のなりゆきだ。今日、通用している意味での記録（レコード）はもともと、オランダ風の言葉を使えば、最初に着いたスケート乗りが宿の梁に書きつけたことわり書きのことだ。商業と生産の比較統計学は経済的技術的生活の中へスポーツ的要素を導入することになった。産業上の業績にスポーツ的立場が結びつけられた場合はどこでも、記録達成の努力が全盛を誇っている。たとえば、最大トン数の郵便船とか、大洋最短航路を祝う青リボンとかがそれだ。ここでは純粋に遊びの要素が実利的理由を全く背景に押し込んでしまう。つまり、真面目が遊びになる。ある大企業は業績を上げるため、意識的に自己の社員の間にスポーツ的要素を導入した。かくして例の過程はまたまた逆転する。遊びが真面目になるのだ。A・F・フィリップス博士〔一八七四〜一九五一。オランダの実業家。電気事業に関する大企業を設立〕はロッテルダムの商科大学で名誉学位を受けた時、次のように述べた。

「私が会社に入った時から、技術部門と販売部門の間でどちらが優位に立つかという競争があった。一方はたくさん作って販売部門をてんてこまいさせてやろうと考え、他方はどんどん売りさばいて生産が販売に追いつけないほどきりきりまいさせてやろうともくろんだ。こうした競争はいつも続いていた。時には一方が、また時には他方が勝った。私の兄も私も我々の仕事を本来負わされた課題とは決して考えず、まさにスポーツと思っていた。そのスポーツを我々は我々の協力者や若者たちに教えたいと思う」

この競争精神を鼓吹するために大企業は自分もちのスポーツ団体を作り、さらに労働者を単に職業的能力からだけでなくサッカーの観点からもみて採用するほどにまでなる。ふたたび例の過程は逆転する。

## 現代芸術における遊びに類するもの

現代芸術における遊びを扱うことは経済生活の中の闘技的要素を扱うのと比べて、それほど簡単ではない。芸術創作や芸術演奏の本質にとって、遊びの要素が無縁のものでないことは先に述べたとおりだ。そのことはことに、強烈な遊びの内容がそのまま基本的で本質的なものだといえるような詩歌女神《ミューズ》の司る諸芸術においてはっきりと現われていた。造形芸術においても遊びの精神は、装飾のあるところすべてに固有なものとして輝いていた。つまり、芸術的形式の創作に際して遊びの要素は、精神と手腕とが最も自由な技倆を発揮したところにすべて働いているのだ。その他では遊びの要素は親方試験の試作品、手練の力業、競争で行なわれる演奏など、いたるところに顔を出していた。そこでいま問題となるのは、芸術の中のこの遊びの要素は一八世紀以来、勝ち残ったのか、それとも敗れ去ったのかという点だ。

芸術は社会生活の生きた機能としての基盤からしだいに解放され、やがて個人の自由で、独立した活動へと姿を変えていくが、こうした文化過程の流れはここ数世紀の間にはっきりしてきた。額縁入りの絵画が壁画を駆逐し、印刷された絵が細密画の飾り絵を追放した時、それはこの過程の一つの道標だった。社会的なものから個人的なものへのこうした移行はルネサンス以後における建築の視点の変化にも現われている。人々が今や最も秀でたものとして求めるのは教会でも宮殿でもなく、住宅であり、壮麗な柱廊ではなくて居間だった。芸術はより親しみのあるものとなったが、またより隔離されたものとなり、個人のものとなった。これと同じ方向に発展したのが室内楽と芸術的歌曲だ。個人的、美的渇望の満足のための創作はその効果の広さとまたしばしばその表現の強さにおいて、より大衆的な芸術形式を凌駕してしまった。

しかしながら、同時にさらに別の変化が芸術の機能の中に現われた。芸術はしだいに完全に独立した、異常に高度の文化価値をもつものとして認められるようになった。しかし一八世紀までは、芸術は本来、その時代の価値の尺度にあてはめると明らかに従属的地位しかもっていなかった。芸術は特に選ばれた人の生活の高雅な飾りだった。美的享楽は今と同じように行なわれていたが、しかし、一般に人は芸術を宗教的浄化とか、あるいは楽しみや気ばらしになるようなより高級な珍奇なものとして解釈した。実際は職人でしかなかった芸術家は人に仕えるものとしてのみ認められたにとどまった。一方、学問の研究は生活の苦労を知らない人々の特権だった。

このような状態の中で、一八世紀の中葉以後に始まった精神の新しい美的息吹きに乗って浪漫的、古典的形式をとった大きな変化が芽生えた。主な流れは浪漫的で、その中に古典的なものが流入した。この二つが合流して、美的享楽を人生的価値の尺度で計って天国なみの高さにもちあげて礼讃することになった。天国なみの高さというのは、やがてそれが行き過ぎて、すでに矮小化している宗教意識の地位を奪うことになるはずだからだ。この流れはヴィンケルマンに始まり、ラスキンに至るものだ。一九世紀末に至って芸術の人気は、写真の複製技術の無視しえない影響もあって、教育を受けた大衆の中に初めて浸透した。芸術は公共の財産になり、芸術好みは上品な趣味となった。芸術家はより高尚な存在であるという考え方が一般化した。紳士気取りの俗物根性が大衆の上に強力に広まった。同時に独創性への痙攣的要求が創作への主要なはずみとなった。こうした新しさ、つまり、空前のことへの絶えざる渇望が印象主義への傾斜から二〇世紀の行き過ぎにまで芸術を引きずり込む。芸術は学問よりも近代生産過程の恥ずべき要素に対し影響を受けやすい。芸術は直接に市場に出され、しかも技術的手段を動員することになるので、機械化、宣伝、人気取りに大きく左右される。

これらすべての中で、求められるべき遊びの要素はきわめてわずかだ。芸術は一八世紀以後、文化要素としての自覚を深めるにつれ、遊びの性質をふやすより失ったように見える。このことは芸術の向上を意味しただろうか。芸術の担う精神について、また芸術が作り出す美についてまだ十分には自覚していなかったことが、かつての芸術にとって幸せであったと論ずることも不可能ではあるまい。芸術にだけ許された、いと高き恩寵について自覚を深めるにつれて、なにかしら永遠の子供らしさとでもいえるものが失われていった。

他の面から見ると、次のようなことには芸術活動における遊びの要素のある程度の強化が見られるだろう。芸術家はその同時代の大衆から非凡なものとして、一段上に立つ特別の存在とみなされ、それゆえにその正当な傑出した部分に対しては尊敬が払われねばならない。こうした非凡さの意識を自ら体得しうるためには、彼は崇拝者集団、もしくは精神の紐帯で結ばれた同志の団体を必要とする。というのも、ただの群衆は尊敬の念をたかだか空念仏で唱えるだけだからだ。実に最古の時代の詩の芸術にとっても、また近代芸術にとってもまさしく同じようにある秘教的なものが不可欠だ。そのいずれの秘教主義にも次のような暗黙の同意がある。つまり、われら入会者はかくかくしかじかのように考え、理解し、歎美するべし、というのだ。これは秘儀に魅了された遊びの共同体を必要とする。何々主義という合い言葉がある芸術の指向方向を支えている場合は常に、遊びの共同体の資格を明らかに備えている。文学的に飾り立てられた芸術批評、展覧会、講演など一般に公開伝達するための近代的道具立ては芸術発表の遊びの性質を高めるのに適している。

## 近代科学の遊びの内容

近代科学の遊びの内容を測定しようとする努力は芸術に関する場合と全く違ったものになる。その理由は、これまで我々の行なった試みは、すでに与えられ、一般に受容された意味領域をもつカテゴリーとしての遊びから出発していた。ところがこんどの場合は遊びとは何か、という根本問題にほぼ不可避的に立ちもどることになるのだ。我々はこの本の初めに遊びの本質的条件および標識の一つとして遊びの場をあげた。これはある目的をもって限定された縄張りであり、そのうちで動作は完了し、諸規則が適用される。さて、そこで、なんでもそのように閉じられた分野の中に進んで遊びの場を見てとる傾向はきわめて手軽に行なわれている。だから独自の方法と概念の限界内に閉じこもって、個々に孤立した基盤に立つそれぞれの科学に遊びの性格を認めることはなによりも容易なことだ。しかし、我々が明確で、自由な生き生きした思想にふさわしい遊びの概念を堅持しようとするならば、遊びの資格としてただ遊びの場だけをあげるにとどまらず、もっと他のものを必要とする。遊びは時間的なもので、時とともに経過してきりをつけて終わり、そしてそれ自身の他には本来の目的をもたない。日常生活の要求を度外視した楽しい憩いという意識によって支えられている。これらすべてが科学には当てはめられない。科学は実に日々の一般的有用性との接触とそれへの妥当性を求めている。その法則は遊びの規則のようにただ一つきりの不動のものではない。それは絶えず経験によってあざむかれ、ついで自ら訂正していくものだ。遊びは変わることはあっても、訂正されることはない。

それゆえ、十分な理由をもって、次のような結論「科学はすべてただ遊びである」はあまりにも安直な知恵として一応片隅に押しやられてしかるべきだ。しかし質問が出て、科学は自分の方法だけで固められた領域のうちで遊ぼうとすれば可能ではないか、と問うことになれば、話は少し別だ。例をあげれば、絶え間ない体系的組織化への傾向は遊びに向かう傾向とほとんど分かちがたく結びついている。経験を十分に積みあげた基礎づけをもたない古代科学は想像されるかぎりの特質や概念を際限なく体系化することに、つい誘い込まれる癖がある。観察と計算はここでは確かに歯止めの役を果たすが、しかし、絶対的保証はない。かつて苦心して編み出された特殊な方法論の概念も、常に遊びの言葉のあやとして簡単に利用されうる。人々はこの点で古くから法律学者を非難してきた。言語学は言葉のこじつけの解釈の古い謎とき遊びに見境もなく加わっているかぎり、この非難に値することをしている。そうした言葉の謎ときは旧約やヴェーダ以来このかた世に広まり、今でも言語学についてなにも知らない人々の間でさえ行なわれているほどだ。また最近の厳格な科学的文章論を説く学派は新しい遊びへの道を進んでいるのは確実ではなかろうか。あまりにも安直なフロイト的専門用語が能力のあるもの、ないものを問わず誰にもすぐ応用されすぎることによって、幾種類かの科学が遊びに引きもどされているのではないだろうか。

科学の専門家や素人の愛好家がその専門の用語で「遊び」におちいる可能性は別にして、

科学の活動は競争意欲によってもまた、遊びの道に引きずり込まれることがある。科学における競争は芸術の場合より直接の経済的基盤によるところは少ないが、他面において文化の論理的展開の面では本来はるかに多くの論争的性格をもって生まれついている。さきに原始古代の時代における知恵と学問の起源を取りあげたが、つまりそれはつねに闘技的なものの中に横たわっていた。科学は論争的であると人々は根拠もなしに言っているのではない。しかし、科学において他人を出し抜く発見をしたいという欲求や論証によって相手を打ち負かそうという欲望が前面に出ることは好ましい徴候ではない。研究をとおして真理を認識しようという真の衝動は対抗する論敵への勝利をたいして重くみない。

結論として次のような裁断を下したいと思う。近代科学は、それが正確さと真理愛へのきびしい要求を堅持するかぎり、また他方、我々が遊びについてのいちばんわかりやすい明確な概念を批判の基準とするかぎり、遊びの内容と通ずる点は比較的に少なく、また少しは備わっている遊びの特徴にしても最初科学が発生したばかりの頃やルネサンスから一八世紀に至る再生期にくらべると、いまはかなり乏しい、と。

そこで今度は政治生活を含めた一般的な現代社会生活における遊びの内容規定に眼を向けよう。その場合、まずあらかじめ二つの可能性が区別されるべきだ。その一つは人も知るごとく、遊びの形式は多かれ少なかれ社会的もしくは政治的企図をおおい隠すために意識的に使われるということだ。この場合、問題となるのは、我々がこの本の中で明らかにしようと企てた、文化のもつ永遠的な遊びの要素ではなく、偽物の遊びだ。もう一つの可能性はうわべだけ遊びの外観をもつ現象を見あやまって邪道に落ちることだ。現代社会の日常生活はだんだんと二、三の共通特徴において遊びの精神とみまがう、ある特性によって支配される度合を深めている。そしてその中で人はおそらく近代文化の極度に豊かな遊びの要素を発見できたと思い込むだろう。ところが、これはせいぜい「ピュエリリズム（文化的小児病）」(Puerilisme) とでもいえる特性なのだ。この言葉は子供じみた幼稚さと問題児的幼稚さとを一つの術語として包摂するのに適している。幼稚っぽいことと遊びとは同じではない。

## ピュエリリズム

二、三年前、私が現代社会生活の示すいくつかの深刻な現象を「ピュエリリズム」という名称で一括できるのではないかと考えた時、(1) ちょうど眼に焼きついていたのは、現代人の中でも特になにかの集団のメンバーになっている人が、まるで思春期もしくは少年期なみの水準の行動としか思えないことをしている姿だった。その行為の大部分は近代の精神的伝達報道の技術によって引き起こされたり、あるいは押し進められたりした習慣である。それに入れられるものとしては、たとえば、簡単に飽きるが、決して満たされることのない陳腐な気ばらしを求める欲望、下品な感覚的興奮、大衆的見世物好みなどだ。さらにより深く秘められた基盤で関係しているのは、旺盛なクラブ意識とその付属品としての示威的なクラブ標識、型にはまった手のジェスチュア、連絡や確認の音（応援のエール、拍手、挨拶の合図のしきたり）、足並みと隊列をそろえての行進などだ。そして、今あげたものよりいっそう深い根を張っていて、それこそピュエリリズムの名でとらえてしかるべき一連の特性は、ユーモアに対する感情の欠如、言葉に激しやすいこと、グループ以外の人に対する極端な嫌疑と不寛容、賞讃につけ非難につけ見境なく誇張すること、自己愛や使命感におもねる幻想にとり憑かれやすいことなどだ。こうした幼児的特徴の多くは過去の文化時代にも広く検出されるが[2]、今日のように公共生活の中に全盛を誇る大衆性や残酷さと結びついた例は今までに決して見られなかった。しかし、ここはこの文化現象の原因と発展について広範な探求をする場ではない。ともかくここに関連する要素として数えられるのは、半人前の成長しかしない大衆の精神的交流への参加、道徳的規準の低下、技術と組織が社会に許した過度の感染性などだ。教育、慣例、伝統などによっては抑制されない青年期の精神的態度がそれぞれの分野で支配権を握ろうとしていて、しかもあまりにもしばしば、大成功を収めてしまう。公けの世論を作り上げるあらゆる分野が成長期にある少年の気質と若者集団の知恵によって支配されている。ここでは代表で公的なピュエリリズムの実例を一つ挙げよう。一九三五年一月九日のプラウダ紙はソヴィエト地方当局がクルスク地区のブデンナイ、クルプスカヤ、そして赤い畑と名づけられた三つのコルホーズは穀物供出量不足のため、怠け者、さぼり屋、ごくつぶしと改名することになったと伝えている。もちろん、この地方当局の「勇み足」の証拠は党中央委員会の非難を招き、この処置は撤回された。しかし、ここにかの精神的態度は掛け値なしにはっきりと物語られている。このように名前をいじくりまわすことは政治的昂揚期にあたる時代には典型的なことだ。同じようなことはフランスの国民公会の時代にもあり、現代ロシアにもあって、古い大きな町が彼らの暦の聖者にあやかって改名したほどだ。[3]組織化された少年の精神の社会的力を最初に理解し、それをすばらしい創作品、つまり求道的開拓者運動（ボーイスカウト運動）に置きかえた名誉はベーデン・ポーエル卿（一八五七〜一九四一。イギリス軍人で南阿戦争に従軍。一九〇八年、ボーイスカウト、一九一〇年、ガールスカウトを組織）に与えられる。これについてピュエリリズムをもち込む余地はない。なぜならそれは未成年の教育的遊びを目的としているからであり、しかも、その遊びたるや驚くべき才能によって人生の趣向や慣習を計算に入れ、さらにその有用な効果を利用するすべを心得たものだからだ。ボーイスカウトの綱領自体が自ら遊びと称している。ただこの同じ習慣が真面目一方と目される職業の中でも浸透して、結局社会的、政治的争いのよこしまな情熱にとり憑かれると話は別になる。そこで、これに関連した疑念が浮かんでくる。いったい、現代社会生活の中でにぎにぎしく花開くピュエリリズムは一つの遊びの機能と認められてよいのか、それともそうではないのか。

最初にみたところではその答えは「しかり」であって、私もその意味にそって、かつて遊びと文化の関係についての考察を行ない、この現象を解釈したことがある。[4]しかしながら今、私は遊びの概念の規定をもっと厳しく改めねばならないと考えており、その基盤に立ってみると、このピュエリリズムには遊びの資格が否認されねばならない。遊んでいる子供は決して幼稚ではない。彼が遊びに疲れたり、何をして遊んでよいかわからなくなったときに初めて幼稚になる。もし、仮に今日の一般的なピュエリリズムが真の遊びであるとしたなら、人々はそれに伴って、かつて遊びが生きた創造的要素であった原始古代の文化形式へと社会全体が逆もどり現象を起こしているとでも考えなくてはならないだろう。多くの人々は進行しつつある社会の「兵営化」の中にこの逆もどり旅行の最初の一日めの行程が祝われているとでも考えるかもしれない。これはとんでもないまちがいと思われる。われわれは大多数の人々を喜んで犠牲にするすべての精神現象の中に、ただ迫りつつある崩壊のしるしを見ることができるだけだ。小児病型の行為はなお見かけだけはおよそ遊びの形式をとっているが、真の遊びの本質的特徴はこの中には見られない。浄化と品位と様式とを再び獲得するために文化は別な道をたどらねばならないだろう。

## 政治の遊びの内容

しだいにはっきりしてくる結論から先に言えば、文化における遊びの要素はかつては全盛を誇ったともいえる一八世紀以後に、それがいささかなりと支配したことのあるほとんどすべての領域で、その重要性を失ってしまった。近代文化はもはやほとんど「遊ばれ」てはいない。遊んでいると思われるところではその遊びは偽物だ。一方、文化現象の中で遊びと遊びでないものとを区別することは、我々が自分たちの時代に近づくにつれてむずかしくなっていく。このことが最高にあてはまるのは、文化現象としての現代の政治の内容についていっさいを清算してその実体を明らかにしようと試みる時だ。まださほど遠くない過去の議会民主政治のうちで行なわれていた規則だった政治生活はまちがいなく遊びの要素に満たされたものだった。私の学生の一人は一九三三年に私が講演で、[5]ほんの少し言及したことをきっかけとして、後にフランスとイギリスの議会における討議の研究を行ない、[6]一八世紀の末以降の下院における討論はいかに本質的に遊びの規範にのっとって受け答えされていたかを、確信をもって指摘してくれた。それは常に個人的競争の契機によって支配されていた。そこでは、彼らが最も真剣に奉仕しようとしている国家の利益には、いささかも損害を与えずに、絶えず対抗試合が行なわれていて、その際、名指しを受けた闘士たちはお互いに王手をかけて相手を詰ませることを狙っていた。議会生活の雰囲気と作法は常に完全にスポーツ的だった。このことは、なにかしらイギリスを模範として忠実にそれに従う国々においてはみな同じようにいえることだ。戦友仲間の心意気が激しい論敵を容認し、討論の直後に友人として互いに冗談をとばし合う。ヒュー・セシル卿はユーモラスな調子で上院における司教を望ましくないものであると言明し、その後でこのことについていっそう楽しげにカンタベリー大司教と談笑を交わした。紳士協定という奥の手も、時には紳士仲間から誤解されることもあるが、やはり同じく議会の遊びの領域をホーム・グラウンドとして生まれるものだ。今日、最も激しい非難の言葉が浴びせかけられている議会主義の強靱な一面が、遊びの要素にあることは少なくとも英国においては、今まででも決して言われていなかったことではない。それは、それがなければ耐えられるはずのないほどの緊張にも平気な、心の柔軟さを保証するものだ。ユーモアの死滅こそ、遊びの要素を殺してしまう。イギリスの議会生活における遊びの要素が、ただ討論の中で語られたり、伝統的な集会形式に現われるだけではなく、選挙制度のあらゆるしきたりにも結びついていることは、より詳しく述べる必要もないくらいだ。

イギリスの議会主義よりもっとはっきりしているのがアメリカの政治的慣行における遊びの要素だ。アメリカ合衆国における二大政党の政策の違いは、局外者にはほとんど理解すべくもないが、その二大政党の対立が二つのチーム対抗の形をとるより遥かに前から、その選挙宣伝合戦は完全に大規模な国民的遊びの形式をとっていた。一八四〇年の大統領選挙戦はその後のすべての選挙のための様式を作り出した。その時の候補者は人気者のハリソン将軍〔アメリカ第九代大統領。一七七三〜一八四一。先住民討伐で名を挙げ、一八四〇年の選挙に当選、就任一ヵ月で死去〕だった。彼を押し立てた人々は政治綱領らしいものを何一つもち合わせていなかった。しかし、ある偶然が彼に一つのシンボル、つまり開拓者の粗末な丸太小屋（log-cabin）を与え、その旗印のおかげで彼は勝った。人気の最大量、つまりもっとも高い歓声によって候補者を指名することは、一八六〇年の選挙から始まった。そこでリンカーンは彼の地位を得たのだった。このようなアメリカ政治における感情的性格は、開拓者の世界がもつ未開状態から誕生したことを決して否定しない国民性にその起源を発している。絶対的な党派的忠誠心、秘密結社、外見的シンボルへの子供っぽい欲求と結びついた大衆的熱狂などは、アメリカの政治の中にある遊びの要素に、最近の旧世界の大衆運動が見失ってしまった、なにかしら素朴で自発的なものを付け加えている。

ここに述べた二つの国ほど単純でないのがフランスの政治における遊びの場合だ。大部分が個人的グループや利益団体からなる多数の政党の策略で、しかも、それがあらゆる国家の利益に反して大臣失脚につながる駆け引きを伴い、その国を絶え間なく危急存亡の政治的危機に曝すようなことは、まちがいなく遊びの名を冠して観察するチャンスではある。しかし、そういう政党のあまりにも目にあまる集団的、個人的利益追求の企ては真の遊びの本質とは合致しない。

## 国際政治における遊びに類するもの

現代国家の国内政治には遊びの要素の活躍の跡が十分認められるが、国際政治には一見したところ、遊びに活躍の場を考えてやろうとする機会があまりないようだ。しかし、いくら諸国家間の政治的生活が事実上、いままで聞いたこともないほど極端に暴力と危険なふるまいで滅茶滅茶に荒らされているにしても、だからといってそれが初めから遊びの概念を排除する十分な理由になるとは決して言えない。われわれはすでに遊びが残酷な血なまぐさいものでもありうるし、またそれがしばしば偽装して遊ばれることも十分承知しているのだ。法の共同体もしくは国家の共同体はそれぞれにその本性上、遊びの共同体と結びつく特質をいくつかもっている。国際法の体系は原理と格律をお互いに遵守することによって守られるが、この原理や格律なるものは、たとえどんな形而上学的基盤をもとうとおかまいなく、実際には遊びの規則として働いているのだ。「約束は守られるべきものである」(pacta sunt servanda) という公開宣言は、事実上この体系の安全性がただ一緒に遊ぶ連中の意志に頼るのみだという認識を含んでいる。関係国の一つが体系の規則を守らなくなると、たちまち国際法の全体系は(ほんの一時的であれ)崩壊したり、あるいは乱暴した国は「遊びの協定破り」として共同体から追放される。国際法の維持はいつの時代でも名誉、醇風美俗、良識などの概念の正当性にほぼ全面的に頼りきってきた。ヨーロッパの戦争法規の発展には騎士の名誉の概念の規範が重要な役割を果たしていたが、それは意味のないことではない。国際法の中には暗黙の了解が仮定されていて、敗けた国はまさに紳士らしく「負けっぷりのよい男」であることを示すことになっていた。ただし、このことは実際にはほとんど行なわれていない。戦争を公けに宣告する義務はしばしば踏みにじられるにしても、戦争遂行国の格式を重んずる律儀さに依存していた。要するに、戦争のもっていた古くからの遊びの要素には、我々は原始古代の時代において、いたるところでお目にかかったし、またその遊びの要素によって戦争法規の完全な義務づけが基礎づけられていたのだが、この遊びの要素なるものはまださして遠くない過去においては近代ヨーロッパの戦争にもまだ全くすたれてはいなかった。

## 近代戦における競争の要素

しばしば使われるドイツ語の慣用句では戦争に突入した時のことを「真面目になる時」(Ernstfall　非常時)という。純粋に軍事的に見ればそれは正しいといえる。演習や軍事教練の模擬戦にくらべると、まさしく「真の」戦争は遊びに対して真面目なものである。ところが、この真面目になる時という言葉が政治的に理解されなければならないとなると、話は別だ。もしそうなれば、どうしても次のように考えるはめに陥るだろう。本来、戦争に至るまでの外交的配慮に立つ行動はまだ十分真面目になりきっていないし、それにふさわしい実力も出しきっていない、と。実際にある人々によってこうした意見が表明された(7)。彼らにとっては国家間の外交交渉のすべては、それが商議や協定の路線を踏んでいる限り、ただ戦争状態への導入部か二つの戦争の間の過渡的行為にすぎない。論理的に言えば、ただ戦争だけがその準備をも含めて真面目な政策だという理論の信奉者は、戦争には競争の性格、つまり遊びの性格はないと言わざるをえない。彼らに言わせれば、昔は戦争において闘技的要素が強力に働いていたかもしれない。しかし、今日の戦争は古代の競技をはるかに越えた性格をもっている。それは「敵＝味方の原理」に立脚している。すべての現実の諸民族および諸国家間の政治関係はこの原理によって支配されている、と彼らは説く。自分たちとは違う他のグループは常に味方か敵かのいずれかである(8)。敵はラテン語のイニミクス inimicus、ギリシ

ア語のエクトロス ἐχθρός (echthros)、つまり悪者に仕立てられた個人的な憎い奴を意味するのではなく、ただラテン語のホスティス hostis、ギリシア語のポレミオス πολέμιος (polemios)、つまり、自分たちのグループの邪魔をしたり、抵抗したりする異邦人のことだ。カール・シュミットは敵をライバルもしくは競争相手とみなそうとは欲しなかった。彼によれば敵はまさしく文字どおりの意味で敵対者であり、取り除かれねばならぬものなのだ。ところでこの敵対関係の概念をほとんど機械的関係といえるほどの強制的な抜きさしならないものにしてしまうことについて、もし歴史的になにかこれと最も近い形で対応することがあるとすれば、それはまさに原始古代の兄弟団、氏族、種族などの敵対関係だといえるだろう。しかしその場合は遊びの要素がきわめて重要な意味をもっていたし、その遊びの要素の土台の上に立つ文化の成長が我々をしだいに高めてきてくれたのだ。それにしてもシュミットの非人間的な誤った幻想に正義のかすかな光がとどいてさえくれたなら、結論は次のようになるに違いない。戦争が「真面目になる時」ではなく、平和こそ「真面目になる時」だ。なぜならこのいたましい「敵＝味方関係」を克服することによって、はじめて人類は自らの品位を完全に認めてもらえる資格を得るからだ。戦争はそのために駆り出され、そこにひきずり込まれるいっさいのものとともに、いつの時代でも遊びのデモーニッシュな呪術の罠にかけられどおしだ。

こうしてここに今一度、厄介至極に入り組んだ解きがたい問題、遊びか真面目かが姿を現わしてくる。我々がしだいにはっきりとつかみかけた確信によると、文化は高貴な遊びの中に基礎づけられているものであり、文化が様式と尊厳を保った最高級の資質を発揮するためには、例の遊びの内容を欠くことはできない。諸民族間、諸国家間の外交交渉の際ほど仮定された遊びの諸法則の遵守が不可欠であることを示す例はほかにない。それが破られたら、社会は野蛮と混沌のうちに崩壊してしまう。他方、戦争の中に我々は、かつての威信をかけた原始的遊びに形式と内容を与えていた闘技的態度へと逆行する現象を認めなければならないと思う。

しかし、まさしく近代戦は遊びとの触れ合いをすべて失ってしまったかのようにみえる。高度に文明化された諸国家が国際法の共同体から完全に手を引き、恥しらずにも「約束は守られるべきものにあらず」(pacta non sunt servanda) とうそぶいている。むしろ世界は、そのありのままの自然の配置をもとにして、お互いに政治的形式で理解し合うために、有害きわまる権力手段の行使はできうる限り回避するよう常に義務づけられてしかるべきだが、かりに、争いに際して危険をかわし、共同作業の可能性を安全に保つような有益な自粛の申し合わせがない場合には、世界は成り立っていけなくなる。戦争は完璧を誇る手段によって「最後の分別」(ultima ratio) から「最後の狂気」(ultima rabies) になった。戦争に対する極端な準備と——当然それに相応じた——極度の即応性に支えられた我々の時代の政治の中には、まるで昔の遊びのゆとりのほとぼりすらもはや見分けられないようだ。戦争と祝祭および祭儀とを結びつけていたすべてのものが現代の戦争から消えてしまった。そして遊びの変質とともに、戦争もまた文化の一要素としての地位を失った。だがしかし、戦争は一九三九年九月初め、イギリス首相チェンバレンがラジオ放送の中でギャンブル（賭け）と名づけたものであり続けている。

攻撃されたもの、正義と自由のために戦うものの立場に立つと、たちまち遊びに関する思考は浮かんでこなくなる。なぜ浮かんでこなくなるのか。なぜこの場合、戦いと遊びの結びつきは締め出されるのか。ここでは戦いは道徳的価値をもつからだし、また、その道徳的内容の中に遊びの認定が意義を失う限界点が存在しているからだ。この倫理的価値の規準の中で遊びか真面目かという永遠的疑問がそれぞれの個々の場合に応じて決断を見いだす。正義と道徳的規範の客観的価値を否定する人は、決してこの遊びか真面目かの決断を見いださない。政治は競争の形で遊ばれていた文化という原始的基盤に深くしっかりとそのすべての根を下ろしている。政治をそこから解放し高めるのは、「敵＝味方関係」の正当性を退け、己れの民族の要求を最高の規範とはみなさない道徳的気骨《エートス》によってのみ可能なのだ。

我々はゆっくりとではあったがやっと一つの結論に近づいてきた。真の文化はある程度、遊びの内容をもたなくては成り立ちえない。なぜなら、文化はなんらかの自己抑制と克己を前提とし、さらにその文化に特有の性向を絶対最高のものと思い込んだりしない能力をもち、しかも自由意志で受け入れたある限界の中で閉ざされた自己を見つめる能力を前提としている。文化はある意味ではいつの時代でもやはり一定の規律への相互の合意に基づいて遊ばれることを欲している。真の文明はいかなる見方に立とうと常にフェアプレーを要求する。またそのフェアプレーとはつまり善良な誠実さを遊び言葉に言い換えたものにほかならない。遊びの協定破りは文化自体をも破壊する。文明のもつ遊びの内容が文化創造的、あるいは文化推進的であろうとするなら、それは純粋でなければならない。それは理性や人間性や信仰によって定められた規範から迷い出したり、それに違反したりしては成り立つはずがない。それは故意に育成された遊びの形式によって特定の目的を実現する企てを隠すための偽りの仮面の装いであってはならない。真の遊びはあらゆる宣伝を締め出す。それはそれ自身の中に目的をもっている。その精神と情緒はこころよい恍惚境のそれであり、ヒステリックな大騒ぎのそれではない。あらゆる生活分野を一手に支配しようとしている現代の宣伝《プロパガンダ》はヒステリックな大衆的反応をまき起こそうとし、そのための手練手管を動員して運動している。その場合、遊びの形式を借りたにしても、それは遊びの精神の近代的表現とみなされるべきではなく、ただそれにあやかった偽物であると考えられるべきだ。

## 遊びの要素の不可欠性について

我々は我々の主題を扱うにあたって、できるかぎり明確な、すでに認められた遊びの特徴を前提とした遊びの概念にとどまろうと努力してきた。換言すれば、我々は手近でわかりやすい日常的な意味で遊びを考えたのであり、なんでもかんでも遊びにかこつけて説明しようとする精神的短慮は避けたいと考えた。結局、そうした意見は我々の議論の終わりを待ち合わせ、我々に最後の勘定まで果たすよう強制する。

「彼は人間の思想を子供の遊びと呼んだ」。かくいうのは、ヘラクレスに関する後期ギリシアの伝承である。(9) 本書の初めの方でわれわれはプラトンの言葉を取り上げたが、(10) それはもう一度、ここに語らしめるに十分な重要性をもっている。「たしかに、人間的な物事は大真面目になるには値しないものだ。しかし、なんといっても真面目になるのは必要なことだ。ただし、なんにも幸福にはならんがね」。次に、真面目なことが最もふさわしいことにこそそがれるようにしよう。「人は真面目なことには真面目をもってしなければならないが、そうでないことにはそうしなくてよい。あらゆる自然の中で真面目に値するのは聖なる神だ。しかし、人間は神の玩具として作られている。そうなることが彼にとって本質的に最善のことなのだ。かくして、彼はその本性に従って、最も美しい遊びを遊びながら、今の生き方とは逆に、人生を生き抜いてゆかねばならない」。かくして、遊びが最も真面目なものになると、――「そこで、神の恩寵を願い、争いに勝つために犠牲を捧げ、歌い、踊りながら何かの遊びを遊びつつ人生が過ごされねばならない」。このようにすれば、「彼らはだいたいどこから見ても操り人形なのだが、ほんの一部は真理にかかわりをもっているので、自然の掟に従って生きてゆくだろう」。

「君はずいぶん人間をくだらぬものにしてしまうのですね」ともう一人が言う。すると答えて、「お許しください。私は神に眼を向け、それへの思いに溺れて、あんなにしゃべったのです。あなたが望むなら、われら人類はくだらんものではないとしましょう。いくぶん真面目に値するものだとね[11]」。

人間精神は至高の存在に眼を向ける時にのみ、それによって遊びの魔術的支配圏から解放される。物事を論理的に考え抜くだけでは、とうていそこにまで達しえない。人間的思考が精神のあらゆる価値を見渡し、自らの能力の輝かしさをためしてみると、必ずや常に、真面目な判断の底になお問題が残されているのを見いだす。どんなに決定的判断を述べても、自分の意識の底では完全に結論づけられはしないことがわかっている。この判断の揺らぎ出す限界点において、絶対的真面目さの信念は敗れ去る。古くからの「すべては空なり」に代わって、おそらく少し積極的な響きをもつ「すべては遊びなり」がのし上がろうと構えている。これは安っぽい比喩で、ただ精神の無力を思わせるかのようだ。しかし、これこそプラトンが人間は神の玩具であると名づけた時に達しえた知恵なのだ。この思想はまた旧約の『箴言』の中の素晴らしい空想的イメージの中にも立ち帰って現われてくる[12]。そこでは、正義と支配の根源をなす永遠の知恵が万物創造を始める前に、神を喜ばせようと神の御前で遊んだ。また彼が地上の世界で遊ぶことは人間の子供たちとともに彼の楽しみであった、と語り伝えられている。

遊び＝真面目の概念の永遠的堂々めぐりの中で精神の目眩《めまい》を覚える人は、論理的なものの中に見失った支えを倫理的なものの中に再発見する。遊びそのものは道徳的規範の領域の外にあると、我々は最初に述べておいた。遊びそのものは善くも悪くもないのだ。しかし、人が今自らの意志に駆り立てられて行なう行為は、いったい真面目なことと定められているのか、あるいは遊びとして許されているのかという決定を迫られるなら、彼に判断の基準を提供するのは他ならぬ彼の道徳的良心だ。行為への決定に際して、真実と正義、慈悲と赦しについての感情が働くようだと、たちまちこの問題は無意味なものになってしまう。一粒の同情の涙が考える精神の鑑別力をはるかに越えた高みへと我々の行動をもち上げていく。正義と恩寵の認識の上に基礎を置く道徳的意識の中では、遊びか真面目かという最後まで解きがたいままの問題は沈黙を守るにしくはないのである。

# 原注

## 第一章

(1) これらの理論については、H・ゾンデルファン『動物、子供、成人における遊び』(アムステルダム、一九二八年)とF・J・J・ボイテンダイク『生活衝動の現われとしての人および動物の遊び』(アムステルダム、一九三二年)による概観を参照されたい。

(2) マルセル・グラネ『古代中国の祭祀と歌謡』(パリ、一九一四年)一五〇、二九二ページ。同著者『古代中国の舞踊と伝説』(パリ、一九二六年)三五一ページ以下。同著者『中国文明』(パリ、一九二九年)二三一ページ。

(3)「ギリシア人が言うように『模倣的《ミメティック》』であるより、むしろ『共有的《メセクティック》』である」。J・E・ハリソン『テミス――ギリシア宗教の社会的起源の研究』(ケンブリッジ、一九一二年)一二五ページ。

(4) R・R・マレット『宗教意識の発端』(ロンドン、一九一二年)四八ページ。

(5) ボイテンダイク前掲書七〇~七一ページ。

(6) レオ・フロベニウス『アフリカ文化史――歴史的形態論序説』(パイドン出版、一九三三年)。同著者『文明化の意味での運命論』(ライプツィヒ、一九三二年)。

(7) 前掲書二三、一二二ページ。

(8)『アフリカ文化史』一二ページ。

(9) 同書一二二ページ。子供の遊びの契機としての「感動にうたれること」は一四七ページ。子供の遊びの基礎としてエルヴィン・ストラウスから継承したボイテンダイクの用語「悲愴な制度」「とりこにされること」についてはボイテンダイクの前掲書二〇ページを参照。

(10) フロベニウス『運命論』一四二ページ。

(11)『法律』第七巻八〇三。

(12) *οὔτ᾽ οὖν παιδιὰ……οὔτ᾽ αὖ παιδεία.*

(13)『法律』第七巻七九六をも参照。そこでプラトンはクレタ島の精霊の踊りを「クゥレーテスたちの武装遊び」として語っている。聖なる密儀と遊びの内的関係については、ロマノ・ガルディーニの著書『遊びとしての密儀』の中に適切に触れられている（オランス教会出版、イルデフォンス・ヘルヴェーゲン博士の手になる第一巻。フライブルグ・イン・ブレスラウ、一九二二年）。ガルディーニはプラトンの名は挙げていないが、ここに述べた意見にごく近いことを述べている。彼は、我々が遊びの特徴として数え上げた目印を数多く密儀にも認めている。密儀もまたその最高の極致においては「無目的でしかも豊富な意味をもつ」ものだ。

(14)『祭りの本質について』（「パイデウマ文化学会報」第一巻第二号、一九三八年一二月）五九～七四ページ。なお同著者『基本的系譜においてみた古代宗教』（ボローニャ、一九四〇年）の第二章「祭りの意味」を参照。

(15) 前掲書六三ページ。

(16) 前掲書六五ページ。

(17) 前掲書六三ページ。

(18) 前掲書六〇ページ。K・Th・プロイス『ナヤリット探検』第一巻（一九一二年）一〇六ページ以下による。

(19) シュトゥットガルト、一九三三年。

(20) 前掲書一五一ページ。

(21) 前掲書一五六ページ。

(22) 前掲書一五八ページ。

(23) 前掲書一五〇ページ。

(24) ボアズ『クワキゥトル・インディアンの社会組織と秘密結社』（ワシントン、一八九七年）四三五ページ。

(25)『ロアンゴ族の民俗学』（シュトゥットガルト、一八八七年）三四五ページ。

(26) 四一～四四ページ。

(27) 四五ページ。

(28)『西太平洋の遠洋航海者』（ロンドン、一九二二年）二三九ページ。

(29) 同書二四〇ページ。

(30) イエンゼン前掲書一五二ページ。私見によれば、成人式、割礼式の心理分析的説明方法は、この種の意図的な欺瞞としての解釈に陥っている。イエンゼンはこれを一五三、一七三～一七七ページで拒けている。

(31) 一四九～一五〇ページ。

## 第二章

（1）ルススがバッカスの息子、もしくは友人でルシタニア人の先祖だというのは、もちろんのちの創作である。

（2）「イントス」（-ινθος）という接尾語との関連性を推定して、この「インダ」という接尾語を原インド・ゲルマン的、エーゲ的言語成分に数えることができるくらいのところだ。動詞語尾としては「アリンドー」「キュリンドー」（ἀλίνδω, κυλίνδω）という表現があるが、ともに「アーリオ」（ἀλίω）「キューリオ」（κυλίω）と並んで「回転する」意味をもつ。遊びの概念はここでは弱く、かすかに残っているにすぎない。

（3）H・ボルケステイン『文化史家とその題材』（第一七回オランダ文献学者会議議事録、一九三七年）二六ページ。

（4）「輝く空」（dyu）との関係はここでは棚上げにしておく。

（5）ここで日本に対するイギリス技術の影響が問題になるかどうか、私はつまびらかにすることができない。

（6）現代の書簡の文体では、多くの場合、楽しみを与えられる人が動詞 gelieven の主語であるかのごとくまちがって解釈している。

（7）この際、確かなことは、「休む」意味の ruhen は副次的にのみはじめて問題になる。なぜなら「……したもう」という意味の geruhen は「休む」という意味の ruhen とはもともとは無関係であり、ただ中世ネーデルラント語の「心配する」という意味の roecken と一致するからだ（「向こうみずの」という意味のオランダ語 roekeloos を参考のこと）。

（8）カタロニア語、プロヴァンス語、レト・ロマン語にもこれと同じ言葉がある。

（9）わかい動物の跳び上がりたいという要求の中に遊びの起源があるというプラトンの推定を思い出してもらいたい。『法律』第二巻六五三D。

（10）古代スカンジナヴィア語の「レイカ」（leika）はオランダ語の遊び（spel）と同じく非常に広い意味範囲をもっている。この言葉は自由に動く、つかむ、行なう、扱う、何かに従事する、もしくは時を過ごす、練習するなどの意味をもつ。

(11) kerspel（教区）や dingspel（裁判区）にみられる Spel の形は、spell（つまりオランダ語の spellen 字を綴る）という語根に属するものと考えられる。それはドイツ語の Beispiel（例）、英語の spell（綴る）や gospel（福音書＝神の言葉）を生み出したが、遊びの spel とは異なるものとみなされている。

(12) フランク・ファン・ヴァイク『オランダ語語源辞典』（ハーグ、一九一二年）の（plegen）の項、および『オランダ語辞典』第一二巻の一（G・J・ブケノーヘンおよびJ・H・ファン・レッセンによる）の同じ項目を参照のこと。

(13)『ハデウィヒの歌』四〇番、第七を参照のこと（ヨハンナ・スネレン編、アムステルダム、一九〇七年）四九ページ。

Der minnen ghebruken dat es een spel
Dat niemant wel ghetonen en mach,
Ende al mocht dies pleghet iet toenen wel,
Hine const verstaen dies noeit en plach.

ここで、やる、行なうの plegen は遊ぶと解釈してよろしい。

〔詩の大意――愛を行なうことは誰もよく示したり、成し遂げたりしえない遊びである。そしていかにそれをよく示しうる人がいたとしても、この技術を理解するのは、ただ行なったものだけだ。〕

(14) これと並んで pleoh という言葉がある。古代フリジア語で plê は危険のことだ。

(15) この最後の意味をもつ pledge とともに参照すべきはアングロサクソン語の baedeweg, beadoweg（競技の盃、賞品）である。

(16) 七〇人訳聖書には次のように書かれている。*Ἀναστήτωσαν δὴ τὰ παιδάρια καὶ παιξάτωσαν ἐνώπιον ἡμῶν.*

(17) ついでに述べておけばウトガルド・ロキでトール（雷神）とロキ（火の神）の間の奇妙な競技は leika と呼ばれている（ギュルヴィの欺き九五）。

(18) E・H・マイヤー編『ドイツ神話学』（一八七五年）三一二ページ。なお、ヤン・デ・フリース『古代ゲルマン宗教史』第一巻（ベルリン、一九三四年）二五六ページ。ロベルト・シュトゥンプフル『中世演劇の起源としてのゲルマン人の祭礼遊び』

（ボン、一九三六年）一二二～一二三ページを参照。

(19) 近代フリジア語は子供の遊びを意味するboartsjeと楽器の演奏を意味するspyljeとを区分している。後者はおそらくオランダ語から入ったものだろう。

(20) イタリア語ではsonare, スペイン語ではtocarという。

(21) ボイテンダイク前掲書九五ページ。なお二七～二八ページを参照。

(22) wooingに対応する同義語をオランダ語はもっていない。vrijen（愛しあう）は少なくとも現代オランダ語ではもはやこれと対応するものではない。

## 第三章

(1) 同書二三ページ。

(2) パウリ・ヴィソーヴァ『古典古代学百科辞典』第一二巻一八六〇欄。

(3) ハリソン『テミス』二二一ページ、三二三ページを参照せよ。私見によれば、プルタークがこの形式を闘技とは反対のことだとしている箇所をハリソンは誤って正しいと認めてしまっている。

(4) はじめは競技、のちには魂の戦いや不安を意味したアゴニアとアゴーンの関係を比較せよ。

(5) 奸計と欺瞞で己れの目的を達する伝説上の英雄と恵みをもたらすと同時に人間をあざむく神との直接の関係を私は見いだすことができないでいる。W・B・クリステンゼン『欺く神』（科学アカデミー紀要、文学編六六のB第三。一九二八年）およびJ・P・B・デ・ヨセリン・デ・ヨング『欺く神の起源』（同六八のB第一。一九二七年）をみよ。

(6) アントニオ・ファン・ヌリヘム『イタリア式帳簿のしめすもの』（一六三一年）二五、二六、二七、八六ページ以下、九一ページ以下。

(7) ヴェラシュテ『アントワープ特許状目録』第三四二、二一五ページ。『アントワープ市慣習法』第二巻四〇〇ページ。第四巻八ページ。なおE・ベンザ『中世保険契約の歴史』（一八九七年）八四ページ以下を参照。バルセロナは一四三五年に、ジェノアでは一四六七年に行なわれる。Decretum

ne assecuratio fieri possit super vita (m) principum et locorum mutationes.（王侯たちの命や土地の変更に関して保証がされてはならない。）

(8) R・エーレンベルク『フッガー家の時代』（イエナ、一九一二年）第二巻一九ページ以下。

(9) M・グラネ『中国古代の祭祀と歌謡』（一九一九年）『中国古代の舞踊と伝説』（パリ、一九二六年）『中国文明、公的および私的生活』（人類の発展叢書第二五巻、パリ、一九二九年）。

(10) M・グラネ『中国文明』二四一ページ。同じ主題は、オルテガ・イ・ガゼットにより論文『国家の競技的起源』の中に簡潔にまとめられている（エル・エスペクタドール第七巻、マドリッド、一九三〇年、一〇三〜一四一ページ）。

(11) M・グラネ『祭祀と歌謡』二〇三ページ。

(12)『祭祀と歌謡』一一〜一五四ページ。

(13) ニュイエン・ヴァン・ヒュイエン『アンナンにおける青年男女の歌合わせ』（テーズ、パリ、一九三三年）。

(14) スチュアート・クリン『チェスとトランプ』（米国国立博物館年報、一八九六年）、なお、G・J・ヘルト『マハーバーラタ、民族学研究』（ライデン大学学位論文、一九三五年）この書物も遊びと文化の関係を研究するうえに非常に重要である。

(15) ヘルト前掲書二七三ページ。

(16)『マハーバーラタ』一三篇二三六八、二三八一。

(17) J・デ・フリース『古代ゲルマン宗教史』第二巻（ベルリン、一九三七年）一五四〜一五五ページ。

(18) H・リューデルス『古代インドにおけるサイコロ遊び』（ゲッティンゲン古典学協会論文集、一九〇七年、哲学歴史篇第九巻二号）九ページ。

(19) 前掲書二五五ページ。

(20) この問題になっている現象の呼び名として、先住民族のそれぞれに違った名称がつけられているが、その中から選ばれたこの言葉がもつ意味については次の本を見られたい。G・ダヴィ『誓約』（テーズ、パリ、一九二三年）同『諸国の民族』（人類の発展叢書第六巻、一九二三年）、M・モース『贈与論、交換の原始古代的形式』（社会学年報N・S、第一巻、一九二三〜一九二四年）。

（21）ダヴィ『誓約』一七七ページ。

（22）『舞踊と伝説』第一巻五七ページ。『中国文明』一九六、二〇〇ページ。

（23）G・フライターク『アラブ・ラテン百科辞典』（ハルレ、一八三〇年）“aqara” の項に「名誉をラクダの足の切断で競う」とある。

（24）『贈与論』一四三ページ。

（25）ダヴィの前掲書一一九～一二〇ページに引用されている。

（26）ライデン、一九三二年（G. W. Locher, The Serpent in Kwakiutl Religion, Leiden, 1932.）。

（27）R・モニエ『北アフリカにおける儀式的交換』（社会学年報第二巻、一九二四～二五年）八一ページ（R. Maunier, Les échanges rituels en Afrique du nord, L'année sociologique. N. S. II, 1924/5. p.81）。

（28）『贈与論』一〇二ページ。

（29）ダヴィ『誓約』一三七ページ。

（30）前掲書二五二、二五五ページ。

（31）リヴィウス『ローマ史』第七巻二の一三。

（32）Malinowski, Argonauts of the Western Pacific, London, 1922.〔邦訳、寺田和夫・増田義郎訳、中央公論社、昭和四二年〕。

（33）クラの品物はおそらく、民族学者が『自慢の金（Renommiergeld）』とよんでいるものとはるかに相へだてて比較さるべきものだろう。

（34）ヴェルナー・イェーガー『パイデイア』第一巻（ベルリン・ライプツィヒ、一九三四年）二五ページ以下。なお、R・W・リヴィングストン『ギリシア的理想と近代生活』（オクスフォード、一九三五年）一〇二ページ以下を参照（Werner Jaeger, Paideia）（R. W. Livingstone, Greek Ideals and Modern Life, Oxford.）。

（35）アリストテレス『ニコマコス倫理学』第四巻一一二三b三五。

（36）同第一巻一〇九五b二六。

（37）『イリアス』第六の二〇八（*αἰὲν ἀριστεύειν καὶ υπείροχον ἔμμεναι ἄλλων*）。

（38）グラネ『中国文明』三一七ページ。

（39）グラネ『中国文明』三一四ページ。

（40）『西太平洋の遠洋航海者』一六八ページ〔邦訳、中央公論社版、二〇六ページ〕。

(41) グラネ『中国文明』二三八ページ。
(42) グラネ『舞踊と伝説』第一巻三二一ページ。
(43) ある誤解によって、私は初版では「譲」を遊びを示す言葉に数え入れることができると考えていた。それにしてもこの現象自体は高貴な遊びの特徴をそなえている。
(44) 拙著『中世の秋』(第四版、一九三五年)の第二章を参照のこと。
(45) 以上のことについてはビクル・ファレス『イスラム以前のアラブ人における名誉』(社会学研究、パリ、一九三二年)および同『イスラム百科辞典』mufakhara の項参照。
(46) G・フライターク『ムハンマド以前のアラビア語研究入門』(ボン、一八六一年)一八四ページ(G. Freytag, Einleitung in das Studium der arabischen Sprache bis Mohammed.)。
(47)『歌の書』Kitab al-Aghānī (カイロ、一九〇五～一九〇六年) 第四巻八、第八巻一〇九以下。第一五巻五二、五七。
(48) イェーガー『パイデイア』第一巻一六八ページ以下を参照。
(49)『ランゴバルト史』第一巻二四。
(50)『エッダ』第一巻、『トゥーレ叢書』二九番、なお第一〇巻二九八、三一三ページを参照。
(51) 同書第二巻九番〔河の渡し守ハールバルズに化けたオーディンと旅の途中のトールが、自慢話の競争をする。トールは敗れて船に乗れない〕。
(52) 同書第二巻八番〔神々の宴席にロキが押し入り、あまり歓迎されないので、つぎつぎに神々の悪口をいいふらす話〕。
(53)『古代ゲルマン宗教史』第二巻一五三ページ。
(54) 一一世紀の『自慢話』Gilp-Cwida の典型として『ヘルヴァルト物語』Gesta Herwardi がある(デュファス・ハーディとC・T・マーチンの共編――ジョフロワ・ゲマルの『英国史』の付録としてのもの――ロル・シリーズ、一八八八年)。第一巻三四五ページ。
(55)『シャルルマーニュの巡礼』(一一世紀) E・コシュヴィッツ編(パリ、一九二五年)四七一～四八一節 (Le Pèlerinage de Charlemagne, ed. E. Koschwitz.)。
(56) F・ミシェル『アングロ・ノルマン年代記』第

一巻五二ページ。なおワース『赤王物語』一五〇三八節以下およびウィリアム・オブ・マームズベリー『英国統治事蹟』第四巻三七〇を参照（F. Michel, Chroniques Anglo-Normandes; Wace, Roman de Rou）。

(57)『ショーヴァンシーの馬上槍試合』（M・デルブィユ編五四〇節）一〇九三〜一一五八。『紋章官物語』（ロマニア四三巻）一一一三ページ以下 (Tournoi de Chauvency, ed. M. Delbouille) (Le Dit des hèrauts, Romania 43)。

(58) A・デ・ヴァリラス『アンリ三世の歴史』（パリ、一六九四年）第一巻五七四ページ。これはゴッドフロア『フランス古語辞典』に一部転載されている。Gaber の項（一九七ページの三）参照（A. de Varillas, Histoire de Henry III）(Godefroy, Dictionnaire de l'ancienne langue française, 1885.)。

(59)『ギリシア文化史』（ルドルフ・マルクス編集出版）第三巻（Jacob Burckhardt, Griechische Kulturgeschichte.）。

(60) H・シュファー『国家形式と政治』（一九三二年）。なおエーレンベルク『東と西――古代の歴史的問題提起』（ドイツ大学哲学科論集第一五巻、プラハ、一九三五年）(H. Schäfer, Staatsform und Politik.) (V. Ehrenberg, Ost und West, Studien zur Geschichtlichen Problematik.)。

(61)『ギリシア文化史』第三巻六八ページ。

(62) 前掲書九三、九四、九〇ページ。

(63) 本書八三ページを見よ。

(64) 前掲書第三巻六八ページ。

(65) 前掲書六五、二一九ページ。

(66) 前掲書二一七ページ。

(67) 前掲書六九、二一八ページ。

(68) ブルクハルト前掲書二六、四三ページ。エーレンベルク前掲書七一、六七、七〇、六六、七二ページ。

(69) ブルクハルト前掲書六九ページ。なおエーレンベルク前掲書六八ページを参照。

(70) イェーガー『パイデイア』第一巻二七三ページ。

(71) ピンダロス『オリンピア祝歌』第八歌九二（七〇）。

(72) 前掲書第三巻八五ページ。

(73) カレースによる。なお、パウリ・ヴィソーヴァ『古典古代学百科辞典』カラノスの項を見よ。
(74) 前掲書九一ページ。
(75) 前掲書八〇ページ。
(76) 前掲書九六ページ。

第四章

(1) ダヴィ『誓約』(G. Davy, La foi jurée.)。
(2)『東と西』七六ページ、七一ページも参照。
(3)『イリアス』一八の五〇四。
(4) 本書一二九ページを見よ。なお、イェーガー『パイデイア』一四七ページ〈ディケは身分の高いものも低いものも『同等のもの』として向き合えるように公共生活の演壇をつくった〉。
(5)『新ロッテルダム思潮』新聞、一九三六年六月二〇日朝刊。
(6) ヴェルハウゼン『アラビア異教時代の遺物』第二版(ベルリン、一九二七年)一三二ページ。
(7)『イリアス』第八の六九、なお、二〇の二〇九、一六の六五八、一九の二二三を参照。
(8)『イリアス』一八の四九七〜五〇九。
(9)『パイデイア』第一巻一四ページ。
(10) この語幹からおそらく前にのべた urim もでてくる。
(11) ハリソン『テミス』五二八ページ (J. E. Harrison, Themis.)。
(12) noodlottig(宿命的な)という言葉は t が二つ重なっていることから lot や loten とは違った語幹に基づくことは明らかだが、実際上は同じ語幹からの不正確な造語とみなされるべきだ。
(13) 本書一一〇ページを見よ。
(14) パウルス・ディアコヌス『ランゴバルト史』第一巻二〇。フレデガリウス『年代記』第四巻二七(M・G・H『メロヴィング王朝史料集』第二巻一三一ページ)。なお運命の神明裁判についてはH・ブルンナー『ドイツ法制史』第二版第二巻五五三ページ以下を参照。
(15)『初期ギリシアの法理論』七五ページ(Ehrenberg, Die Rechtsidee im frühen griechentum.)。
(16) ダヴィ『誓約』一七六、一二六、一三九ページなど。

(17) 中世オランダ語はまだ wedden を結婚する意味と考えていた。hets beter wedden dan verbranden（火あぶりより結婚の方がまし）。

(18) 同じ意味を古代英語では brȳðhleáp、古代スカンジナヴィア語では brūðhlaup、古高ドイツ語では brūtlouft という。

(19) ハリソン『テミス』二三二ページを参照。ヌビアの物語の中の典型的例についてはフロベニウス『アフリカ文化史』四九二ページを参照。

(20)『フェルスヴィンスの歌』では、この主題がさらに入り組んだものになっている。というのは、ここでは危険な嫁さがしに出かけた若者が乙女を守っている巨人に問いを発する仕組みになっているからだ。

(21) ブラックストーン『注解』第一巻第三編三三七ページ。

(22) エンノ・リットマン『アビシニア』（ハンブルク、一九三五年）八六ページ。

(23) タルビッツァー『アムマサリック・エスキモー』（グリーンランド年報三九巻、一九一四年）。バーケット・スミス『カリブ・エスキモー』（コペンハーゲン、一九二九年）。クヌト・ラムセン『グリーンランドから静かな港まで』一、二巻（一九二五〜二六年）。『ネトシリク・エスキモー――第五次トゥーレ探検隊報告』（一九二一〜二四年）八巻一、二。ヘルベルト・ケーニッヒ『エスキモーにおける法律違反と調停』（アントロポス一九〜二〇号、一九二四〜二五年）。

(24) バーケット・スミス前掲書二四六ページ。彼はカリブ・エスキモーについて、その歌合戦が「単に復讐の行為に……あるいは平穏と秩序とを保つためのものとに」役立つだけだから、こうした性格をもっていないというが、私の意見によれば、彼は法的裁判の限界を厳しく引きすぎている。

(25) タルビッツァー前掲書第五巻三〇三ページ。

(26) シュトゥンプフル前掲書一六ページ。

(27)『パイデイア』一六九ページ。

(28) プラトン『ソフィステス』二二二CD。

(29) キケロ『弁論家について』第一巻二二九ページ以下。例のハウプトマン裁判で聖書を叩き、アメリカの旗を振りまわした弁護士や、あるセンセーショナルな刑事事件で、精神病理学の研究報告書を引き裂いたオランダの同業者を思い起こしてもらいたい。なお、リットマンのアビシニア裁判の記述を参照されたい。前掲書八六ページ。「注意深く研究し、かつ熟達した話しぶりで告訴人はその告訴を展開する。ユーモア、皮肉、的を射た諺や言いまわし、手痛い当てこすり、激しい怒り、氷のような軽蔑、効果満点の顔の表情、まるでおどかしゆするような怒号……などは告訴を有利にし、被告をやっつけるために行なわれる」。

## 第五章

(1) 本書八二ページ以下を見よ。
(2) この戦争 (oorlog) という言葉の起源をいかに理解すべきかは、どうも完全にははっきりしない。しかし、やはりどんな場合でもそれは神聖な領域に属していると思われる。この oorlog に対応する古ゲルマン語の意味は争い、誰かに〝予約された〟運命、そして誓いによる拘束が解かれた状態などの間で転々と変わっている。ただし、あらゆる場合に完全に同一の言葉ですむはずのものかどうか、あまり確かではない。
(3) ワキディ (ヴェルハウゼン編) 五三ページを見よ (Wakidi, ed. Wellhausen.)。
(4) グラネ『中国文明』三一三ページ。なおデ・フリース『古代ゲルマン宗教史』第一巻二五八ページを参照。
(5) 『トゥールのグレゴリウス』第二巻二。
(6) フレデガリウス第一巻四—二七 (メロヴィング王朝史料集第二巻一三一ページ)。
(7) 拙著『中世の秋』一三四ページを見よ。
(8) ここにあげた史実については、さらにエラスムス・フォン・ロッテルダムにあてたエラスムス・スヘッツの書簡 (一五二八年八月一四日) を参照 (エラスムス書簡集アレン編、二〇二四番三八以下、二〇五九番九)。
(9) ブルンナー、C・フォン・シュヴェリン『ドイツ法制史』第二巻五五五ページ。
(10) シュレーダー『ドイツ法制史教科書』(第五版) 八九ページ (R. Schröder, Lehrbuch der Deutschen Rechtsgeschichte.)。
(11) 戦いによる裁きはアングロサクソン人の法には見られず、ノルマン人によって移入されたことは、それがイギリスによく見られる神明裁判とは同じ基盤に立つものでないことを示している。
(12) 拙著『中世の秋』一三六〜一三八ページを参照。
(13) たとえば古代フリジアの訴訟には職業的戦士(Kempa) が現われる。
(14)『英国法注解』(R・M・ケール編、第三巻) 三三七ページ (Commentaries on the Laws of England, ed. R. M. Kerr.)。
(15) ハリソン『テミス』五二八ページ。
(16) ヘロドトス第八巻一二三〜一二五。
(17) ヘロドトス第九巻一〇一、第七巻九六。
(18) グラネ『中国文明』三二〇〜三二一ページ (M. Granet, La civilisation chinoise.)。
(19) 有利な体制を利用したいという同じような誘惑は宋の襄公と楚の国との争いにおいてもある。同書三二〇ページ。
(20) 前掲書三二一ページ。
(21) グラネ前掲書三一四ページ。
(22) グラネ前掲書三一六ページ。
(23) エルベン『中世戦争史』(歴史雑誌第一六付冊、ミュンヘン、一九二九年) 九五ページ (W. Erben, Kriegsgeschichte des mittelalters. 16 Beiheft zur Histor. Zeitschrift.)。
(24) ストーク第三巻一三八七。
(25) エルベン前掲書九三ページ。なお『中世の秋』一四一ページを見よ。
(26) 日本の同盟通信の伝えるところによれば、日本の総司令官は広東占領後に蔣介石に向け南中国で一大野戦を行なおうと提案した。それによって彼の軍人としての名誉を救うとともに、剣にものを言わせて決着をつけようとしたのだ(『ロッテルダム思潮』新聞、一九三八年一二月一三日)。
(27) エルベン前掲書一〇〇ページ。なお『中世の秋』一四〇ページ。
(28) 中国の例としては、グラネ前掲書三一四ページ。
(29) 新渡戸稲造『日本の魂』(東京、一九〇五年) 九八ページ、三五ページ (The Soul of Japan.)。
(30)『野性のオリーヴの冠——産業と戦争についての四つの講義』第三「戦争」(John Ruskin, The Crown of Wild Olive, Four lectures on Industry and War.)。
(31)『中世の秋』第二章〜第一〇章。

## 第六章

（1）『リグヴェーダ』ヒルデブラント訳、宗教史史料集第七巻（ゲッティンゲン、一九一三年）一〇五ページ一、一六四、三四。

（2）前掲書九八ページ〔八、二九、一〜二〕。

（3）『一般哲学史』第一巻（ライプツィヒ、一八九四年）一二〇ページ（Paul Deussen, Allgemeine Geschichte der Philosophie.）。

（4）『リグヴェーダ讃歌』一三三ページ。

（5）『アタルヴァヴェーダ』第一〇巻七歌五、六。文字どおりには「大黒柱」、ここでは神秘的意味で「存在するものの基礎」、もしくはそれに類することをさす。

（6）『アタルヴァヴェーダ』第一〇巻七歌三七。

（7）ジャン・ピアージェ『子供の言語と思考』（ヌシャテル－パリ、一九三〇年）第五章「子供の質問」（Jean Piaget, Le langage et la pensée chez l'enfant, Neuchâtel-Paris.）。

（8）M・ヴィンテルニッツ『インド文学史』第一巻（ライプツィヒ、一九〇八年）一六〇ページ（M. Winternitz, Geschichte der Indischen Litteratur.）。

（9）N・アドリアニおよびA・C・クロイト『中部セレベスのバレ語を語るトラジア族』（バタヴィア、一九一四年）第三巻三七一ページ（N. Adriani en A. C. Kruyt, De bare'e-sprekende Toradja's van Midden-Celebes.）。

（10）アドリアニ『中部セレベスにおける黍の名』（バタヴィア協会雑誌五一号、一九〇九年）三七一ページ。スイス、グラウビュンデン州の遊びに打ち興じるある民衆について次のように言われている。「彼らは穀物がよりよく実るよう、愚かな愛の戯れにうつつを抜かす」と（シュトゥンプフル『祭礼遊び』三一ページ）。

（11）H・オルデンベルク『ブラーフマナ文献の世界観』（ゲッティンゲン、一九一九年）はこのような考え方をする。一六六、一八二ページ（H. Oldenberg, Die Weltanschauung der Brāhmanatexte.）。

（12）『シャタパタブラーフマナ』第一一巻六章三の三（Śatapatha-brāhmana.）『ブリハダーラニャカ・

ウパニシャッド』第二巻一～九章（Brhadāranyaka-upanishad.)。
(13) ストラボン第一四章六四二。ヘシオドス『断片』一六〇。なおオーレルト『謎および謎かけ遊び』第二版二八ページを参照（Ohlert, Rätsel u. Rätselspiele.)。
(14) U・ヴィルケン『アレクサンドロス大王とインドの裸哲学者たち』（プロイセンアカデミー議事報告、一九二三年）三三ページ。この史料の中に欠落部分があり、それがこの物語を完全にわかりやすいものにするのを妨げている。その不明箇所はヴィルケンによって補われているが、私見によれば、それは決して納得されるものではない（U. Wilcken, Alexander der Grosse und die indischen Gymnosophisten.)。
(15) 第二〇巻一三二、一三四歌。
(16) 第三篇三一三章。
(17) C・バルトロマエ『アヴェスターの偈頌《ガーター》』九章五八～五九ページ〔ガーターとは中世インドの方言でつづられた詩篇で、サンスクリット文書の中に挿入されている〕（Chr. Bartholomae, Die Gatha's des Awesta.)。
(18) 『イジス』（Isis）四の二、一一号（一九二一年）を見よ。なお『ハーバード歴史研究』（Harvard Historical Studies）二七（一九二四年）とK・ハンペ『質問者としてのフリードリッヒ二世、文化史および普通史』（ヴァルターゲッツ記念号、一九二七年）五三～六七ページ（K. Hampe, Kaiser Friedrich II als Fragesteller, Kultur- und Universalgeschichte.)。
(19) C・プラントル『西洋における論理の歴史』第一巻三九九ページ（C. Prantl, Geschichte der Logik im Abendlande.)。
(20) アリストテレス『自然学』第四巻三章二一〇b二二以下。W・カペレ『ソクラテス以前の哲学者』一七二ページ（Capelle, Die Vorsokratiker.)。
(21) イェーガー『パイデイア』二四三～二四四ページ。
(22) カペレ前掲書二一六ページ。これは詩人モルゲンシュテルン（一八七一～一九一四）の「膝小僧が一人で世界を行く……」に見られる幻想に全くよく似ている。

（23）カペレ前掲書一〇二ページを見よ。
（24）『パイデイア』二二〇ページ。
（25）『ソクラテス以前の哲学者』八二ページ。
（26）イェーガー前掲書一五四ページ。カペレ八二b。
（27）『断片』三〇。カペレ前掲書二〇〇ページによる。

## 第七章

（1）エーリッヒ・アウエルバッハ『ジャンバティスタ・ヴィーコと文献学の理念』（アントニー・ルビオ・イ・リュッチへの献呈本）（バルセロナ、一九三六年）第一巻二九七以下（Erich Auerbach, Giambattista Vico und die Idee der Philologie, Homenatge a Antoni Rubió i Lluch.）。
（2）私がここで考えているのはW・B・クリステンゼン（Kristensen）やあるいは『アポロン、古代宗教と人間性についての研究』を書いたケレーニのことだ（K. Kerényi, Apollon, Studien über antike Religion und Humanität, Wien 1937.）。
（3）イェーガー『パイデイア』六五、一八一、二〇六、三〇三ページ参照。
（4）W・H・フォークト『エッダの知識詩の様式史』第一巻「祭祀の語り手」（バルト委員会文書、キールⅣ・Ⅰ、一九二七年）（W. H. Vogt, Stilgeschichte der eddischen Wissensdichtung, i: Der Kultredner.）。
（5）一九三五年六月一二日、オランダ科学アカデミー文学部会において『東インドネシアの詩』と題してデ・ヨセリン・デ・ヨング教授の行なった講演。
（6）フセイン・ジャヤディニングラード『マラヤのパントゥーンの呪術的背景』（バタヴィア、一九三三年）。同じくプルズュルスキー『アジアジャーナル』（一九二四年）二〇五巻一〇一ページ。
（7）『芭蕉とその弟子たちの俳諧』松尾邦之助、シュタイニルバー・オーベリン共訳（パリ、一九三六年）。
（8）W・H・フォークト「祭祀の語り手」一六六ページ。
（9）M・V・ローゼンベルク『トルバドゥールの女王・アキテーヌのエレアノールと愛の法廷』（ロンドン、一九三七年）は、この風習の実在を支持しているが、残念ながら、この主題の科学的取り扱いに欠ける点があまりにも多すぎる（Melrich V. Rosenberg, Eleanor of Aquitaine, queen of the troubadours and of the Courts of love.）。
(10) これは英語の jeopardy（危険）の原型をなす。
(11) ニュイエン前掲書一三一ページ。
(12) 同書一三二ページ。
(13) 同書一三四ページ。
(14) 『二四のラント法』リヒトホーヘン編「フリジア法資料」四二ページ以下。
(15) デ・ヨセリン・デ・ヨングはブル島について同じような状態のことを記録している。
(16) 『トゥーレ叢書』二〇、二四。
(17) この「言いかえ法」の初歩的原理は、詩の中に求められるべきだという仮説は、タブー現象との関連性をしめだしてしまうものではない。アルベルタ・J・ポルテンヘン『語源的関係における古ゲルマンの詩的用語』（ライデン、一九一五年）を参照（A. J. Portengen, De Oudgermaansche dichtertaal in haar ethnologisch verband.）。

## 第八章

(1) 宇宙創造説の神話は、常にすべての存在物の前に第一起動者を押し出さざるをえない。
(2) 『神統記』一二七以下、三八三以下。
(3) ギルバート・マレー『人類学と古典』（R・R・マレット編、一九〇八年）七五ページを参照。
(4) エンペドクレス『断片』一七六ページ一二一。カペレ前掲書二四二ページ。
(5) エンペドクレス『断片』一二二。カペレ前掲書二四二ページ。H・ディールス『ソクラテス以前の哲学者の断片』第二巻二一九ページ、「黒い髪」は最近の版では「黒い瞳」になっている。
(6) モース『贈与論』一一二ページ（Mauss, Essai sur le don.）。
(7) オランダ科学アカデミー報告、文学部会、七四巻六号（一九三二年）八二ページ以下。
(8) 前掲書八九ページ。
(9) 前掲書九〇ページ。
(10) 三歳の少女が羊毛製の猿を欲しがった。「どのくらい大きいのがいいのかね？」「お空にとどくのを」。ある患者は精神科医に言った。「先生、私は今すぐ呼ばれて、車で連れていかれるのです」、医者「きっと普通の車じゃないだろう」、患者「金の車です」、医者「で、それは何で引っ張るんだね」、患者「四〇〇〇万匹のダイヤモンドの鹿ですよ」（一九〇〇年ごろ、J. Sch. 博士の口頭の報告による）。仏教伝説は同じような質と量を扱っている。

（11）「ギュルヴィの欺き」四五。なお「ミッドガルドの大蛇の出現」を参照。

（12）『ソフィステス』二六八D。原文は、*τῆς ποιήσεως, ……τὸ θαυματοποιικὸν μόριον.*

（13）本書六四ページ以下を参照。

（14）ベルリン、一九三六年。

（15）イェーガー『パイデイア』四六三～四七四ページ。

第九章

（1）プラトン『小ヒッピアス』三六八～三六九。

（2）『エウテュデモス』三〇三A。

（3）*πληγεὶς* 前掲書三〇三B、E。

（4）『プロタゴラス』三一六D。

（5）『パイデイア』二二一ページ。

（6）H・ゴムペルツ『ソフィスティクとレトリック』（一九一二年）一七、三三ページ（H. Gomperz, Sophistik und Rhetorik.）。

（7）たとえばカペレ『ソクラテス以前の哲学者』三四四ページ。

（8）たとえばイェーガー前掲書三九八ページ。

（9）R・W・リヴィングストン『ギリシア的理想と近代生活』六四ページ。

（10）『ソフィステス』二六一B〔邦訳「ソピステス」加来彰俊訳（『プラトン著作集1』勁草書房、一九七一年）〕。

（11）プラントル『論理の歴史』第一巻四九二ページ。

（12）プラトン『エウテュデモス』二九三C。

（13）『クラテュロス』三八六D〔邦訳「クラテュロス」村治能就・廣川洋一訳（『プラトン著作集1』勁草書房、一九七一年）〕。

（14）『エウテュデモス』二七八B、二八三B。

（15）『ソフィステス』二三五A（*τῶν τῆς παιδιᾶς μετεχόντων*）（tōn tēs paidiās metechontōn）。

(16)『パルメニデス』一三七D（*πραγματειώδη παιδιὰν παίζειν*）（pragmateiōdē paidian paizein）。
(17)一四二B、一五五E、一六五E。
(18)プラントル前掲書九ページを見よ。
(19)『詩学』一四四七b。
(20)ライヒ『ミーモス』三五四ページ（Reich, Der Mimus.）。
(21)二四二CD。なお『クラテュロス』四四〇を参照。
(22)四〇六C。
(23)*φιλοπαίσμονες γὰρ καὶ οἱ θεοί*〔クラテュロス、四〇六B～C〕。
(24)三八四B。
(25)四〇九D。
(26)『パルメニデス』一二八E。
(27)『ゴルギアス』四八四C、なお『メネクセノス』二三四を参照。
(28)プラントル前掲書四九四ページ。
(29)『ゴルギアス』四八三A～四八四D。
(30)ミエヴィル『ニーチェと権力意志』（ローザンヌ、一九三四年）。シャルル・アンドレ『ニーチェ、その生活と思想』第一巻一四一ページ、第三巻一六二ページを見よ（H. L. Miéville, Nietzsche et la Volonté de puissance.）。
(31)『キリスト教教義について』第二巻三一。
(32)ラテン語からの翻訳ではほんとうは論点が見失われてしまう。なぜなら「君たちは角を失ったことがない」（cornua non perdidisti）には「君たちの角」という意味が含まれているからだ。
(33)リヒター『歴史資料』（第四巻 III 五五～五六章）。
(34)この二つの言葉はともに中世的意味において理解されねばならぬ。
(35)サン・ヴィクトールのフゴ『ディダスカリア』ミーニュ編教養全集一七六巻七七三d、八〇三。『この世の空しさについて』同七〇九。ソールズベリのジョン『メタロギクス』第一巻三章。『ポリクラティクス』第五巻一五章。
(36)アベラール全集第一巻七、九、一九ページ。第二巻三ページ。
(37)前掲書第一巻四ページ。

(38) 故C・スヌク・フルフロニエ教授の教示による。
(39) アレン編『エラスムス書簡全集』第六巻一五八一番の六二一（一五二五年六月一五日付）。

第一〇章

(1) 『法律』第二巻六五三。
(2) 『法律』第二巻六六七E。
(3) 『政治学』第八巻四章一三三九a。
(4) 『政治学』一三三七b二八。
(5) *σχολάζειν δύνασθαι καλῶς.*
(6) *πρὸς τὴν ἐν τῇ σχολῇ διαγωγήν.*
(7) 『政治学』一三三九a二九。
(8) 『政治学』一三三九b三五。
(9) プラトン『法律』第二巻六六八。
(10) アリストテレス『政治学』第八巻一三四〇a。
(11) 『国家』第一〇巻六〇二b。
(12) *εἶναι παιδιάν τινα καὶ οὐ σπουδὴν τὴν μίμησιν.*
(13) 私の見た日刊紙の記事によると、一九三七年にパリで第一回を行なった国際コンクールは故上院議員アンリ・ド・ジュヴネル氏によって設けられた賞を争うもので、それはガブリエル・フォーレのピアノのための夜想曲第六番を最もよく演奏したものに与えられる。
(14) シラー『人間の美的教育について』第一四書簡。
(15) 『アヒカル物語』（F・C・コニベアー編、ケンブリッジ、一九一三年）八九ページ、一〇の二一。
(16) グラネ『中国文明』二二九ページ、二三五〜二三九ページ。
(17) エーレンベルク『東と西』七六ページ。
(18) 『ヴィラール・ド・オンヌクールのアルバム』（H・オモン編）二九図一五フォリオ、九フォリオ（Album de Villard de Honnecourt, ed. H. Omont）。

第一一章

(1) 本書二三八ページ以下を見よ。
(2) ロストフツェフ『ローマ帝国社会経済史』による。
(3) 『中世の秋』（第四版、ハーレム、一九三五年）参照。
(4) J・ファン・レンネップは祖先の人々の習慣を

まだよく心得ており、それで彼は長い旅行の帰り道になってやっと、連れのフェルディナント・ホイクに髪飾りをかつらと取り換えさせた。
（5）英国における裁判のシンボルとしてのかつらについては本書一四二ページを見よ。
（6）たとえばルソーやその他多くの人々がそうである。
（7）本書五三ページ以下を参照。
（8）婦人の場合にも乱れ髪が流行になった。たとえばシャドー作、プロイセン王妃ルイゼの肖像を見よ。

第一二章

（1）『あしたの蔭りの中で』一五九～一七四ページ。
（2）拙著『中世の秋』第一七章「日常生活の思想形式」の中の例を参照のこと。
（3）フランスの恐怖政治家ベルナール・ド・サントは、アドリアン・アントワーヌという名をもっていたが、共和暦は聖アドリアンと聖アントワーヌの日に代え、つるはし（ピオシュ）と鉄（フェル）の日としたので自分の名もピオシュフェルと改めた。
（4）『文化における遊びと真面目の限界について』二五ページ、および『あしたの蔭りの中で』を参照。
（5）『文化における遊びと真面目の限界について』。
（6）J・K・オウデンダイク『フランスとイギリスの議会討論の文化史的比較』（ユトレヒト）。
（7）『あしたの蔭りの中で』一〇四～一一三ページ。
（8）カール・シュミット『政治的なものの概念』（第三版、ハンブルク、一九三三年）。
（9）『断片』七〇。
（10）本書四六ページ。
（11）『法律』八〇三、八〇四。なお六八五を参照。他の人々によって繰り返して取り上げられるこのプラトンの言葉はルターの「すべての被造物は神の仮面であり、その仮装である」という言葉に暗い響きを伝えている（エルランゲル版、第一一巻一一五ページ）。
（12）『箴言』八、三〇、三一。

# 解説

里見元一郎

遊びといえば、最近では誰でもすぐレジャーで海や山に行くことと結びつけて考える。しかし、遊びはもっと真面目な機能を果たしていて、人間文化の本質的基盤と密接にかかわり合っている、という問題提起をしたのがホイジンガの遊びの文化論『ホモ・ルーデンス』(遊ぶ人)だ。

「人間の文化は遊びにおいて、遊びとして、成立し、発展した」とまえがきにあるように、ホイジンガにとって、遊びは文化の中の一部分をなすものではなく、文化そのものが遊びの形式を踏み、その性格を帯びて発展してきているという。いったいどの程度まで文化は遊びの現象で説明されうるか、遊びと文化の関係はどのくらい密接かを彼はこの本で明らかにしようとした。

当時、これは実に大胆な提案であった。今でこそ遊びという言葉が学者の口から出てもおかしくないが、そのころ、遊びと文化を結びつけ、しかも遊びの中から文化が生まれたというのは、なみたいていのことではない。彼はこのテーマを一九〇三年以来三〇年間、胸に秘めて考え続け、一九三三年になってはじめて「文化における遊びと真面目の限界について」と題して講演の形で発表し、一九三八年、三六年めに『ホモ・ルーデンス』として一冊の本にまとめ上げた。

この本の著者、ヨハン・ホイジンガ（一八七二〜一九四五）はオランダのフローニンゲンに生まれ、ライデン大学の歴史学教授として、広く西欧にその名を知られた文化史家である。ちょうど遊びと文化の関係を考え始めた一九〇三年頃、彼はやっと念願かなってアムステルダム大学に私講師として就任し、ヴェーダ文学やバラモン教文学について週一回の授業を始めていた。それより前、一八九七年にフローニンゲン大学を卒業した彼は中等学校で歴史を教えるかたわら古代インド研究にいそしんできたが、一九〇二年に結婚して、今までになく明るい落ち着いた生活に入っていた。したがって一九〇三年の頃は、彼にとって最も幸福な、希望に満ちた時代であったと思われる（この間の事情については彼の『ホイジンガ自伝』に詳しい）。その中で彼はじっくりと内なる心の声に耳を傾けながら研究生活を続け、とうとう東洋の伝統にもはやこれ以上近づきがたいという障壁を感じ、逆に自己の心により親しく呼びかける西欧中世へといっきょに研究分野の転換をはかるに至る。それが一九〇四年から〇五年にかけての頃だ。この転換が成功し、彼は一九〇五年、フローニンゲン大学の歴史学教授になる。そして心の内なる声に耳を傾ける態度、つまり誠実に自己の内心の要求に従う生き方は変わらずに続けられていく。歴史学と民族学と言語学とを綜合した前人未踏の独自な研究、『ホモ・ルーデンス』の構想は彼の心の中でゆっくりとその実をみのらせていく。一九一九年に発表されたユニークな文化史の傑作『中世の秋』にはすでにこの遊びの見方が随所に散見される。『中世の秋』は一四〜一五世紀の北フランス、ネーデルラントの文化を衰退の側から見ているが、その見方そのものが彼の内なる声に発し、学界の主流にかかずらわず、透徹した中世的心情を見とおす立場から、あざやかな美的心象《イメージ》を読む人の心にやきつける。

この内なる声の強さは、彼の家系を貫いて流れる再洗礼派の精神と関係があるのではなかろうか。再洗礼派は「他人や自分の内なる声を聞きとる能力」に特にすぐれ、過去の霊魂の理解にもしばしば特殊な力を発揮して、その内なる声を聞きとったといわれる(ケスター「歴史と文化」序文参照)。こうした精神的伝統に立ち、彼自身の内なる声に忠実に従い、時流を追わず、誠実に生きる態度が彼の研究の独自性を支えていたと考えられる。後年の彼の著作『あしたの蔭りの中で』や『汚された世界』で主張される西欧文明への自己反省と警告も、彼の内なる声の真摯な叫びがそのまま西欧文明の浄化と永生を求める祈願となって活字に結晶したものと考えられる。

彼の内なる声は『ホモ・ルーデンス』の場合、なんと響くのであろうか。文化は単に物質的必要だけでできるものではない。功利的関心よりは美的憧れによって文化形式は生み出される。中世騎士道はその最たるものだ。現代文明はあまりにも物質面に傾いているのではないか。文化は理性の立場からの楽天的進歩主義、機能的発展だけで豊かになるものではない。理性と並んで人間文化に不可欠の要素として彼が挙げるのが遊びだ。遊びこそは人間文化の根幹をなす美的形式を支えるものではないか。再洗礼派の内なる声は遊びから利益の期待や神経的感覚の昂奮を抜き去って、そこに厳しい自制心に維持された聖なる美しさを、真の内なる自由を、別世界での無我の境地に没入する姿を見いだし、生きることそのものを純粋な、聖なる遊びとして感じとった、と言えないだろうか。

ともあれ、ここでホイジンガの説く遊びの内容をまとめてみよう。

まず第一章で遊びの定義が試みられる。遊びは文化より古い。遊びのおもしろさは独自のもので、他に取り換えられない性質のものである。真や善とは別物だが、美とは密接に結びつく。その形式的特徴は、一、自由な行為である。二、仮構の世界であり利益を度外視し、純生物世界より一段と高級である。三、時間的、空間的に限定されている。四、規則をもつ。それを守る点では真面目で真剣だ。五、秘密をもち、ありきたりの世界とは別物である（本文二五〜三七ページ）。さらに遊びを機能の面からみれば、戦いか演技かのいずれかだ。この機能は競技と劇に最もよく表われるが、ほかに、祭りはこの二つを兼ねそなえている。祭礼は宇宙の進行に民衆が自ら参加する聖なる行為であり、聖なる神の行為を模倣することにより、あるいは、生々流転のさまを象徴した競技を奉納することにより、神の霊を慰める。遊びはそこで真に真面目なものとなる。プラトンは人間を神の遊び道具と呼び、真面目に楽しく遊ぶことを人間にとって最高の行為とした。

第二章では言語学者だったともいえるホイジンガの広範な知識が生かされて、遊びという言葉のもつ意味領域が解明されている。なかでも日本語に関して、遊ばせ言葉や、日本文化への省察が我々の興味をひく。このように綿密に言葉のもとの意味をたどって人間文化の中に幅広く遊びの痕跡を見いだす彼の研究態度は、地味ながら彼の提示した主題、「遊びは根源的文化現象である」を学問的に支える大事な実証的役割を果たしている。遊びは相対する概念「真面目」よりも広く、一段と高級で、独立の、基本的概念なのだ。

第三章では原始古代文化の中で遊びの形式が闘技、競技、対立などの要素としていかに支配的であるかが説かれ、原始古代《アルカイック》、もしくは未開民族の文化が、まさしく遊ばれていることを実証している。文化は遊び「として」、もしくは遊び「から」始まったというより、いうなれば遊びの「中で」始まった。ここでホイジンガは民族学(現在でいう文化人類学)の研究を豊富に取り入れているが、現在その必要を叫ばれている、文化人類学と歴史学の綜合をすでに先取りし、達成している観がある。彼は一七歳の頃、民族学者タイラーの『原始文化』を読み、啓発されるところ大だったが、彼の視野を人間文化全体に拡大するのに功のあったのはこの民族学の素養にほかならない。

第四章以下では裁判、戦争、知識、詩、形象化、哲学、芸術、などと遊びの形式の関係が実に明快に論じられ、第一一章ではローマ時代から中世、ルネサンスを経て一九世紀までの文明と遊びの関係が述べられ、第一二章では二〇世紀の遊びの要素が各方面にわたって明らかにされ、最後に文化にとって遊びの要素は不可欠であることを論じている。ここで特に注目されるのは、ナチス・ドイツの主張に遊びの要素が欠けている点を痛烈に指摘して、非難している点だ。戦争にも遊びの形式があった時代もあるのに、現代の戦争にそれがなくなっているのは、文化の頽廃にほかならない。ナチスのせいばかりではなく、現代ではスポーツも遊びとはいえなくなった。それは盛んになるのに反比例して遊びの要素を失っていく。大衆は熱狂し、施設は拡大されるが、一方で選手はプロ化し、利害打算に左右されるようになった。オリンピックをはじめとする各種の競技が国家の威信に利用され、商業利潤に振り回される時代になった。近代科学、近代工業、国際政治にも、もっと遊びの要素があってよいはずなのに、また、遊びの形式を守る余裕があるべきなのに、それが影をひそめている。ホイジンガの警世の声は淡々としているが、今なお鋭く我々の耳に迫ってくる。

ホイジンガの遊びの見方の特徴は、この最終章に見られるように、文化の品位を守ろうとする熱意に裏打ちされていることだ。彼は遊びの中に真面目さを、厳粛さを、神聖さをすら見て取る。そして、遊びがルールを守る冷静さを保つ点に、つまりその余裕をもった態度に、文明の豊かさ、文化の誇りを見ているのだ。遊びをより高い文化に結びつける彼の含蓄豊かな人間的思索が基盤として存在するからこそ、この遊びの文化観はより広い視野と深く澄んだ精神の世界へと我々を誘ってくれる。

最近、カイヨワ著『遊びと人間』（清水幾太郎・霧生和夫訳、岩波書店、一九七〇年）が訳出され、遊びの研究も大手を振ってまかり通るようになった。カイヨワは彼の本の冒頭でホイジンガの遊びの研究における功績を讃えている。しかし、ホイジンガが偶然の遊びや眩暈《めまい》の遊びに触れなかったことをホイジンガの偏見であるとして非難する。だが私見によれば、このカイヨワの考え方はかならずしも正しいとはいえず、逆の反論も可能かと思われる。

カイヨワはほぼホイジンガと同じ定義をもって遊びを規定し、自由な活動、分離した活動、不確定の活動、非生産的な活動、ルールのある活動、虚構的活動としている。この中で一つ目立って違うのが、利益追求に関してであり、ホイジンガは利益の無視、もしくは超越を遊びの特徴とするが、カイヨワは非生産的とだけ規定し、賭けや宝くじのような射倖心の追求を遊びの中にみとめている。

またカイヨワは遊びの機能として四つの分野を挙げ、競争、偶然、模擬、眩暈と名づけ、この中で特に偶然と眩暈の遊びを彼独自の分析として力説し、ホイジンガがこの二つを全く問題にしなかった点を非難している。

偶然の遊びはさきに述べた賭けや宝くじのことで、ホイジンガはこれを全く無視しているわけではなく、さいころ遊びとしてその神聖な意味を追求しているが、利益追求としては取り上げていないだけだ。また眩暈はたしかにホイジンガに述べられてはいないが、この神経、もしくは感覚の刺激、異常な精神状態を遊びの中に取り入れたら、遊びはカイヨワの言うような文化の創造的な力ではなくなってしまうのではないか。眩暈は理性の自制を振り切った病的現象である。その病的状態を克服する克己、自制の努力は忍耐のスポーツたりうるだろう。しかし、眩暈という病的現象そのものを求めるのは遊びの堕落であり、これを独立した一分野として、競争などと同列に論じるなら、遊びの定義そのものが崩壊するはずだ。

現に、カイヨワは遊びをいろいろと並べたてて堕落の相もつけ加えているが、個々の遊びの意味、関連性、堕落のけじめなどを明快に説明してはくれない。彼の理論もかなり曖昧だし、説明はごった煮的で、文化への寄与と汚染とを区別せず並べただけに終わっている。その無神経さは文化的感性にとって最も貴重な潔白さの欠如に由来するのではなかろうか。

それに比べると、ホイジンガは遊びと文化との関係に視点をしぼる文脈が明快だし、利益追求をその物質性のゆえに遊びとは別と見て、文化の品位を守る一段高い精神で遊びをとらえ、真面目も遊びの中に含め、祭礼、儀式、戦争、議会政治など、文化一般に広く遊びという試金石が澄んだ音色を出すか出さないかをためしている。

ホイジンガの遊びは倫理的厳粛さを伴ってフェアで正直でなければならず、形式は美的なものであり、それ自体雅びやかで、一見馬鹿げて見えるが、ほのぼのとして、リズムと調和がとれている。そうしたものであってこそ、この中から文化は生まれてくる。その意味で遊びは文化に不可欠なのだ。しかし、遊びが過ぎれば文化はかえってその活力を失い頽廃してしまう。

文化を真に文化たらしめる遊びを我々は大切にしてゆかねばならない。そこにホイジンガの願いと我々の願いが共存している。

# 原本あとがき

このたび、河出書房新社の要請により、『ホモ・ルーデンス』の新装版を出すことになった。知識の源泉たる書物が安く提供されることは、物価高騰の世相の中で、特に歓迎されるべきことである。

本訳書は昭和四十六年三月、ホイジンガ選集の第一巻として出版されたもので、その後の増刷の折に少し手を加えた。底本としたのはオランダのハーレムで出た全集第五巻所収の *Homo ludens. Proeve eener bepaling van het spel-element der cultuur,* in : Johan Huizinga, *Verzamelde werken V. Cultuurgeschiedenis III* (ed. L. Brummel et al.). T. D. Tjeenk Willink & Zoon N. V., Haarlem 1950, p.26-246で、その他、英語版、独語版を参照した。

近頃は「遊び」という言葉も使われ過ぎて、ややすり切れてきた感じがする。「遊び」が新鮮な文明の形式となるためには、如何にあるべきかが研究されるべきだと思う。生真面目な学者ホイジンガを通して、真の遊びの意味が広く理解されることを、訳者は希望する。

昭和四十八年十一月二十二日　　里見元一郎

# 学術文庫版あとがき

本翻訳の最初の上梓から半世紀近い時を経て、今また『ホモ・ルーデンス』を世に送ることに、望外の喜びを感じている。そして、これまで単行本や選集の一冊として刊行されてきた本書だが、今回の文庫化が「人間は遊ぶ」「遊ぶことが人間の特徴」であることをこれからの世代にも広く知ってもらう契機となれば、それ以上に望むことはない。

原本刊行時、「遊ぶ」ということばは「遊び人」などのように軽い意味で使われることが多く、文化的に重要なものとは考えられていなかった。それが人間の本質にかかわる大切なものと気づかせてくれたことこそがホイジンガの功績である。『ホモ・ルーデンス』の題名を訳さずにそのままカタカナにしたのは、そのころ「遊び」といえば下駄をつっかけて映画館から出てきたようなイメージであり、「高尚な遊び」の意味でそのようにしたと記憶している。

最後になるが、文庫化に快く賛同して下さった河出書房新社、そして学術文庫への収録を熱心に勧めて下さった講談社の稲吉稔氏に深謝する。

なお、紙幅の都合でオランダ語版目次と索引を削除したことをご海容いただきたい。

平成二十九年十月　　富士山にかかる秋の月の美しい夜に

里見元一郎

KODANSHA

本書の原本は、一九七一年、河出書房新社より「ホイジンガ選集第一巻」として刊行されました。本文庫化にあたっては、一九八九年に同社より刊行された新装版「ホイジンガ選集　第一巻」を底本にしています。

ヨハン・ホイジンガ（Johan Huizinga）

1872～1945。オランダの歴史学者。ライデン大学教授，同学長を務める。著書に『中世の秋』『文化史の課題』『エラスムス』など。

里見元一郎（さとみ・もといちろう）

1929～2019。旧制静岡高等学校，東京大学文学部西洋史学科卒業。清泉女子大学名誉教授。専攻は中世史。著書『ヨハン・ホイジンガ』『西欧中世の宮廷文明』のほか，『中世の秋』（共訳）など，ホイジンガの邦訳がある。

講談社学術文庫

定価はカバーに表示してあります。

---

**ホモ・ルーデンス**

**文化《ぶんか》のもつ遊《あそ》びの要素《ようそ》についてのある定義《ていぎ》づけの試《こころ》み**

ヨハン・ホイジンガ／里《さと》見《み》元一郎《もといちろう》 訳

2018年3月9日　第1刷発行
2024年8月2日　第6刷発行

発行者　森田浩章
発行所　株式会社講談社
東京都文京区音羽 2-12-21 〒112-8001
電話　編集（03）5395-3512
販売（03）5395-5817
業務（03）5395-3615
装　幀　蟹江征治
印　刷　株式会社ＫＰＳプロダクツ
製　本　株式会社国宝社
本文データ制作　講談社デジタル製作



---

ISBN978-4-06-292479-5

# 「講談社学術文庫」の刊行に当たって

これは、学術をポケットに入れることをモットーとして生まれた文庫である。学術は少年の心を養い、成年の心を満たす。その学術がポケットにはいる形で、万人のものになることは、生涯教育をうたう現代の理想である。

こうした考え方は、学術を巨大な城のように見る世間の常識に反するかもしれない。また、一部の人たちからは、学術の権威をおとすものと非難されるかもしれない。しかし、それはいずれも学術の新しい在り方を解しないものといわざるをえない。

学術は、まず魔術への挑戦から始まった。やがて、いわゆる常識をつぎつぎに改めていった。学術の権威は、幾百年、幾千年にわたる、苦しい戦いの成果である。こうしてきずきあげられた城が、一見して近づきがたいものにうつるのは、そのためである。しかし、学術の権威を、その形の上だけで判断してはならない。その生成のあとをかえりみれば、その根は常に人々の生活の中にあった。学術が大きな力たりうるのはそのためであって、生活をはなれた学術は、どこにもない。

開かれた社会といわれる現代にとって、これはまったく自明である。生活と学術との間に、もし距離があるとすれば、何をおいてもこれを埋めねばならない。もしこの距離が形の上の迷信からきているとすれば、その迷信をうち破らねばならぬ。

学術文庫は、内外の迷信を打破し、学術のために新しい天地をひらく意図をもって生まれた。文庫という小さい形と、学術という壮大な城とが、完全に両立するためには、なおいくらかの時を必要とするであろう。しかし、学術をポケットにした社会が、人間の生活にとってより豊かな社会であることは、たしかである。そうした社会の実現のために、文庫の世界に新しいジャンルを加えることができれば幸いである。

一九七六年六月

野間省一

## 年中行事覚書
柳田國男著（解説・田中宣一）

人々の生活と労働にリズムを与え、共同体内に連帯感を生み出す季節の行事。それらなつかしき習俗・行事の数々に民俗学の光をあて、隠れた意味や成り立ちを探る。日本農民の生活と信仰の核心に迫る名著。

124

## 妖怪談義
柳田國男著（解説・中島河太郎）

河童や山姥や天狗等、誰でも知っているのに、実はよく知らないこれらの妖怪たちを追究してゆくと、正史に現われない、国土にひそむ歴史の真実をかいまみることができる。日本民俗学の巨人による先駆的業績。

135

## 中国古代の民俗
白川　静著

未開拓の中国民俗学研究に正面から取り組んだ労作。著者独自の方法論により、従来知られなかった中国民族の生活と思惟、習俗の固有の姿を復元、日本古代の民俗的事実との比較研究にまで及ぶ画期的な書。

484

## 南方熊楠《みなかたくまぐす》
鶴見和子著（解説・谷川健一）

南方熊楠――この民俗学の世界的巨人は、永らく未到のままに聳え立ってきたが、本書の著者による満身の力をこめた独創的な研究により、ようやくその全体像を現わした。〈昭和54年度毎日出版文化賞受賞〉

528

## 魔の系譜
谷川健一著（解説・宮田　登）

正史の裏側から捉えた日本人の情念の歴史。死者の魔が生者を支配するという奇怪な歴史の底流に目を向け、呪術師や巫女の発生、呪詛や魔除けなどを通して、日本人特有の怨念を克明に描いた魔の伝承史。

661

## 塩の道
宮本常一著（解説・田村善次郎）

本書は生活学の先駆者として生涯を貫いた著者最晩年の貴重な話――「塩の道」「日本人と食べ物」「暮らしの形と美」の三点を収録。独自の史観が随所に読みとれ、宮本民俗学の体系を知る格好の手引書。

677

## 哲学・思想・心理

### 荘子《そうじ》物語
諸橋轍次《もろはしてつじ》著

五倫五常を重んじ、秩序・身分を固定する孔孟の教えに対し、自由・無差別・無為自然を根本とする老荘の哲学。昭和の大儒諸橋博士が、その老荘思想を縦横に語り尽くし、わかりやすく説いた必読の名著。

848

### 〈近代の超克《ちょうこく》〉論 昭和思想史への一視角
廣松《ひろまつ》 渉《わたる》著（解説・柄谷行人）

太平洋戦争中、各界知識人を糾合し企てられた一大座談会があった。題して「近代の超克」――。京都学派の哲学に焦点をあて、本書はその試みの歴史的意義と限界を剔抉する。我々は近代を〈超克〉しえたのか。

900

### 遊びと人間
R・カイヨワ著／多田道太郎・塚崎幹夫訳

超現実の魅惑の世界を創る遊び。その遊びのすべてに通じる不変の性質として、カイヨワは競争、運、模擬、眩暈を提示し、これを基点に文化の発達を解明した。遊びの純粋なイメージを描く遊戯論の名著である。

920

### 身体論 東洋的心身論と現代
湯浅泰雄《ゆあさやすお》著（解説・T・P・カスリス）

西洋近代の〈知〉の枠組を、東洋からの衝撃が揺るがしつつある。仏教、芸道の修行にみられる〝身心一如〟の実践哲学を、M＝ポンティらの身体観や生理心理学の新潮流が切り結ぶ地平で捉え直す意欲的論考。

927

### マルクスその可能性の中心
柄谷行人著（解説・小森陽一）

あらゆる問題を考えるために必要な一つの問題として、柄谷行人は〈マルクス〉をとりあげた。価値形態論において「まだ思惟されていないもの」を読んだ話題の力作。文学と哲学を縦横に通底した至高の柄谷理論。

931

### ウパニシャッド
辻 直四郎著（解説・原 實）

人類最古の偉大な哲学宗教遺産は何を語るのか。紀元前十五世紀に遡るインド古代文化の精華ヴェーダ。その極致であり後の人類文化の源泉ともいえるウパニシャッドの全体像と中核思想を平明に解説した名著。

934

## 政治・経済・社会

**経済史の理論**
J・R・ヒックス著／新保　博・渡辺文夫訳
古代ギリシアの都市国家を分析し、慣習による非市場経済から商人経済が誕生した背景を証明。その後の市場経済の発展と、現代の計画経済との並立を論述した名著。理論経済学の泰斗が説いた独自の経済史論。
1207

**アダム・スミス**　自由主義とは何か
水田　洋著
自由主義経済の父A・スミスの思想と生涯。英国の資本主義勃興期に「見えざる手」による導きを唱え、経済学の始祖となったA・スミス。その人生と主著『国富論』や『道徳感情論』誕生の背景と思想に迫る。
1280

**スモール　イズ　ビューティフル再論**
E・F・シューマッハー著／酒井　懋《つとむ》訳
人間中心の経済学を唱えた著者独特の随筆集。ベストセラー『スモール　イズ　ビューティフル』以後に雑誌に発表された論文をまとめたもの。人類にとって本当の幸福とは何かを考察し、物質主義を徹底批判する。
1425

**恋愛と贅沢と資本主義**
ヴェルナー・ゾンバルト著／金森誠也訳
資本主義はいかなる要因で成立・発展したか。著者はかつてM・ウェーバーと並び称された経済史家。「贅沢こそが資本主義の生みの親の一人であり、人々を贅沢へと向かわせたのは女性」と断じたユニークな論考。
1440

**プラトンの呪縛**
佐々木　毅著
理想国家の提唱者か、全体主義の擁護者か。西欧思想の定立者・プラトンをめぐる論戦を通して、二十世紀の哲学と政治思想の潮流を検証し、現代社会に警鐘を鳴らす注目作。和辻哲郎文化賞、読売論壇賞受賞。
1465

**現代政治学入門**
バーナード・クリック著／添谷育志・金田耕一訳（解説・藤原帰一）
「政治不在」の時代に追究する、政治の根源。政治は何をなしうるか。我々は政治に何をなしうるか。そして政治とは何か。現代社会の基本教養・政治学の最良の入門書として英国で定評を得る一冊、待望の文庫化。
1604

## 外国の歴史・地理

### 十二世紀ルネサンス
伊東俊太郎著（解説・三浦伸夫）

中世の真っ只中、閉ざされた一文化圏であったヨーロッパが突如として「離陸」を開始する十二世紀。多くの書がラテン訳され充実する知的基盤。先進的アラビアに接し文明形態を一新していく歴史の動態を探る。

1780

### 紫禁城の栄光　明・清全史
岡田英弘・神田信夫・松村　潤著

十四～十九世紀、東アジアに君臨した二つの帝国。遊牧帝国と農耕帝国の合体が生んだ巨大な多民族国家・中国。政治改革、広範な交易網、度重なる戦争……。シナが中国へと発展する四百五十年の歴史を活写する。

1784

### 文明の十字路＝中央アジアの歴史
岩村　忍著

ヨーロッパ、インド、中国、中東の文明圏の間に生きた中央アジアの民。東から絹を西から黄金を運んだシルクロード。世界の屋根に分断されたトルキスタン。草原の民とオアシスの民がくり広げた壮大な歴史とは？

1803

### 生き残った帝国ビザンティン
井上浩一著

興亡を繰り返すヨーロッパとアジアの境界、「文明の十字路」にあって、なぜ一千年以上も存続しえたか。皇帝・貴族・知識人は変化にどう対応したか。ローマ皇帝の改宗から帝都陥落まで「奇跡の一千年」を活写。

1866

### 英語の冒険
M・ブラッグ著／三川基好訳

英語はどこから来てどのように世界一五億人の言語となったのか。一五〇〇年前、一五万人の話者しかいなかった英語の祖先は絶滅の危機を越えイングランドの言葉から「共通語」へと大発展。その波瀾万丈の歴史。

1869

### 中世ヨーロッパの農村の生活
J・ギース、F・ギース著／青島淑子訳

中世ヨーロッパ全人口の九割以上は農村に生きた。舞台はイングランドの農村。飢饉や黒死病、修道院解散や囲い込みに苦しむ人々は、村という共同体でどう生き抜いたか。文字記録と考古学的発見から描き出す。

1874

**荘子《そうじ》物語**
諸橋轍次《もろはしてつじ》著

五倫五常を重んじ、秩序・身分を固定する孔孟の教えに対し、自由・無差別・無為自然を根本とする老荘の哲学。昭和の大儒諸橋博士が、その老荘思想を縦横に語り尽くし、わかりやすく説いた必読の名著。

848

**〈近代の超克《ちょうこく》〉論** 昭和思想史への一視角
廣松《ひろまつ》 渉《わたる》著（解説・柄谷行人）

太平洋戦争中、各界知識人を糾合し企てられた一大座談会があった。題して「近代の超克」——。京都学派の哲学に焦点をあて、本書はその試みの歴史的意義と限界を剔抉する。我々は近代を〈超克〉しえたのか。

900

**遊びと人間**
R・カイヨワ著／多田道太郎・塚崎幹夫訳

超現実の魅惑の世界を創る遊び。その遊びのすべてに通じる不変の性質として、カイヨワは競争、運、模擬、眩暈を提示し、これを基点に文化の発達を解明した。遊びの純粋なイメージを描く遊戯論の名著である。

920

**身体論** 東洋的心身論と現代
湯浅泰雄《ゆあさやすお》著（解説・T・P・カスリス）

西洋近代の〈知〉の枠組を、東洋からの衝撃が揺るがしつつある。仏教、芸道の修行にみられる〝身心一如〟の実践哲学を、M＝ポンティらの身体観や生理心理学の新潮流が切り結ぶ地平で捉え直す意欲的論考。

927

**マルクスその可能性の中心**
柄谷行人著（解説・小森陽一）

あらゆる問題を考えるために必要な一つの問題として、柄谷行人は〈マルクス〉をとりあげた。価値形態論において「まだ思惟されていないもの」を読んだ話題の力作。文学と哲学を縦横に通底した至高の柄谷理論。

931

**ウパニシャッド**
辻 直四郎著（解説・原 實）

人類最古の偉大な哲学宗教遺産は何を語るのか。紀元前十五世紀に遡るインド古代文化の精華ヴェーダ。その極致であり後の人類文化の源泉ともいえるウパニシャッドの全体像と中核思想を平明に解説した名著。

934